测量人类的心理 阿德勒传

[德] 亚历山大·克鲁伊（Alexander Kluy）著
阿迪拉木·艾合麦提 周宁 译

天津出版传媒集团
天津人民出版社

图书在版编目（CIP）数据

测量人类的心理：阿德勒传 /（德）亚历山大·克鲁伊著；阿迪拉木·艾合麦提，周宁译. -- 天津：天津人民出版社，2024.6
ISBN 978-7-201-20256-3

Ⅰ.①测… Ⅱ.①亚… ②阿… ③周… Ⅲ.①阿德勒 (Adler, Alfred 1870-1937) —传记 Ⅳ.①K835.215.1

中国国家版本馆CIP数据核字（2024）第053532号

Original title: *Alfred Adler: Die Vermessung der menschlichen Psyche*
by Alexander Kluy
© 2019 by Deutsche Verlags-Anstalt
a division of Penguin Random House Verlagsgruppe GmbH, München, Germany.

著作权合同登记号：图字 02-2023-196号

测量人类的心理：阿德勒传
CELIANG RENLEI DE XINLI: ADELE ZHUAN

出　　版	天津人民出版社
出 版 人	刘锦泉
地　　址	天津市和平区西康路35号康岳大厦
邮政编码	300051
邮购电话	（022）23332469
电子信箱	reader@tjrmcbs.com
责任编辑	李　羚
策划编辑	傅雅昕　钱晓曦
装帧设计	王梦珂
制　　版	杭州真凯文化艺术有限公司
印　　刷	杭州钱江彩色印务有限公司
经　　销	新华书店
开　　本	880毫米×1230毫米　1/32
印　　张	12.5
字　　数	250千字
版次印次	2024年6月第1版　2024年6月第1次印刷
定　　价	75.00元

版权所有　侵权必究
图书如出现印装质量问题，请致电联系调换（0571-86535633）

蜜蜂并不像我们想象中那么忙碌。
它们只是不能振翅得更慢了。
——金·哈伯德（Kin Hubbard），美国漫画家

灵魂的声音在时间中回响。
——劳伦斯·费林盖蒂（Lawrence Ferlinghetti），"垮掉的一代"诗人

如果没有我们谈论事物，
它们该怎么发光？
——弗朗茨·多德尔（Franz Dodel），瑞士作家

前言

> 我们都是这片新垦土地上的先锋，弗洛伊德是我们的领袖。
>
> ——威廉·斯泰克尔（Wilhelm Stekel）

雾很浓，像一块窗帘，萦绕在门前、桌上、椅子间，犹如梦中的袅袅香烟。那是一团无法穿透的迷雾，无形的幽灵现身其中，变形并再次消失。迷雾中充斥着无数神秘的生命、生命的景象以及可洞察灵魂的天眼。

迷雾并非凭空而来——室内的人随意地点燃一支烟，舒服地享用，吐出一缕烟。他们在谈话间不停地吸烟，有人提出观点，有人予以评论，在此期间思想不断碰撞，擦出火花。

有一次，这家人的大儿子在深夜醒来，勇敢地往屋里瞟了一眼。这时讨论小组已开始辩论，这些人已经在这儿讨论了好几个小时，没有人睡觉。这让他感到惊奇。这是弗洛伊德的房子，位于维也纳第九区的贝格巷。

弗洛伊德的书房太过狭小，不适合聚会。书房里满是书籍、古董和艺术品，这些收藏品尽显主人折中主义和历史主义的观点，散发着人文主义和古典的气质。因此，这些人聚会用的是诊所的候诊室。书房的门敞开着，来访者可以看到其中摆放着许多来自埃及的小雕像的书桌、后来闻名于世的沙发、在床头柜后面露出一角的扶手椅，以及丰富的藏书。

那是星期三的晚上，人们按照"星期三协会"的例行会面聚在一起。受弗洛伊德邀请的协会成员有他的知己、门徒以及同道中人，其中包括阿尔弗雷德·阿德勒（Alfred Adler）。阿德勒身材矮小敦实，蓄着小胡子，当然，他也是个烟鬼。这个小小的空间见证着伟大的历史。

晚饭后——通常在晚上8点30分左右，协会成员聚集在弗洛伊德的候诊室里，坐在一张长桌前。所有人都到齐后，每个人都会分到香烟，弗洛伊德迈着潇洒的步伐缓缓出场。到9点时，其中一个人站起来，进行一次不到半小时的演讲。演讲有时也会超时，但会被他人不情愿地接受。随后是茶点时间，供应咖啡和干面包。大家可以用15分钟享用这些"美食"，然后就演讲者的论点展开辩论。演讲者通常由抽签决定，按照惯例，所有人都必须发表意见。

弗洛伊德每天要抽大约20支雪茄。他和这些人在一起时——他们每个人也都抽烟——抽得更多、更猛。在随后几个小时的激烈交谈、交流，以及尖锐的批判中，这里不仅成了烟雾缭绕的聚会场所，也孕育了觉醒和在灵魂的未经开垦之地制定标准的信念。这里有鲜明的秩序：弗洛伊德是领头者，他要求直言不讳，并以身作则；此外他还要求热情和洞察力，但鲜明的等级秩序让人无法忽视。他总是最后发言，并果断地做出决定性的总结。

一种类似狂热崇拜的氛围萦绕在房间里。这个会议是老师和学生、前辈和门徒之间对话的地点，有着先知和弟子之间对话的氛围。弗洛伊德的革命性思想围绕着精神上的痛苦而展开，他的思想提供了史无前例的技术来结束——或者至少是缓解——这些痛苦。

弗洛伊德坚持让每个演讲者自由发言，不带手稿，不做笔记——不允许有任何例外。后来，参加过两个半小时的"星期三协会"的弗里茨·维特尔斯（Fritz Wittels），称弗洛伊德在这个半私人圈子里的言辞十分尖刻犀利。弗洛伊德性格火暴，演讲者们不难发现这一点，因为弗洛伊德本人坚决遵守"没有保留"这一原则。他有时非常粗暴，"强硬而无情"；他不善言辞，当某件事情没有达到预期的水平或者当演讲的论点在他看来很单薄时，他就会失去耐心。凭借主导一切的个性，他摆平了反对意见、替代想法和其他观点。这很容易做到，因为在场的大多数人都忠实地追随他的每一次论证和诠释，很难对他提出反对意见，因为他要求无条件的忠诚。他会嘲弄、讽刺、幸灾乐祸和记仇——他可以记恨某人甚至几十年。他喜欢引用海因里希·海涅（Heinrich Heine）的《随感录》（*Gedanken und Einfälle*）中的一句箴言——出自其中"个人"部分："是的，人须原谅敌人，但不能早于他们被绞死。"

序言

> 真正的异国只在过去。
> ——汉斯·马格努斯·恩岑斯贝格（Hans Magnus Enzensberger）

20世纪是心理学的世纪。

这个漫长的"世纪"实际上持续了百年有余。它始于1900年之前，因为奥地利精神病学家西格蒙德·弗洛伊德的《梦的解析》（*Die Traumdeutung*）出版于1899年——值得注意的是，这本书将"释梦"这一古老的文化技术当作整体来研究，而不是针对梦的个例。直到2011年，阿尔弗雷德·阿德勒的骨灰被运送回维也纳，才标志着这个时代的结束。[1]

如今，维也纳中央公墓中立有一块方正的墓碑，标示着心理学家阿德勒的长眠之地，这里几乎和市中心的景点一样挤满游客。这块石碑高于常人身高，一圈高度与视线平齐的钢板围绕着它，上面刻有英文。它象征着现代，刻的文字也易于理解。在阿德勒生命的末尾即20世纪30年代中期，他已与阿尔伯特·爱因斯坦（Albert Einstein）齐名。天才爱因斯坦测量了宇宙，而天才阿德勒在更重要的事情上取得了成功——绘制人类心灵的图景。

---

[1] 阿德勒于1937年在英格兰巡回演讲过程中突发心脏病逝世，他的骨灰直到2011年才被运送回维也纳安葬。见后文。——译者注

两者齐名的评价从何而来？是因为头条新闻的宣传和时代精神的契合，还是说赞誉的背后另有原因？比如对人类、对自我提出了全新的、符合现代的甚至超越时代的问题？比如对个体和群体的价值体系发问，比如对没有科学家和作家的自我反思就无法解决的思考方式、行为方式和感知方式的探寻？心理学史不仅仅是纯粹记录现象的历史。如果我们想到，20世纪最伟大和最有影响力的三位心理学家，即精神分析理论的先驱西格蒙德·弗洛伊德、卡尔·古斯塔夫·荣格和阿尔弗雷德·阿德勒，后者与前两者相比显然错误地被忽视，于是我们就会意识到，对19世纪末和20世纪产生的种种问题获得历史认识已是迫在眉睫。因为这一点从始至终影响着心理学，并在人类医学进入高科技和先进技术时代之后，更加深远地改变着心理学。对心理学和对人类的认知奠定了人类学的基础，并决定了我们对步步紧逼的终极问题的历史认知。

可以说，精神分析流派中，没有一个学说像阿德勒的治疗体系——个体心理学——那样，与个体克服疾病和痛苦的努力紧密相连。个体心理学的早期质疑者、意义治疗的创立者、出身维也纳的心理学家维克多·弗兰克尔（Viktor Frankl）在1993年发表过他肤浅的看法："每一个心理治疗流派的创始人其实都只是书写了自己的疾病史，试图解决他亲历过的问题。"

抛弃心理学来理解历史是空谈，毫无意义；而不在历史之中理解心理学，不仅缺乏依据，从学术上来说也是蛮不讲理且目光短浅的。要了解精神分析理论的现状，就无法脱离其经历过的发展阶段和执行阶段，更不能忽视奠基者曾陷入过的死胡同、走过的艰难路程、攀爬过的知识天梯。心理学研究的进步历程并不仅仅由主流承认的胜利者书写。维也纳医科大学公共卫生中心的心理治疗师奥斯卡·弗里逊施拉格（Oskar Frischenschlager）教授说："为什么人们喜欢通过传记来了解精神分析或者心理治疗的历史？答案很简单，因为这和研究对象本身相关。心理学研究的是经验和行为，精神分析则进一步涉及更难触及的无意识，以及生长于不同文化中的个体的复杂历史。但是，所有在科学范畴中讨论的精神功能，都同时直接影响我们每个人。"

一位心理学历史学家曾在20世纪70年代说，阿德勒对我们的影响相当合时宜。这一说法仍然适用于50年后的现在，甚至达到了前所未有的程度。个体心理学的影响及魅力持续至今。阿德勒是最早理解并命名以下现象的人之一：由于事实上的或自认为的不足，以及自尊的缺乏，人类发展出通过贬低他人来提高自己的倾向。在一个群体或整个阶级长期被不平等对待、明显低人一等的情况下，这些负面感受加剧并导致人们寻求补偿，借助逃避的手段来中和自我怀疑与质疑。

阿德勒的发现提供了新的术语：心身医学。病症的评估，被视为如他所说的男性抗议意义上的机体的反叛。衰弱和疾病作为权力工具；器官自卑的补偿；自卑感；机体的社会性关联；机体、心理上层建筑和人格目标三者的统一；症状作为器官的术语；人类生活的社会结构；完成任务时的设立目标的意识；因缺乏社会定位而进行的虚假补偿；神经症同时作为权力问题和有效性问题；心理医生的治疗目标应是让病人成为自己的医生，即推动医患关系的民主化和提高对患者在康复过程中共同承担责任的重视程度——这些要点既是个体心理学的指导原则和口号，也指明了其治疗模式。个体心理学最明显的特征是在诊疗对谈中不容易发现的一点：不再放置沙发。病人和医生相对而坐，四目相对，没有高低之分，融为一体。感知彼此的动作是诊疗中的要点。

阿德勒的信条是接受人本来的面貌，并从人们深陷的地方或者在诊疗过程中"迎"回自己。"个体心理学家认为，个体的自我发展或失败与社会环境有着不可分割的联系，因为个体受到社会环境的影响，并需对其积极地做出回应。个体心理学既适用于防止对英雄的崇拜，也适用于抵抗无望的想法，个体正是社会历史现实的集合体。"

阿德勒留下的原始材料，存于美国华盛顿特区国会图书馆档案盒里的有数米长，另一些在伦敦的一位熟人手上，还有一些在中欧几所机构中，数量不多，因为他习惯在回复信件后扔掉它们。不过，由于阿德勒不停地建立新的联系，结交新的朋友，因此在他交往过的人的记忆中，存留着大量关于他的趣闻轶事。可惜，"在轶事之中，很难找到真相"。阿尔弗雷德·阿德勒的生平被归因所笼罩，受到亲历者主观描述的影响，其中不乏虚假的部分，并被对立者的回忆污染。新闻界也在传播错误信息上推波助澜。比如，《纽约时报》在瑞士心理学家荣格1961年去世时写道，他创造了"自卑情结"一词，而这是错误报道；伦敦《泰晤士报》在1939年的一篇长篇讣告中将西格蒙德·弗洛伊德视为"自卑情结"之父，对他表达了敬意，这同样是错误的。因为真正提出这个概念的人，是阿德勒。

　　历史学的方向是曲折的。它从来没有心无旁骛地直线前进过，反而常常迂回而行。相当多的中间成果对形成一个有意义的完整有机生命体没有什么贡献。罗伯特·穆齐尔（Robert Musil）为此找到了一幅图景。他在《没有个性的人》（*Der Mann ohne Eigenschaften*）中写道："那么历史的道路就不是一只台球的路线，一被推出便沿着某条轨道运行，而是像云的道路，像一个漫步大街小巷的人的道路，这条路时而因一个阴影、时而因一群人或房屋正面的某种奇特装修而偏转，并且最后来到一处它既没见过也不想到达的地方。在世界历史中有某种迷路。当代总是像一座城市尽头的房屋，却不知怎的不再完全是这座城市的房屋。"[1]

　　就是在这样的房子中，阿尔弗雷德·阿德勒成长了起来。

---

[1] 译文根据：穆齐尔. 没有个性的人[M]. 张荣昌，译. 上海：上海译文出版社，2015.——译者注

Alfred Adler

目 录

第一篇　阿尔弗雷德·阿德勒和他所处的时代 / 1

　　1850年、1870年和1900年的维也纳 / 3

　　童年时代、青年时代、大学时代 / 19

　　拉伊莎·艾珀斯坦及阿德勒职业生涯的起点 / 25

　　俄国人在维也纳 / 34

　　世纪末的维也纳和利奥波德城 / 40

　　医生作为教育者 / 51

　　星期三协会 / 60

　　哲学与仿佛哲学 / 67

　　"器官自卑" / 80

　　西格蒙德·弗洛伊德和卡尔·古斯塔夫·荣格 / 89

　　决裂与新的开始 / 96

　　战争中的维也纳，战争中的阿德勒 / 123

　　1918—1919年在维也纳和奥地利的革命 / 142

　　"红色维也纳"，1920年后维也纳的心理学、

　　教育改革和教育学 / 156

教育咨询中心 / 168

马内斯·施佩贝尔 / 175

"群体"和"生活形态" / 181

个体心理学和社会主义"儿童之友"团体 / 200

德国和欧洲的个体心理学 / 206

第二篇 阿德勒的时代 / 217

美国Ⅰ / 219

20世纪20年代,阿德勒一家人在维也纳 / 238

认识人性 / 257

施佩贝尔、马克思主义、柏林、分裂 / 266

生命的意义 / 288

美国Ⅱ / 294

尾声 / 308

瓦伦丁娜·阿德勒和苏联 / 324

1937年后的阿德勒一家人 / 332

1945年后的个体心理学 / 343

个体心理学4.0 / 359

年　表 / 368

第一篇　阿尔弗雷德·阿德勒和他所处的时代

1850年、1870年和1900年的维也纳

> 卡卡尼（Kakanien）是当代发展阶段上的第一个国家，
> 它被上帝抽走信用、生活乐趣、对自己的信仰
> 和所有文化国家的能力——
> 传播自己有一项任务这一有益幻想的能力。[1]
>
> ——罗伯特·穆齐尔

阿尔弗雷德·阿德勒1870年2月7日出生于维也纳郊区的鲁道夫斯海姆。这一犹太家族的父系来自匈牙利的布尔根兰州[2]。阿德勒的父亲莱布·纳坦[Leb Nathan，也被称为利奥波德（Leopold）]生于1835年，祖父西蒙（Simon）是毛皮制作师傅，生活在布尔根兰州的基策市镇，这个地方位于普雷斯堡——即如今的布拉迪斯

1　引自《没有个性的人》。在《没有个性的人》一书中，穆齐尔设置卡卡尼为故事的发生地，是对奥匈帝国专制的讽刺称谓。——译者注

2　布尔根兰州在第一次世界大战后被划归奥地利。——编者注

拉发[1]——以南14千米处。这座市镇属于所谓的七市镇，希伯来语为Schewa Kehilot，由埃斯特哈齐侯爵（Fürst Esterházy）[2]于1670年在他的领土上建立。1712年起，犹太人从摩拉维亚[3]迁往基策，到1821年，基策的犹太社群已达789人。布尔根兰州是多民族居住区，虽然主要生活着讲德语的日耳曼人，但还有匈牙利人、克罗地亚人、辛提人、罗姆人，以及约3000名犹太人。

关于西蒙·阿德勒，我们只能知晓他和凯特琳娜·兰普尔（Katherine Lampl）结为夫妻。19世纪50年代，利奥波德和大4岁的哥哥大卫（David）搬到了维也纳，当大卫在利奥波德城（Leopoldstadt）[4]以裁缝的身份定居并于1862年成婚时，他们的父亲西蒙早已不在人世。

1866年，利奥波德·阿德勒与小他14岁的保利娜·贝尔（Pauline Beer）结婚。保利娜来自维也纳的另一个郊区彭青。她生活的波斯特街22号——如今的林策街20号，这是她家于1861年买下的。保利娜的父母赫尔曼（Hermann）和伊丽莎白（Elizabeth），原姓平斯克尔（Pinsker），来自摩拉维亚，从1858年或1859年开始定居彭青，育有7个孩子。保利娜是第三个孩子，

---

[1] 今斯洛伐克共和国的首都。——译者注

[2] 埃斯特哈齐家族是中世纪以来匈牙利的门阀世家，从17世纪开始，该家族一直对哈布斯堡王朝保持忠诚，并于1687年因为顺从神圣罗马帝国的约瑟夫一世而一跃成为世袭侯爵。——译者注

[3] 捷克东部地区。——译者注

[4] 维也纳第二区。——译者注

也是唯一的女儿。赫尔曼·贝尔从事燕麦、小麦和麸皮贸易，创建了公司，考虑到儿子的数量而将公司命名为"赫尔曼·贝尔父子"。他于1881年2月去世，不到一年，保利娜的母亲离世。他们的第四个孩子萨洛蒙（Salomon）继承了产业。总之，这是一个庞大、分支广泛的家族，从事犹太人传统的贸易行业。

利奥波德和保利娜·阿德勒也生育了7个孩子。西格蒙德（Siegmund）是他们第一个顺利生下的孩子，他后来成为地产商大获成功。阿尔弗雷德是次子。1872年，保利娜生下了长女赫米内（Hermine）。第四个孩子鲁道夫（Rudolf）生于1873年，早逝。次年11月，二女儿伊尔玛（Irma）出生，她后来嫁给了一位印刷商。四子马克斯（Max）出生于1877年，是这个家中唯一一个将宗教融入生活的人。他信仰天主教，于1904年获得博士学位，此后数十年在梵蒂冈一家意大利语教会报社担任编辑。最后，理查德（Richard）在1884年出生，是一名钢琴教师。保利娜和利奥波德·阿德勒最初住在彭青和鲁道夫斯海姆，那里曾属于维也纳棱堡[1]外的城郊地区。

郊区成为居住区听上去很平常，但实际上是巨大的进步，带来了深远的影响。1782年左右，皇帝约瑟夫二世（Kaiser Joseph Ⅱ）向民众开放了维也纳城的棱堡。随后，皇家花园——奥花园、

---

[1] 16世纪中期至19世纪中期在欧洲盛行的一种火炮防御阵地建筑方式。——译者注

普拉特[1]和美泉宫花园——也开放供人们游览。"去棱堡化"在当时开展得如火如荼，人们寄希望于公园能为娱乐、休闲和文明共处提供场所。那时，维也纳的"内城"即第一区早已不堪重负，严重的住房短缺加上随之而来的疾病、荒芜、不满和无望，于是棱堡前原先的开阔地被清理。为了能让人们开心地散步，保持健康，释放社会的压力，在棱堡的1英里内修建了林荫大道和花园，风景美不胜收。

75年后，1857年平安夜的4天前，皇帝弗朗茨·约瑟夫一世（Kaiser Franz Joseph I）签署了一纸诏书。这份诏书为维也纳彻底改造提供了动力，人们决定将余留的堡垒全部移除，并把护城河填平——这就是维也纳环城大道的最初构想。

拆除工作始于1858年3月。次年9月1日，皇帝批准了城市扩建计划。到1863年9月，罗滕图尔姆门、施笃本门、卡洛琳门、克恩顿门、冈萨加堡垒、费舍尔门、埃伦德堡垒、肖腾堡垒、默尔克堡垒和施笃本堡垒都已经清拆干净。1861年，维也纳地方议会在沉寂11年之后开始重新选举。选举依旧按照三级选举制，即将选民分为3个等级进行。第一等级和第三等级的选举权由纳税的数额决定。每年缴纳300古尔登[2]以上土地税或100古尔登以上购置税的人属于

1　普拉特是维也纳利奥波德城的一大地区，曾是皇家猎场，直到1766年才准许公众进入。——译者注

2　古尔登（Gulden），神圣罗马帝国时期开始在德语国家和地区使用的货币单位。——译者注

第一等级选民；缴纳10古尔登以上、100古尔登以下的属于第三等级。第二等级由官员、医生、教师、军官和牧师组成。按照这一选举制度，1861年的50万公民中只有18322人拥有选举权。律师尤利乌斯·里特尔·冯·内瓦尔德博士（Dr. Julius Ritter von Newald）参加了阿尔瑟格伦德选区的选举。该选区共有6万居住人口，其中44人拥有选票。内瓦尔德获得了压倒性的胜利，获得34张选票。另有3位犹太裔候选人在这次选举中被选入市议会。

这样的政体对犹太裔奥地利人而言是矛盾的。犹太裔大企业家、银行家和工厂主是自由经济的支柱，为了将这些大资产阶级从陈旧的经济限制中解放出来，奥地利商业部长着手制定新的工商业管理条例；另外，这些未来将要建设环城大道的个人在政治上被视为自由主义者，声名狼藉。虽然迟来的国家经济路线修正政策在1859—1861年期间取消了对犹太人的一部分限制，但直到1867年，奥地利的《国家基本法》才规定，保障所有公民在公民权利框架内享有充分而全面的信仰自由和道德自由——大量犹太人因此拥入。1810年，维也纳有113户被特许的犹太家庭。奥地利1848年革命之后，《宽容特许令》被终止，这时得到特许的犹太家庭仍只有197户。而在1857年人口普查中，在帝国首都登记的犹太人有6217名，占城市人口的1.3%。尽管采用了科学的调查方法，这个数据仍然不准确，因为只有"应受管理"的人被登记在册。直到1869年人口普查，应受管理群体外的有权居住在其他地方的犹太人才被登记。这导致当时607514名维也纳人中虽有40230名犹太人，但真正有居住权的只有7867名。他们中的20%来自摩拉维亚，14%来自波希米亚，11.5%来自加利西亚和布科维纳。阿尔弗雷德·阿德勒的父亲利奥波德来自布尔根兰，属于匈牙利。不过在维也纳，"外乡人"并不是犹太人的特质。这座大都市的60多万居民中，有16.5万人来自其他王室领地，所以，当时所谓的"维也纳人"之中，有1/4以上的住所根本不登记在维也纳。

在环城大道建设期间，125座棱堡被拆除，同时，护城河被填平，附近场地被铲平，路线规划不断推进。新的中产阶级城镇住宅建造起来。帝国的理念体现在建筑上，"首都高于一切"，通过奢华的装饰可见一斑。1865年5月1日，环城大道在皇帝举办的盛大庆祝活动中宣布开通。尽管只建成了64座房子，仅占最初计划数量的一半，令人不太满意，但环城大道已经是一条有名的步行大道了。1863—1865年，菲利普·冯·符腾堡公爵（Philipp Herzog von Württemberg）和他的妻子玛丽亚·特蕾莎大公夫人（Erzherzogin Maria Theresia）在这条大道上造了一座宏伟的宫殿。这座皇室宫殿在1873年的维也纳世界博览会上被转售，改造成了顶级酒店，以帝国酒店为名开业。但那时的奥地利已长期处于危机中。

1851年，约瑟夫一世宣布"克莱雪尔宪法"失效。在官僚机构和军方的支持下，他启动了一项旨在改革和集权的方案：废除行会在市政贸易中的特殊权利，强调职业自由和迁徙自由，保证在统一的法律体系中的平等权；扩展教育政策，通过发展铁路网来促进贸易；与梵蒂冈达成新的协议以提高天主教会的地位。同时，他开展了一系列军事活动，高价动员克里米亚战争，并与萨丁尼亚王国和法国开战（这场战争中，伦巴第地区被并入意大利），这预示着公共财政过度膨胀，到了崩溃的边缘，君主的声誉严重受损。为了承担起索尔费里诺战役失败的责任，约瑟夫一世作为总司令，亲自率领军队出征。

城市改建顺利进行着，哈布斯堡王朝在基础设施建设上野心勃勃，在外交上却是失败的。贷款人拒绝在没有预算控制和体系改进的前提下发放贷款。据说，联合信贷银行的创始人安塞姆·所罗门·罗斯柴尔德（Anselm Salomon Rothschild）简明扼要地向皇帝提出条件："没有宪法，就没有钱。"

在1866年的萨多瓦战役中，奥地利战败，并不得不将威内托（Venetien）割让给法国，随后法国将其还给了年轻的意大利共和国。1867年，与普鲁士的战争和财政上的危机促使宪法改革，推行调节帝国内部平衡的措施。匈牙利在一定程度上独立，拥有了自己的内阁和议会，和奥地利一起组成了二元帝国——奥匈帝国。这一时期的国家政治纲领，有一部分与1848年革命时宣传的联邦制概念相关，即匈牙利、波希米亚和加利西亚这些历史上的王室土地也被包括在内。在这些地方，奥地利保守派与民族主义者展开竞争。

运输、通信、区域发展以及自主方面的变化是一部分原因，由于害怕经济衰退出现社会动荡而采取的反自由主义的社会措施和警力监控，则是另一部分原因。1870年以来，53家新银行在维也纳成立，1872年新增了530家股份公司。它们的创始资本总额达到

10亿古尔登，股票价值达到30亿古尔登。建筑热潮助长了证券市场的繁荣。1871年，维也纳和下奥地利只有3家大型建筑公司，到了1873年已有44家。"从大公到鞋匠，每个人都在玩股票。"曾任帝国军事总理的科纳维勒伯爵将军（General Graf Crenneville）记录道。1867年，访问证券交易所的人中有867人拥有长期股票，6年后达到2352人，每天的股票交易量高达5万次。1873年5月9日，维也纳证券交易所倒闭，证券平均指数从339点骤降至196点；1876年触底，股指达到最低的105点，股票价值损失总额达15亿古尔登。8家银行、8家保险公司、60家工业企业破产。路德维希·维克多大公（Erzherzog Ludwig Viktor）沉迷于证券交易，损失了20万古尔登。自杀率飙升，数百人沉入多瑙河，其中最有名的是银行家艾斯科勒斯（Eskeles）的女婿，陆军元帅冯·加布伦茨男爵（Feldmarschall Freiherr von Gablenz）。

股市崩盘的情况是以反犹太人的角度记载的。反犹讽刺作家弗朗茨·弗里德里希·马萨代克（Franz Friedrich Masaidek）将题为《从嘲弄的角度看维也纳和维也纳人》（Wien und die Wiener aus der Spottvogelperspektive）的宣传册投放到市场上，环城大道在其中作为"无数银行、证券商和类似的敛财组织坐落的骗局大街"出现。马萨代克和格奥尔格·里特尔·冯·舒纳（Georg Ritter von Schönerer）一起创立了反犹的德意志民族协会。舒纳是民族主义、种族主义最狂热的支持者之一，他还要求实行新计时，以公元前113年为纪元起始，因为当时的诺里亚战役中，辛布里人和条顿人[1]打败了罗马人。

一位学者在1924年时回望50多年前,仍然能感受到当时面对的来自时代的冰冷拒绝,而他自己高傲地选择孤独。西格蒙德·弗洛伊德写道:"1873年我进入大学,一开始就感到明显的失望。特别是我被要求接受这样的观点:因为我是犹太人,所以我不属于这个民族,应该感到自卑。我坚决拒绝自卑。我从来不明白,为什么我该为我的血统——或者人们常说的'种族'——感到羞耻。我放弃了拒绝我的民族群体,这没有什么好遗憾的。"

1873年,也是在普拉特举行维也纳世界博览会的一年。博览会于5月1日开幕,预计的2000万访客实际仅有700万,留下了亏损的记录。这和开幕约8天后在维也纳暴发霍乱有关,这次疫情暴发是由于当时欧洲大城市普遍存在卫生问题。

在政治领域,股市崩盘后的经济衰退年份里,自由主义者和贵族之间的对立,以及中立派和民族主义者之间的对立逐渐加深。"奥匈帝国的独特性,尤其是奥地利的二元君主制的独特性,不再那么鲜明地体现在人口的民族多样性和异质性上,而是显示在为解决公民语言和宗教多样性产生的问题而建立的行政结构上。"1867年12月21日的"十二月宪法"第二条保证所有公民在法律面前人人平等;第四条保证人员和财产在国家领土内不受限制地自由流动;第六条对此进行了补充,再次提到了自由选择居住地,以及获得

---

[1] 辛布里人和条顿人都是古日耳曼人的分支。——译者注

"各种类型的不动产"和从事各种"行业分支"的权利。犹太人因此拥有了自由、平等、公平的权利。1872年，来自波希米亚的斯米里茨的犹太食品和饮料产业家阿道夫·伊格纳茨·毛特纳（Adolf Ignaz Mautner）在维也纳生产了第一款底部发酵的啤酒，因此被封为冯·马克霍夫骑士；1870年，来自德国北部什未林附近的马尔兴的犹太机械师西格弗里德·马尔库斯（Siegfried Marcus）在维也纳新城的月光巷制造了第一辆装有汽油发动机的汽车，后来申请了38项专利。

1879年，皇帝的童年好友塔菲伯爵（Graf Taaffe）建立了"铁环"——一个由天主教保守派、捷克人、波兰人和斯洛文尼亚人组成的联盟，这个联盟一直持续到1893年。这个反动的联盟遭到了强烈的批评。

1880年左右开始，哈布斯堡帝国的许多公民不再置身事外，而是积极参与变化。他们的心态和政治意识为日益活跃的变革和基础设施建设的飞速发展所激励。铁路提高了流动性，人口向城市迁移。1881年俄国沙皇亚历山大二世（Alexanders Ⅱ）遭暗杀身亡后，俄罗斯爆发了大屠杀，一大群难民向外逃散，从加利西亚到布科维纳，再逃往维也纳。这使得利奥波德城的东正教犹太人的比例有所提高。列昂·平斯克尔（Leon Pinsker）医生来自敖德萨（Odessa），但他为了犹太启蒙运动即哈斯卡拉运动，拒绝了东正教。平斯克尔于1882年在柏林发表《自我解放！一个俄罗斯犹太人对同胞的劝告》（*Autoemancipation! Ein Mahnruf an seine*

Stammesgenossen von einem russischen Juden），这是犹太复国主义者第一次呼吁进行阿利亚运动[1]——向巴勒斯坦移居。但他的运动和"热爱圣山"移民运动都在维也纳遇到了阻碍，因为维也纳的犹太人认为不能放弃他们已经拥有的东西。

与此同时，反犹太主义开始在政坛崭露头角，发展强大。1882年2月11日，反犹太主义的奥地利革命协会成立。一群由小商人、手工业者和学者组成的暴徒高喊着口号："把犹太人赶出去！"

1890—1910年，维也纳的人口增长了约60%，同样的情况出现在布达佩斯、布拉格、切尔诺夫策、因斯布鲁克和克劳森堡（即后来的克卢日）。1889年匈牙利的铁路公司国有化后，旅客人数在几年内猛增，从铁路仅被用来运输货物时期的零，增长到每年700万人次。人口流动淡化了国境界限。1876—1910年，约有400万奥地利人成为移民工人，有些人出门半年或9个月，有些人多年后才回国。

19世纪80—90年代，民族主义开始同时鼓动所有阵营建立爱国退伍军人协会。1897年4月，哈布斯堡王朝的奥地利总理冯·巴登伯爵（Graf von Baden）通过了一项针对波希米亚的语言条例。根据该条例，捷克语在官方使用中与德语处于同等地位，所有德国公务员须在1901年之前掌握捷克语的口语和书面语。对此，民族主

---

[1] 19世纪80年代起开始进行的世界离散犹太人向巴勒斯坦地区移居的大规模移民行动。——译者注

义者激烈反抗。人们在议会上大打出手,警察只能在轻骑兵的帮助下驱散议会门口的抗议人群。反对这项条例的示威活动持续了近一年,新闻界为冲突煽风点火,各党派之间陷入争斗。这股动荡标志着帝国内部的不稳定。区域性的妥协方案到1914年仍悬而未决,因此让民族主义抢占了先机。

直到1914年,维也纳都在大力重建,全面开展重新规划。因此,1869—1914年的45年间,维也纳的居民人数增加了2.5倍,超过200万人,也就不足为奇了。这消耗了巨额的资金,1858—1914年,维也纳共花费1亿古尔登,由此建起了至今仍保留于市区的高层建筑、博物馆、剧院、公共设施、艺术机构和高等教育机构,包括宫廷歌剧院、城堡剧院、自然史博物馆、艺术史博物馆、新市政厅、美术学院、司法宫、议会大厦、还愿教堂、维也纳大学,此外还有市场、桥梁、公园、喷泉和纪念碑。

很早就有人对大兴土木提出反对意见。《维也纳郊区报》(*Wiener Vorstadtzeitung*)早在1858年就注意到了不平衡现象:"计划中的城市扩张将给富商、政府高层和退休人员带来大量可供居住的宫殿式建筑。但是,对于维也纳的中产阶级,对于大多数小市民,对那些无数私营部门的官员、各行各业的劳动者、小商人和小官员来说,这些建筑能让他们住吗?恐怕不太可能。"18世纪50年代末,维也纳只有不到50万居民,巴黎约130万,伦敦300万。但据统计,在英国首都,10个人住一栋房子;而在维也纳,一栋建筑里挤了55个人。事实上,10年后,一个维也纳工人阶级家庭的住宅平均面积为35平方米，中产阶级家庭通常为120平方米，而环城大道上的一座城市宫殿绝对能达到600平方米，除了用于展示、活动和接待的房间，还有音乐室和温室，甚至有专门的舞厅。

与环城大道的建设密切相关的，是代表性和贵族性的理念。这条富丽堂皇的大道的相关消息很快传到了法国首都，那里的居民正在经历宽阔平坦的大道穿过老城区，老旧和弯曲的事物被清除的事件。瑞士作家和记者维克多·蒂索（Victor Tissot）在1878年对这条大道写下"崇敬之情"："环城大道是首都最高雅的街区。在这里，人们可以找到珠宝商和有名的工匠。3点到5点是环城大道最美的时候，尤其是秋末和初春的周日。人们参观新的盥洗室，走到这里仿佛走进了一个巨大的沙龙。"他不无嘲讽地继续补充道，"巴黎没有可以与之媲美的东西，因为环城大道是整个世界的交汇处——整个世界、半个世界、四分之一个世界，甚至外交官的世界和宫廷的世界。"艺术评论家路德维希·赫维西（Ludwig Hevesi）用动物打比方，总结了在环城大道能看到的景象："由两条腿的海狸和紫貂组成的游行队伍相互挤来挤去。"现代建筑的先驱阿道夫·路斯（Adolf Loos）冷笑道："当我在环城大道漫步时，我总觉得一座现代的波将金村[1]完成了它的任务，它让人们相信，自己正身处一座充满欢呼和喝彩的城市。"

---

1 出自俄罗斯典故，讲述俄罗斯帝国女皇叶卡捷琳娜二世的情人波将金为了向女皇展现他领地的富足，在女皇的必经之路上建造起一批豪华的假村庄，并组织民众表演。这个词在19世纪传入欧洲，成为弄虚作假的代名词。——译者注

1879年4月27日,在这个星期天,"波将金村"达到了历史主义[1]的高潮。最尊贵的皇室夫妇结婚25周年庆典在帝国首都维也纳举办,庆典从普拉特开始,沿着环城大道铺展。画家汉斯·冯·马卡特(Hans von Makart)策划了弗兰茨·约瑟夫和伊丽莎白银婚的感谢队伍。这位萨尔茨堡人是当时维也纳最受欢迎也最负盛名的艺术家,他用电线创造了华丽的新巴洛克风格。早上9点,1.4万人加上老城区的3000人和30辆花车出发。沿着环城大道和普拉特大街建起120个看台,共有5万个座位,约30万观众被这样的热闹场面震惊。画家本人戴着巨大的羽毛帽,骑着马加入了这场盛会,尽管他因为低于平均身高没有给人留下特别深刻的印象。

5年后,马卡特离世,年轻一代将"虚假的、过于矫揉造作而收效甚微的马卡特式花束"扔进了遗忘的地狱。几年后,作家兼评论家赫尔曼·巴尔(Hermann Bahr)嘲笑这个庆典是"空中的化装舞会"和"不变的即兴表演里讲的作坊笑话"。巴尔判断,这展现的是社会的转变:"随着环城大道的建造,一个新社会的游乐场被临时搭建起来。眼下的任务是在一夜之间建好这个新场所,而首先,必须打造一个适合环城大道的维也纳城。"

与此同时,奥匈帝国在委任统治的幌子下,已经成为东南欧的一个殖民国家。1877—1878年的俄土战争和1878年柏林会议之后,被削弱的奥斯曼帝国免于崩溃。但在此之前属于奥斯曼帝国

---

[1] 这里的历史主义主要指的是建筑上对以往风格的复刻。——译者注

的省份波斯尼亚、黑塞哥维那,以及新帕扎尔的桑扎克被奥匈帝国占领,塞尔维亚成了奥地利帝国的接壤国。1895年,曾任波黑总督、时任奥匈帝国财政部长的本杰明·冯·克莱(Benjámin von Kállay)向英国记者解释"强加"给哈布斯堡王朝的"使命"——给"未开化"的巴尔干地区"文明地"带去影响,并承诺这一"使命"将在保留古老传统和加载现代理念之间达成平衡。

同年,卡尔·吕格尔(Karl Lueger)被选为维也纳市长。这位拥有博士学位的律师出身于最底层的小市民阶级,拥有20年的地方从政经验,在信仰和机会之间闯出了一条曲折的道路。吕格尔是一位最纯粹的煽动者,喜欢挑起冲突,这使得他在小市民群体中很受欢迎。小市民群体觉得他能理解他们,尽管他说的话在当时的公共生活中很不寻常——"带着维也纳腔调和资产阶级口吻,善意中有粗俗,却是顾家的"。

移民到维也纳的犹太人数量增加的时间,与自由主义在政治上的衰败一致。这在一定程度上可以解释为什么反犹太主义的呼声越来越响亮,甚至越来越狂热。吕格尔——绰号"英俊的卡尔"、烟草商的儿子、法学博士、"郊区旅馆的英雄",自1887年起将仇恨犹太人作为政治策略,以赢得保守派和教士阶层选民的青睐。1890年,他关于以色列法的演讲引起轰动——那是一连串的恶语相向、指责和谎言。吕格尔知道反犹太主义的论调符合大众的胃口,他的一句话"我决定谁是犹太人"耐人寻味。这种灵活的机会主义个案,常常能在最顽固的反犹分子身上看到。"维也纳不仅是德意志的，也是反犹太主义的。"这在第一所房子里和在最后一所房子里都一样。

童年时代、青年时代、大学时代

> 阿德勒的核心是维也纳人。
> ——威廉·M.约翰斯顿（William M. Johnston）

现在的玛利亚希尔夫街（曾经叫作美泉街）208号的房子，后来被阿尔弗雷德·阿德勒笑称为城市中的最后一所房子。这是一栋带有15户小型住宅的出租公寓，楼前有一片露天集市。从那里到彭青和美泉宫，沿路是草地、田野和未开发的土地，那正是孩童冒险的游乐场。在这里，阿尔弗雷德度过了他人生的头7年。他是个"野孩子"，经常与人成群结队地外出，是一个受欢迎的玩伴。回过头来看，社会感情和关联感、友谊和团结，正是阿德勒心理学说的核心。因为患有佝偻病，他常常被要求出去呼吸新鲜空气。

这个不断壮大的家庭从1877年开始变得不稳定。阿德勒夫妇搬到了利奥波德城，却在往后的4年内几乎每年都搬一次家。1879年起，阿德勒开始在施博尔巷的利奥波德实科文理中学读书。由于入学年龄限制在10岁，他的出生时间被改为1869年。但他不得不复读第一学年。1881年,他们搬到了当时位于维也纳城门外的黑尔纳尔斯区。在那里,他们租下主街25号的房子和隔壁23号的商用房,两栋楼都是帕尔菲伯爵(Grafen Palffy)的财产。利奥波德·阿德勒为一个富有的匈牙利贵族家庭家主莫里茨·帕尔菲·冯·埃尔德(Moriz Pálfy von Erdöd)做中间人或中介,所以住进这样的房子并不奇怪。阿尔弗雷德被送进位于黑尔纳尔斯街的黑尔纳尔斯中学,在那里度过了剩下的中学时代。就算1883年全家搬往离该地不远的韦灵,他也没有再转学过。阿德勒一家在韦灵买下一所房子,在院子和地下室养起了鸡、羊和兔子。

事实证明,利奥波德·阿德勒作为商人的运气不佳。他把保利娜的嫁妆投入他哥哥大卫的纺织品生意中,结果投资失败。由于经济形势恶化,房子被第一次抵押,很快又被抵押了第二、第三次,直到1891年不得不低价出售。他们全家搬回了利奥波德城,直到1896年都住在那里,先是住在上多瑙街,然后才搬到位于茨韦格巷5号的大型公寓伦勃朗托夫的房子里。最终,保利娜富裕的亲戚因为不想看到这个家庭陷入贫困而帮助了他们。西格蒙德开始参与父亲的营生。

虽然可能只是回溯性的投射,但阿德勒的童年回忆中贯穿着一个主题,那就是非因自己的过错而有罪——被他用一首歌"欺骗"而立即被解雇的保姆,差点儿就置他于死地的交通事故,严重的肺炎,佝偻病,因焦虑发作而声门变窄,以及更喜爱西格蒙德的母亲,阿德勒称自己和她的关系并不愉快。据亲友说,他与父亲的关系更好些。亲戚们回忆起利奥波德时说，这个英俊的男人仪表堂堂，用言行鼓励阿德勒。据说，利奥波德·阿德勒提醒他的儿子要一直具有批判精神，要根据人们的行为而不是话语来评判他们。

老阿德勒习惯早晨5点起床。他于1921年死于年迈，享年86岁。在他最后的几年里，他经常中午前往市政厅的地窖，下午5点为自己准备一个火腿三明治，6点上床睡觉。那时，他已经独身一人15年了，保利娜于1906年因过度劳累去世，年仅61岁。阿德勒在1897年写道："我的父亲是一个简单朴素的人，他对这个世界和对他的生意一样，了解甚少，至少我的亲戚是这样说的。我不是特别清楚他的性情是如何形成的。我只听说，他在少年时代对家人全心全意，愿为此付出一切；等他成家之后，这份爱就转移到了自己的家庭上。他天性无比善良，是相处起来安静、慢热却能亲近的朋友。"

阿尔弗雷德·阿德勒作为学生表现平平，这体现在他1888年高中毕业证的成绩单上：1门优秀，3门良好，7门及格。阿德勒家族没有宗教信仰，尽管阿尔弗雷德在13岁时接受了成人礼，但这更像是一个形式。音乐对于这个家庭来说更重要，阿尔弗雷德学过钢琴，有一副好嗓音，他声称，小时候他还试着练习他最喜欢的作曲家弗朗茨·舒伯特（Franz Schubert）的作品。

幼弟鲁道夫的夭折是阿尔弗雷德的早期创伤。1874年1月31日早晨，他发现同睡一张床的弟弟在他身边没有了生命迹象。阿尔弗雷德·阿德勒说："我很小的时候就意识到死亡这个事实。我用能理解的、全面的方式接受了死亡，既不是病态的，也没有把死亡看作孩童无法克服的恐惧。我5岁时患了肺炎，紧急赶来的医生和父亲说已经没有什么能做的了，那一刻我更强烈地意识到了死亡，因为死亡意味着没有希望。猛然间，一阵可怕的恐惧穿透了我。当几天后恢复健康时，我下定决心成为医生，为了更好地保护自己免受死亡的威胁，用比当时那位医生更好的武器与死亡抗争。"事实上，阿德勒承认自己在维也纳学习医学时，为自己设定了一个傲慢的目标：粉碎死亡的终局。

社会统计学从知识社会学的角度清晰地呈现了一些变化。医学已在大众中普及，1859—1867年，当地医学生的注册人数几乎增加了两倍，从390人增加到1138人；1885年达到2248人，其中78%来自自由主义的市民阶级家庭，93%信仰犹太教。"犹太裔医生是下层社会中的上层人士，医学院是第一个接纳他们的机构。"因此，医学是阿德勒触手可及的专业选择，符合传统职业规划。1889—1890年，维也纳大学医学院有14名犹太裔副教授和37名犹太裔私人讲师。

作为大学生，身高1.65米的阿德勒一开始并没有展现出勤奋。根据登记名单，他只参加了升学所需的最低数量的讲座课和练习课。这不仅和每门课程都要单独付费有关，还因为他在高中时读过哲学和政治文集，对其他很多东西也感兴趣，比如新的朋友、党派、学生组织。

阿尔弗雷德·阿德勒在他的大学第五学期，即1890—1891

学年冬季学期，可能参加了精神病学教授、《性心理病态》（*Psychopathia sexualis*）的作者理查德·冯·克拉夫特-埃宾（Richard von Krafft-Ebing）[1]的讲座课"神经系统最重要的疾病"，每周一次课，每次90分钟。精神病学不是考试科目，所以除了1891年夏季学期，阿德勒在其他夏季学期只学了11—13个学时，刚好满足最低学分要求。在其他学期，他不得不刻苦学习大量资料。记录显示，1893年夏季学期，他参加了为期5周的讲座课"精神系统病理学"。他在1892年3月参加了第一次博士学位答辩，整整两年后参加了第二次，第三次是在1895年11月12日，后两次答辩的成绩是"合格"。于是第三次答辩的10天后，阿德勒被授予博士学位。完成学业期间，他还在当时隶属匈牙利的普雷斯堡的驻军医院服过兵役。这体现了他对出生地政府分配的服从，即"责任感"，与他的出身有关的地点包括基策、布尔根兰、匈牙利。服役期间，他被登记为"阿拉达尔·阿德勒"。

1895年末，阿德勒进入位于维也纳第九区玛丽安娜巷的维也纳综合医院，在眼科做了3个月助理医生，没有薪酬。该综合医院是一所私人慈善机构，也是学生和年轻医生的实践培训学校。为了得到足够的教学、治疗和研究对象，医院为工人和穷人提供免费的治疗，因此它很快在学术界获得名声。1896年发给阿德勒的证书上

---

1 理查德·冯·克拉夫特-埃宾（1840—1902），奥地利精神病学家。他的著作《性心理病态》1886年出版，被看作现代性科学的开端。克拉夫特-埃宾借此成为该领域的权威专家，并成为维也纳大学精神病学教授。——译者注

写道："来自维也纳的阿尔弗雷德·阿德勒博士从1895年11月26日至1896年2月底在眼科部门担任助理医生,此前(获得博士学位之前)他曾在上述部门做过很长时间的实习生。他以极大的热情和随叫随到的服务,以及对病人的精确关注而脱颖而出。"眼科是他在学业最后阶段专攻的领域。

  接下来该何去何从?"居住权"对阿德勒在维也纳综合医院的从医生涯来说是致命的。在那里,人们小心翼翼地确保没有居住在维也纳的匈牙利公民成为见习医生(助理医生)。"综合医院的相关文档都保留完整,阿尔弗雷德·阿德勒这个名字并没有出现其中。"所以他只能在主任医师查房时作为教师助理穿着制服跟在后面,为助理医生提供辅助,且不能被主任医师或教授发现,他只能以这样的方式在综合医院工作。除了像其他许多犹太裔医生一样在公寓的一个房间里开一家自己的诊所,当一名执业医生,还有什么其他出路呢?不过很快,他不必再自己照顾自己,因为一个女人走进了他的生活。

拉伊莎·艾珀斯坦及阿德勒职业生涯的起点

> 阿德勒找到的不是一个简单的伴侣，
> 而是一个特别坚强独立的女性，她来自另一个国家，
> 有着不同的传统和完全不同的人生观。
> ——菲莉丝·博顿（Phyllis Bottome）[1]

拉伊莎·艾珀斯坦（Raissa Epstein）于1872年11月9日在莫斯科出生，是安娜（Anna）和蒂莫夫·艾珀斯坦（Timofej Epstein）的第二个女儿。他们是相当富裕的犹太裔俄罗斯人，犹太习俗已被俄罗斯习俗同化，能够为两个孩子提供教育。拉伊莎的姐姐后来成为图书管理员。拉伊莎的童年和少年时代无从考证，她的母亲去世很早，她和继母的关系不是很亲密。父亲一方的亲戚很富有，在斯摩棱斯克（Smolensk）有大片的庄园和森林，这片森林让他们从俄国铁路建设时巨大的木材需求中持续获益——俄国在1841—1852年

---

[1] 菲莉丝·博顿（1882—1963），英国作家，阿德勒传记和故事的记录者。——译者注

修建了全长652千米、有184座桥的莫斯科—圣彼得堡铁路线。拉伊莎在斯摩棱斯克的祖父母的庄园里度过了很长的一段时间，她很享受那时的生活。

1895年5月17日，拉伊莎·艾珀斯坦进入苏黎世大学学习生物，她拥有蓝眼睛和浅金色头发，身高不到1.5米，但娇小的身材掩盖不住她的聪慧、活力、意志力，以及爆发的浓烈情感。在沙皇俄国，女性基本被剥夺了在大学学习的机会，因此家庭有能力承担学费的犹太裔俄罗斯女性优先考虑出国留学，首选瑞士。1904—1905学年冬季学期，伯尔尼大学医学院注册的594名学生中有407位女性，其中有399名俄罗斯人和2名瑞士人。

拉伊莎听了3个学期的显微镜学和动物学课程，那时的她已经是社会主义者，这在国外留学的俄罗斯学生中并不罕见。1872年，在苏黎世生活的俄国贵族的女儿韦拉·菲格纳（Wera Wegnar）也是这样在利马特河畔[1]发现了革命读物和自己的革命理想："我接触了拉萨尔（Lasalle）[2]的学说和活动，还有法国社会主义者的理论、工人运动、国际革命和西欧国家的革命史。我此前对这些一无所知，这些扩展了我的知识视野，我完全被吸引，所以我成了社会主义者和革命者。"

拉伊莎·艾珀斯坦在1896年底转学到维也纳大学，原因不

1　瑞士境内的一条河流，流经苏黎世。——译者注

2　费迪南德·拉萨尔（Ferdinand Lasalle，1825—1864），德国早期工人运动领导者，全德工人联合会的创立者。——译者注

明。次年3月或4月，她便遇到了阿德勒——这位刚博士毕业、在当时的照片中略显敦实的人，他们究竟是在社会主义学生社团里认识的，还是像大家猜测的那样是在流亡俄国人组成的沙龙里认识的，已无法追溯。两人很快建立起热烈的关系，但只有阿德勒的信件被保存下来——拉伊莎在去世前的一段时间内销毁了她的书信。她家境殷实，这不仅体现在绝不可能免费的学费上，还体现在她在艾森巷租住的住宅上，该住宅不止一个房间。阿德勒自己也提到过这一点，他曾开玩笑地写道：农副产品交易市场一片哗然，因为他刚刚得到了一大笔房产。

这大概是阿德勒的初恋。这段关系非常亲密，热情洋溢，两人书信往来密切，尽管两人的交往并不完全自由。1897年7月28日，他为一次私密对谈感到热血沸腾，在"下午5点"认识到"真相"："你的吻还停留在我的嘴唇上，燃烧着，你这个美妙的人儿，带给我的比我所期盼的世俗幸福还多。我望着你消失在未知的远方，一阵沉闷的悲伤压迫我的身体。……'往前走一点，你能再多看我一会'……这句话将是我的引路星，无论发生什么。"

几天后，拉伊莎·艾珀斯坦前往莫斯科。阿德勒利用参加国际医生会议的机会随后出发，尽管这次出行令他的财务状况捉襟见肘。8月13日，他给"亲爱的小姐"写信："好啊！然后再一次欢呼！为旅行做准备时我迫不及待，时不时对着空气大声欢呼。陶醉和喜悦笼罩着我，当经过镜子时，我毫不掩饰地望向镜子，思索着我通红的脸。……我现在想的，只有什么时候能在莫斯科与您见面。龙勃罗梭[1]的讲座不吸引您吗?想想看,如果他死了,您就会错过这次机会。我多希望已经将俄国拥入怀中!"4天后,他抵达莫斯科,立即给她寄去自己在火车上记录下的文字,那是一个带有民族学色彩的幽默小故事,他将梦幻般的恋爱心情捻揉成线,编织其中:

亲爱的小姐:

在我周围是令人害怕的熙攘——喊叫、喧哗、噪声、布满红血丝的睡眼和打着哈欠的嘴。精明的老医生、(一直在?)找东西的自然研究员,经常是拖家带口的状态。火车上一等舱和二等舱的拥挤程度令人瞠目结舌,只有三等舱还可忍受,现在这将是我在莫斯科的生活!

我旁边坐着法国人和意大利人。法国人严肃且庄重,即便在医生会议上也努力表现得与大国的名声相符。卡策马赫尔人(我们维也纳人这样称呼意大利人)一直处于不安状态,有时在座位下,有时在座位上,以老鹰般的敏捷在天花板上与他们的行李不断斗争,我是一个出色的配合(原文如此)。一位女士和我一起在维也纳上了车,她直到现在都是我忠实的旅行伙伴。我们相互之间离得不远,总保持着好心情。我们尽可能地让彼此的生活变得愉快。……

---

[1] 切萨雷·龙勃罗梭(Cesare Lombroso,1835—1909),意大利犯罪学家、精神病学家,刑事人类学派创始人。——译者注

就连我正写下这些的现在,这位好奇的女士的目光也越过我的肩头,嘴里嘀咕着一些愚蠢的事情,把我逼到了角落。不幸的是,我必须服从她(原文如此)。

但我必须服从她。我只是想告诉您,这位女士住在莫斯科。您也许认识她?

这封书信之后,他们之间开始密集地写信,不时造成误解。阿德勒在写给拉伊莎的信中署名为"阿尔弗",9月的时候,他对她的称谓变成亲热的"我亲爱的金德尔(Kindl)",或者发音相近的"亲爱的廷蒂(Tindi)"。"刚刚收到你的来信。但是,但是……我又惊讶又困惑。让魔鬼来写信,一个亲吻比上百封信件表达得更多、更清晰。但信还是要写的,这也是为什么我正在给你写四个小时里的第三封信。"

有时候他一直等,一直等,期待着回复:"我迅速跑回家,尽可能最快地从邮差手中拿到你的来信。"阿德勒也会催促她回信,特别是当交往越来越认真,共同的未来越来越具体,他就越想得到回信。"我亲爱的廷蒂!哎,你这个坏女孩,我又有9天没有你的任何消息了。你且等着,我把这封信给邮差。……亲爱的金德尔!救赎我的话语什么时候能到来,还有热烈的亲吻?冷静,金德尔,要很冷静!!!"

拉伊莎·艾珀斯坦完全无法冷静。毕竟,这将是一段远离家族的生活——在另一个不同语言的国家,完全不同的环境里。情人虽然是一名医生，但是并不富裕，收入不多。他的家族将如何接受她——一个外国人，一个陌生人？阿德勒试图以幽默的方式向她描述他的父母和兄弟姐妹，以消除她的不安："我的父亲是一个简单朴素的人，他对这个世界和对他的生意一样，了解甚少，至少我的亲戚是这样说的。我不是特别清楚他的性情是如何形成的。我只听说，他在少年时代对家人全心全意，愿为此付出一切；等他成家之后，这份爱就转移到了他自己的家庭上。他天性无比善良，是相处起来安静、慢热却能亲近的朋友。他讨厌新事物，因为他对此感到恐惧，只有当他因为守旧而被嘲笑时，他才开始适应新事物。"

他还说："我哥哥西格蒙德29岁，健康强壮，体重92千克。性情中人，有一点闵希豪森（Münchhausen）式的爱吹嘘[1]。他心地善良，拉丁语学得不好，更喜欢讲些无稽之谈。他看起来很正派，但私底下很爱喝酒。他在打领带方面很快会超过我父亲，并最终与我母亲一起统治世界。……"

1897年12月底，拉伊莎·艾珀斯坦和阿尔弗雷德·阿德勒在斯摩棱斯克完婚，这位年轻的新娘没有完成她的学业。1898年8月5日，他们的第一个女儿瓦伦丁娜·迪娜（Valentina Dina）出生。眼下，如何供养这个新生的家庭迫在眉睫。他们各自的亲属支持了他们。在这之前，阿德勒在他父母位于茨韦格巷的公寓中一间临时的小房间里看诊；现在他们搬进了自己的公寓，位于第九区的艾森

---

[1] 闵希豪森是借用真实人物虚构出来的形象，他喜欢对自己的冒险进行可笑又夸大的吹嘘，形象特点为尖鹰钩鼻和翘起的八字胡。——译者注

巷，离拉伊莎之前的住处只隔了几栋房子。这个街区格外受医生的欢迎，因为这里靠近维也纳综合医院。但对于初入职场的阿德勒来说，医生间的竞争太激烈了，第二年他们就不得不放弃这套房子，搬到条件艰苦的利奥波德城的切尔宁巷7号。这个地址不仅意味着写在信头上的地址降级了，而且意味着他们住到了"另一边"——多瑙河的另一边，也是富裕资产阶级的另一边。他们的新家实际上位于一栋大型的出租公寓中，是典型的"穿堂房屋"，从庭院就能看到他们带诊疗室的房子，以及通往既优雅又高贵的林荫大道普拉特街42号的入口。普拉特街42号正好在卡尔剧院对面，所以阿德勒在他的信纸上列出了这两个地址，这为一个有社会主义思想的医生带来了声誉。

1898年，阿德勒出版了第一本专著《裁缝行业健康指南》（*Gesundheitsbuch für das Schneidergewerbe*），这是受一位柏林医生的委托。他这位在普鲁士的同事曾出版过关于面包师、采磷工、织布工和矿工的类似书籍，整个系列的口号是："认识到危险是预防的第一步！"目标受众是相关行业的劳动者。这是一部彻底的社会医学著作，着眼社会问题，因为在19世纪和20世纪之交，裁缝是遭到最严重健康威胁的职业。写作时，阿德勒和拉伊莎的关注点在于"描述经济状况和某一行业的疾病之间的关联，以及生活水平降低对民族健康带来的威胁"。他的社会主义观点也体现在这本30页的小册子中："医生不能再对这种观点闭目塞听，这种观点把人看作社会产物来研究，而不是个人。"

自鲁道夫·魏尔肖（Rudolf Virchow）[1]的第一批著作出版后，近半个世纪以来，医学都被理解为一门社会科学。1848—1849年，这位出生于1821年的病理学教授，在柏林夏里特医学院根据对流行性斑疹伤寒的研究结果，衍生出一项要求：医生必须同时是政治家，推进早该进行的卫生改革。阿德勒应该是赞同魏尔肖的某些观点的，比如"合理的国家宪法必须确立个人健康生存的权利"；他年轻的妻子更是如此，因为她知道沙皇俄国的社会关系有多么糟糕。1879年，魏尔肖在一篇文章中写道："作为自然科学家，我只能是一个共和主义者，因为只有在共和政体中才能实现自然规则限定的、出于人的天性的要求。"所以对于年轻了50岁的阿德勒来说，作为利奥波德城的医生，成为社会主义者是必然的。阿德勒在他的《裁缝行业健康指南》的结尾处还罗列了社会政治方面的要求：将意外保险扩大到小型企业，强制基本养老保险和失业保险，以及限制每周工作时间。

拉伊莎在政治观点上比她的丈夫更激进。这位精通3种语言（俄语、法语、德语）的年轻母亲，一生都是社会主义者。1899年，她发表了一篇文章，主题是她非常熟悉的"共同研究及男性教授"，这是女性视角的（医学）研究。维也纳于1900年首次允许女性学习医学，她对此表示了赞同。她的这篇文章发表于在维也纳占主导地位、思想进步的女性报纸《女性档案》（*Dokumenten der*

1　鲁道夫·魏尔肖（1821—1902），德国病理学家、政治家、社会改革家，病理学之父。——译者注

Frau）上。

可能早在1898年，拉伊莎·艾珀斯坦就已经在维也纳找到了与俄国社会的联系，并在1900年左右融入多瑙河畔大都市丰富又多面的文化生活之中。

俄国人在维也纳

维也纳最大的移民群体来自俄罗斯帝国。
1911年11月8日,维也纳警察局向奥匈帝国的维也纳总督
提交的一份报告称,
目前有523名俄国公民在维也纳定居。

——保罗·库托什(Paul Kutos)

"一战"之前,各个国家都预感到革命的移民者和政治活动家视维也纳为游乐所。这座城市成为"历史的车站",人们在被引渡之前来到这里,短暂停留,在癫狂的愤怒中发声,然后离开,开创事业。

据推测,1898年,拉伊莎和阿德勒发现可以在维也纳接触到流亡在外的俄国人圈子。圈子的中心是塞米恩·克里亚琴科(Semjon Kljatschko)开在贝尔维德尔巷3号的沙龙,离美景宫不远。这位俄国社会民主党人自1892年以来一直与他的家人住在那里。他1851年出生于维尔纽斯,因革命活动在俄国受到迫害,1874

年逃往海外。1881年，他来到维也纳，5年后成为奥地利公民。自1901年到1914年4月去世，他一直是一家位于内城贝克街的专利律师事务所的代理人。

克里亚琴科有3个孩子。1890年出生的小女儿埃拉（Elle）婚后搬到了巴黎，早一年出生的亚历山大（Alexander）则去了曼彻斯特，只有长女艾琳（Aline）留在维也纳，在大学学习了法语和德语，1918年开始成功地参与维也纳的地方政治，并作为社会民主党人被选入市议会。与艾琳和她的未婚夫卡尔·弗尔特米勒（Carl Furtmüller）的相识，对阿德勒夫妇来说很重要。卡尔比1883年出生的艾琳大3岁，是师范和教育学专业的学生，对最新的心理学流派非常感兴趣。这场因相识而建立起的友谊和共事关系，一直持续到艾琳于1941年底去世。通过他们，阿德勒夫妇在1907年认识了另一位流亡者娜塔莉亚（Natalja）和她的丈夫列昂·托洛茨基（Leo Trotzki）。

塞米恩·克里亚琴科是纽带，也是联络人，特别是对于托洛茨基来说——他和克里亚琴科交情很深。克里亚琴科和奥地利社会民主党的代表保持着良好的联系。1925年3月的某一期维也纳报纸上发表过一篇长篇报道，讲述了克里亚琴科1914年匆忙离世之前在维也纳度过的日子，其中描述了被卡尔·克劳斯（Karl Kraus）[1]讽刺为"官僚主义"的奥匈帝国官僚制度对许多像托洛茨基一样在维

1　卡尔·克劳斯（1874—1940），20世纪早期最著名的奥地利作家之一。——译者注

也纳定居的俄国移民的态度:"当时,奥地利的惯例是不把'政治犯'引渡回俄国,这是因为几乎所有的俄国知识分子,只要他们在国外学习过,就都被算作'政治犯',所以奥地利广泛地使用了默许的庇护权。"事实上,尽管那些因与沙皇俄国敌对而出逃的俄国公民受到监视,但是政府尽可能让他们免受打扰。因此,托洛茨基从1908年起发行的俄文报纸被偷运到了当时的罗曼诺夫王朝。在这份名为《真理报》(俄文为 *Prawda*)的报头,可以看到编辑部位于"维也纳第九区,玛丽安娜巷17号"。维也纳警察总局认为托洛茨基的《真理报》不重要,因此只是漫不经心地关注着。从1912年起,《真理报》就和发行于圣彼得堡的同名的布尔什维克机关报争论激烈。当时圣彼得堡有一位编辑,一个名叫约瑟夫·斯大林(Josef Stalin)的格鲁吉亚人。1924年提交给维也纳市长的一份总结报告指出:"《真理报》于1909年1月至8月在伦贝格出版,此后至1912年在维也纳出版,编辑是奥地利公民尼霍姆·施特拉塞尔(Nehome Strasser),他当时住在维也纳第九区拉扎雷斯巷8号。据说,该报纸的实际编辑是列夫·布龙斯坦[1]。《真理报》最初每月出版两期,后来每月一期,内容涉及俄罗斯帝国的政治、经济文化和文学领域的当代事件。在其存在的最后一年里,还有一个叫《莫尔尧》(*Morjah*)的副刊,它关注俄罗斯海员在黑海的职业利益。该报纸发行量约为5000—8000份,据本局所知,这些报纸全部

---

[1] 列昂·托洛茨基的别名。——译者注

被寄往俄国。"

1929年，托洛茨基在他被流放的第三个地点土耳其，回忆起克里亚琴科的家。他在《我的生平》（Mein Leben）中写道："如果我不提及早期移民S.L.克里亚琴科——他和他在维也纳的家人是我们最亲密的亲友——那么我在维也纳的生活的大部分就不是完整的。我第二次移民的故事和这个家庭有着密不可分的关系，这里是名副其实的温床，孕育最广泛的政治和思想需求，在这个家中，大家演奏音乐，用4种欧洲语言交流关于欧洲的话题。"

最迟在1909年，阿德勒家和托洛茨基家的关系就已经很密切了。娜塔莉亚·伊万诺夫娜（Natalja Iwanowna）生于1882年，1902年和托洛茨基相识于巴黎，当时她在索邦大学学习艺术史，一年之后两人成婚。他们的两个儿子列昂（Leo）和谢尔盖（Sergei）分别于1906年和1908年出生，是维也纳的"谢廖沙"[1]。阿道夫·越飞（Adolf Joffe）——无神论犹太人、坚定的马克思主义者——比娜塔莉亚小一岁，是托洛茨基最亲密也是最重要的助手之一。越飞"神经质"又"体质弱"，患有"精神疾病"，这些问题可能是药物成瘾导致的。通过阅读了弗洛伊德著作的越飞，托洛茨基注意到了精神分析学，但作为一个唯物主义者，他对这一理论持怀疑态度。后来有人说，托洛茨基和越飞是"阿德勒家的常客之一"，俄国人去阿德勒那里治疗的不在少数，1912—1914年，当

---

[1] 这里用《钢铁是怎样炼成的》里面的人物，形容他们小时候调皮。——译者注

时生活在维也纳的尼古拉·布哈林（Nikolaj Bucharin）[1]也去治疗过。托洛茨基的两个儿子向阿德勒咨询医学方面的知识，一直持续到1914年；阿德勒的妻子和托洛茨基的妻子一起散步，托洛茨基偶尔加入她们。但两个男人之间的关系似乎并不是完全没有问题。托洛茨基后来写了一篇随笔，其中描述了在维也纳中央咖啡馆的一个新年夜：一位心理治疗师与朋友——没有带上妻子一起——讨论俄罗斯艺术，结果他发现朋友对此一无所知。

托洛茨基一家的生活困苦潦倒。他们搬了好几次家，从一个廉价的住宅搬到另一个。对于这个不安分、雄辩、痴迷于阅读的革命家和不停制造新概念的知识分子来说，咖啡馆是客厅的替代品。他常去的咖啡馆有赫伦巷的中央咖啡馆、斯蒂芬广场的欧洲咖啡馆和玛格丽特环线的铁路之家咖啡馆。第一次世界大战刚开始的几天里，这个移民家庭就已经感受到了奥匈帝国首都的反俄情绪。所有生活在维也纳的俄国人都不被信任，许多长期居民要么被逮捕、投入监狱，要么被软禁，这意味着他们的行动受到了限制。

1917—1918年，那些曾经接受过维也纳招待的移民，在世界舞台上展开对世界政治的变革。1917年二月革命后，越飞在彼得格勒加入了布尔什维克。8个月后的10月，列宁集团成功夺取政权，越飞成为革命军事委员会的成员，很快被分配到外交事务人民委员会，担任参加布列斯特-立陶夫斯克谈判的苏联代表团第一任

---

[1] 尼古拉·布哈林（1888—1938），苏联共产党和共产国际的领导人之一，马克思主义理论家和经济学家。——译者注

团长。1918年4月起，他成为这个革命大国驻德国的第一位外交代表；后来，他又代表苏联在英、中、日从事外交活动。他的最后一次外交任务是1924年12月—1925年6月担任驻奥地利大使。托洛茨基被开除党籍后，越飞于1927年底自杀。拉伊莎·阿德勒继续和托洛茨基通信，1933年9月，托洛茨基的一个孙子还住在艾琳·弗尔特米勒家。

俄国也以文学的形式出现在拉伊莎·阿德勒的生活中。1921年，她翻译的马克西姆·高尔基（Maxim Gorkis）的《童年》由维也纳工人出版社出版；她翻译的费奥多尔·陀思妥耶夫斯基（Fjodor Dostojewskis）的两篇短篇小说和三篇长篇小说，由柏林国际出版商协会出版，阿纳托利·卢那察尔斯基（Anatoli Lunatscharski）为此贡献了前言，他自1917年以来一直是负责苏联教育事务的人民委员，曾于1894—1896年在苏黎世上大学，和拉伊莎上学的时间一致。

世纪末的维也纳和利奥波德城

> （在1900年左右的维也纳，）从某个阶层往上
> 或者从某个收入水平往上的人，开始变得不安起来。
> ——马内斯·施佩贝尔（Manès Sperber）

当卢那察尔斯基在苏黎世大学的木凳上坐了几个星期时，有一个20岁的年轻人在1894年的6月也坐在维也纳民族公园里。他面容柔和，喜欢戴圆顶硬礼帽，振奋地说道："然而，在黑色树梢之上，奇妙的石檐屋脊、青铜的四驾马车、大理石制的神祇，以及镀金冠饰的轮廓印在火红的夜空中，随后伴着遥远的暮色，高塔的穹顶和柱头闪耀出金绿色和铜红色。"这位法学生出生于维也纳第三区的慈幼会巷，是位于贝多芬广场的著名学术学院的优秀毕业生，在1900年到来的6年前，胡戈·冯·霍夫曼斯塔尔（Hugo von Hofmannsthal）静坐在这个夏夜，望着环城大道。

霍夫曼斯塔尔早在几年前就作为现代主义者引起了轰动。"现代"在当时是不可阻挡的进步的同义词，是"发展趋势"的同

义词，所有非现代的东西则展示出一种固执的惯性。霍夫曼斯塔尔17岁时以笔名"洛里斯"首次亮相，并很快在维也纳的写作圈子里成名。因为他的诗有令人惊讶的成熟和完美，显示出他极高的诗歌天赋。这名未成年人加入了一个由作家、记者和戏剧评论家组成的团体，他们在圣米歇尔广场的格林斯坦咖啡馆聚会，并且时髦地更新巴黎的消息。

霍夫曼斯塔尔于1893年写了一篇关于意大利作家加布里埃尔·邓南遮（Gabriele d'Annunzio）的随笔。这位当时19岁的年轻人在文中表明，自己是一个"晚生者"，是压死骆驼的最后一根稻草："然而，除了逐渐僵化的生活、萧条荒芜的现实、无力的放弃，我们一无所有。我们只有伤感的记忆、麻痹的意志和不可思议的、自我复制的天赋。我们注视着自己的生活；我们早就喝空了酒杯，却依旧感到无尽的干渴：……就这样，我们在拥有中感到失落，在经历中不断被忽视。我们仿佛浮泛无根地生活着，在虽清晰却只夜晚可见的阴影之中、在生命之子之间游荡。"这位19岁的年轻人回顾了他的时代，失望、疲惫、神经疾病和颓废是重点话题。另有一人在1890年的一篇随笔中宣告，过去是伟大的，要对它进行庄严的讴歌。霍夫曼斯塔尔当然知道这是赫尔曼·巴尔的文章，因为他们是好友。

1890—1910年，十二音音乐、现代建筑、法律实证主义和抽象派绘画同时在维也纳出现。叔本华（Schopenhauer）和克尔恺郭尔（Kierkegaard）都从这里开始重新引人注目。而在这期间，就在与这两人只隔了几条街、隔了一个区的附近——或者按照维也纳人的说法，隔了两个住宅区——精神分析理论诞生于世。同时，19世纪90年代愈发动荡不安，这种动荡至少持续到经济的繁荣惠及下等公民阶层的时候。如此多的事件同时存在，使这个时期看起来像一道单薄山冈的山脊上一条狭窄的小路，向上延伸，如果人们到达山顶，就能看到未知的领域。建筑历史学家莱斯利·托普（Leslie Topp）认为，分析19世纪末的维也纳如果看得够久，就可以为每一种态度和论点找到支持。

神经衰弱也在流行。每一个从事对工作时长有硬性规定职业的、自尊心强的从业人员，都声称自己神经衰弱。不仅有记者、货车司机，还有教授、商务旅客和消防员。早在1885年，就有一位医生在《维也纳医学周刊》（Wiener Medizinische Wochenschrift）上指出，现代文明的目的是用每天不断增加的需求和不断提高的劳累来使神经过度紧张。柏林的社会学家格奥尔格·齐美尔（Georg Simmel）于1908年在《奥地利时评报》（Österreichische Rundschau）上写道：个人不能跟上他周围世界的步伐，因此造成心理上的分裂和矛盾。与此同时，科学领域的专业化和区分也在进行，这促成了"美学和治疗学之间的变化"。单独学科和以前的子学科特别是自然科学，出现了迅速发展。自然科学和哲学进入了一种相互激励的关系，那是"自然科学哲学家和哲学自然科学家的时代"。

在现代主义的繁荣中，危机以及危机的对立面——乐观主义——变得显而易见。旧事物开始衰落,而新事物浮现出来,不过,它是否有足够的力量保持自己的状态,坚持自己的立场,赋予自己意义,还无从得知。仅几年之后,霍夫曼斯塔尔就在他的《钱多思的信》(Chandos-Brief)[1]中将自己说过的话粉碎。阿图尔·施尼茨勒(Arthur Schnitzler)书写着依赖、爱恋和被视为典范的虚幻价值,它们自我欺骗的困境只有通过钝化的绝望来摆脱。在绘画艺术中,保守历史主义和寓言式的历史绘画仍在流行,特别是在位于环城大道的美术学院里。与此同时,古斯塔夫·克里姆特(Gustav Klimt)将大资产阶级的女性描绘成金链花般的生物,他让他的模特摆出淫荡的姿势,并因为壁画出了一起丑闻。埃贡·席勒(Egon Schiele)在画布上记录下男人和女人的体态,"奇怪地扭曲着、变形着的脸,被冻结在冷漠中"。理查德·盖斯特尔(Richard Gerstl)创作了火山般炽热的肖像画,类似的还有创作时如同作画般的作曲家阿诺德·勋伯格(Arnold Schönberg),以及一位自认为粗野的画家奥斯卡·科科施卡(Oskar Kokoschka)——他把所有的惯例都抛到九霄云外,1908年在维也纳艺术展上引起轰动。在古斯塔夫·马勒(Gustav Mahler)担任总监的几年里,维也纳在音乐方面取得的成就让这座城市成为音乐界的灯塔和磁铁。但1907年,他的时代在10年后走到

---

[1] 霍夫曼斯塔尔1902年创作的散文作品,全名为《钱多斯勋爵给弗朗西斯·培根的信》(Brief des Lord Chandos an Francis Bacon)。这封虚拟信件的主题是批评语言作为表达工具的作用,以及寻找新的诗学,因此成为世纪之交众多文学作品的对立面。——译者注

了尽头，他面临的阴谋和反犹太主义太强大了。马勒毫不妥协地把歌剧院变成了音乐剧的殿堂，"这让那些不是为了音乐而是为了交际而去看歌剧的人非常恼火"。

这座城市并没有提供太多歌剧演出结束后的夜间娱乐活动。晚上11点之后，内城的街道上空无一人，冷冷清清。除了正在巡视的安保人员，几小时里碰不到一个人。晚上10点，拥有唯一一把内城入口钥匙的看守人就会将大门上锁，这之后想进来的人都必须支付10到20个十字币[1]。这是一笔不小的数目，因此，人们放弃了深夜的室外娱乐。

大都市的媒体支持艺术领域的现代主义运动。《新自由报》（*Neue Freie Presse*）被认为是面向世界的、开放的、智慧又自由的。即使作家们在纸上捕捉文学危机的迹象，即使在他们看来，一切都呈现出病态、脆弱、颓废，但在严酷的政治冲突的过程中，对哲学家、经济学家和社会理论家，特别是记者，仍能看得出他们是旧式自由主义的继承者。此外，人们还有一种乌托邦式的动力，那就是对新事物的追求，对不同事物的追求，对另一个世界的追求。在这个理想世界中，有纯粹的艺术，没有卫生问题，没有明显的贫困、拥挤和丑陋，这个世界仿佛出自高贵的"维也纳工坊"的模型清单。赫尔曼·巴尔在1901年写道："我们必须建立一座城市，一座完整的城市！……政府应该在席津或上瓦特山给我们一片场地，

1　14世纪至19世纪在德、奥、匈流通的一种辅币。——译者注

在那里，我们将创造一个世界。……一切都被同一种精神支配，街道、花园、宫殿、小屋、桌椅、烛台和勺子都表达着同样的情感，但就像神圣丛林中的庙宇一样，在一切的中央，是劳动的场所。"

建筑师奥托·瓦格纳（Otto Wagner）早在这段话发表的5年前就提出了他的理想规划。他为位于利辛的"未来的维也纳二十二区"所做的城市设计，体现出了进步性。人们也许仍然可以期待一下大片区块的建设，但是那里有没有像蜘蛛网一样覆盖整个都市南部的结构？系统中是否涵盖大型林荫道和集中布置的环形道路、放射状道路和分区道路，它们通往巨大的中心——一个拥有喷泉、行道树和长廊的"空中中心"，那里的教堂、剧院和半公共建筑是否可供公众使用？此外，是否还有公园、大型广场、纪念碑和观景处，以及一块块草坪？简而言之，这与眼前拥挤的居住条件相反。巴尔的设想提出3年后，约瑟夫·霍夫曼（Josef Hoffmann）受实业家维克多·祖卡坎德尔（Victor Zuckerkandl）的委托，在维也纳市区外建造了分离主义风格的标志性建筑——普克斯多夫疗养院（Sanatorium Purkersdorf）。通过这个"带有休养公园的水上疗养院"，设计师想表达治疗的隐喻，他通过积极使用视觉隐喻和现代主义的细节来打造一个心理操控机器，将无意识本能的观念转移到现代建筑中。霍夫曼赋予看似朴实平凡的元素以活力和流畅，但祖卡坎德尔是犹太人的事实不应该被忽视。在艺术领域发生革命、动乱和反抗的同时，犹太人的生活也在发生变化，这些变化在维也纳，主要发生在多瑙河另一边的"马泽岛"（Mazzesinsel）[1]。

这个词这是对多瑙河运河和多瑙河之间的城市区域带嘲讽的俗称。皇帝斐迪南二世（Kaiser Ferdinand Ⅱ）允许犹太人在这个区域定居，于是1625年左右，利奥波德的祖父在向最高战争基金支付了相应的犹太人金后搬到了那里。那是城墙外的区域，该区域在当时被称为"下维尔德"（Untere Werd）[2]，从设防的城市通过罗腾塔门，再走过一座收费的桥后便可到达。

斐迪南二世的孙子利奥波德一世（Leopold Ⅰ）与一名虔诚的西班牙女士结婚后，于1670年再次将犹太人驱逐出境。同时，下维尔德被改名为"利奥波德城"，犹太教堂被毁去，在原地建造起以统治者名字命名的利奥波德教堂。但很快，被驱逐者又被允许返回，因为他们对利奥波德的战争基金的贡献是必不可少的。19世纪初，犹太裔城市移民主要在这里寻求庇护。位于普拉特街（当时的耶格采勒）和塔伯尔街之间的老犹太人定居区是一个贫民窟，也为那些稍微有点财富的人提供住处，但待遇并不宽厚。19世纪70年代初，这里的移民大多来自匈牙利、布达佩斯或普雷斯堡的犹太区，新的北方铁路将成千上万的人带往维也纳。这条铁路是安塞姆·所罗门·罗斯柴尔德建造的，他的大理石雕像就竖立在离普拉特斯滕不远的火车站大厅里，那是当时维也纳最大的火车站。

1864年，"马泽岛"的席夫巷建成了东正教犹太教堂，那里

---

[1] 利奥波德城的绰号。——译者注
[2] 直译的意思是"低等价值"的地方。——译者注

被称为大席夫巷的"席夫学校"。东欧犹太人（Ostjuden）[1]在这里找到了他们宗教仪式的归属，他们不需要像那些被同化的人一样，穿长袍、戴高帽去往赛滕施泰滕巷的城市寺庙，仿佛去的是证券交易所。无数的轶事反映出东欧犹太人拥有归属感的心理面貌，这里有个例子：当一名东欧犹太人结束维也纳的旅行回到家中时，他会被疑问包围，问他看到的所有东西。他答道："我看到了火车北站、普拉特斯滕广场、席夫巷和卡尔剧院。""你没去看霍夫堡和城堡剧院吗？""是的，我没去外面的区域。"

利奥波德城的议员、商人西格蒙德·迈尔（Sigmund Mayer）在1880年描述了当地纺织品贸易、农产品贸易和烈酒贸易的景象，以及中间商的形象："纺织品区域有一排排街道，密密麻麻地挤满了相似的商店；每家店里都整齐地堆放着货物，每件货物都在专员的协助下进行单独检查和交易。与商店相邻的是长期雇佣的办事员的办公室，根据业务的规模和重要性，办公室或大或小，雇佣的人数或多或少。……在多瑙河畔的施蒂尔博克，有一家朴素不显眼的咖啡馆，里面从早到晚有几百人来来去去，不停地相互签订或完成交易，除了一本笔记本，没有任何其他设备或帮助；他们偶尔看一看、查一查小样袋；对于谈判者的结论、话语，小册子上的笔记就足够了。在这群人旁边或者中间，通常陪着货币流通上的伙伴，即

---

[1] 与西欧犹太人（Westjuden）属于同一概念范畴。这种对在西欧和东欧的阿诗肯纳兹犹太人的划分，并不是主要从地理上，而是从他们的社会文化、宗教习俗和语言习惯来划分的。这两个概念在德意志帝国和奥匈帝国是负面的，其中"东欧犹太人"一词成为反犹太复国主义者的标语。——译者注

放款人（当时贸易扩大而产生的一个分支）、证券经纪人、代理人和承运商。"那么货物呢？货物并不在维也纳，而是在维也纳和佩斯特之间的火车上，或在斯洛伐克，或在摩拉维亚，或在巴奇卡。1870年左右，将近10万人从事纺织业和服装业，占维也纳所有职工的1/3。这个"维也纳广场"的中心位于霍尔市场和多瑙运河之间的区域。

位于普拉特街的卡尔剧院的总监，1860年前一直是约翰·内斯特罗伊（Johann Nestroy）。这个剧场并不是吸引非犹太裔维也纳人前往"马泽岛"的唯一景点，那里还有黛安娜大厅——夏日里是带有顶棚的泳池，冬天时是芭蕾舞蹈室。在1867年维也纳男声合唱协会的狂欢舞会上，约翰·施特劳斯（Johann Strauß）首次在那里指挥演奏了他的《多瑙河圆舞曲》。恩斯特·伦茨（Ernst Renz）在利奥波德城建造了一个有3500个座位的马戏团，皇帝弗朗茨·约瑟夫甚至还前往参观。

在利奥波德城长大的犹太人彼得·赫尔兹（Peter Herz）回忆说，普拉特街拥有吸引力，拥有"一个影响深远的大型艺术中心——利奥波德城市剧院，即后来的卡尔剧院。这个舞台神奇地吸引着表演者、作家和作曲家来到这个地区。……之前提到过的人[1]不是犹太人，但雅克·奥芬巴赫（Jacques Offenbach）把歌剧带到了普拉特街，歌剧又把许多犹太人带到了这里，这里在世纪之交后

---

[1] 内斯特罗伊及其他人。——作者注

迎来了它的第二次繁荣。在卡尔剧院周围的咖啡馆和旅馆里——在'莫泽尔（门德尔）''蒂弗希鲁斯''绿野猎人''老虎''柏林'，以及在之后的'宫廷'——可以遇到新的犹太歌剧之王，奥斯卡·施特劳斯（Oscar Straus）、里奥·法尔（Leo Fall）、埃德蒙·艾斯勒（Edmund Eysler）、莱奥·阿舍尔（Leo Ascher）和许多舞台宠儿，包括路易斯·特罗伊曼（Louis Treumann）、阿图尔·古特曼（Arthur Gutmann）、维尔纳·弗里茨（赫茨尔）[Fritz Werner（Herzl）]和其他卡尔剧院的伟大人物。……不过在这条'狂野'的街道上，还有许多流动剧团、娱乐场所、音乐会咖啡馆——这些地方充斥着钢琴弹奏声，匈牙利吉卜赛人的小提琴声，以及手鼓声。"

1904年和1907年的两份处方记录本被保存下来，这是由维也纳的古斯塔夫·格鲁伯尔（Gustav Gruber）图书印刷公司为医生特别制作的：牛血红色亚麻书皮，书角另外加固，前后都带有大理石花纹，并预先印有方便查阅的字母。这两份记录展示了阿尔弗雷德·阿德勒的客户群组成。1904年共有495条病人咨询记录，1907年有500条。1904年的第一批病人来自第一区、第二区和第三区，他们的职业如下：马车夫、缝纫女工、咖啡师、自由职业者、商人的寡妇、牛奶商的女儿、女厨师、女仆、裁缝，还包括一个11岁的小学生（病史："坏孩子"）。一位来自内城的同事也因为心肌疾病到阿德勒处就诊。其他记录的病症有：糖尿病、眩晕、风湿病、流行性感冒、大肠炎、胃绞痛，以及"已治愈的焦虑症"。在穆齐尔·埃德勒·冯·伦布吕克（Musil Edler von Wollenbrück）的病历中，阿德勒的诊断为"焦虑症"；而在住在贝娅特丽克丝巷的沙基伯爵夫人（Gräin Czaky）的病历中，他建议进行"心理治疗"。许多犹太人的名字列在其中，从波拉克（Pollak）、格林（Grün）、希尔施（Hirsch）、科恩（Kohn）到多伊奇（Deutsch）和罗森博格（Rosenberg）。很多人来自附近的普拉特街、切尔宁巷、马戏团巷和小施佩尔巷。埃米尔·赖希教授（Professor Emil Reich）从优雅的德布灵开车来找阿德勒。阿德勒还为维也纳《工人报》（*Arbeiter-Zeitung*）的布劳恩博士（Dr. Braun）打针，这表明他很熟悉社会民主党派的领导媒体。阿德勒化名"阿拉丁"，不定期地在《工人报》上发表专题和文章。他喜欢在参观完《工人报》位于左维恩泽勒街上的编辑部（如今是奥地利抵抗运动文献档案馆）之后，去小吃市场的多布纳咖啡馆玩杜洛克牌。阿德勒也为熟人治疗，如音乐评论家大卫·巴赫（David Bach）。阿德勒本人继续从事职业范畴相关的新闻工作，这一点从他能够让文章有知名度就可以看出。

医生作为教育者

> 童年是一场噩梦，我们最近才开始从梦中醒来。
> ——劳埃德·德莫斯（Lloyd deMause）

一篇评论引起了人们的注意。人们读到："正如家长和老师在实践中发现的，教育问题是最困难的问题之一。"时年（1904年）34岁的青年阿尔弗雷德·阿德勒继续说，人们会认为，人类经过代代传承，已经在"几千年的人类文化"中掌握了适当又连贯的解决方法，毕竟每个曾"作为教育对象"的人都接受了足够多的行为—反应机制。"人们会认为"这个限制，出现在评论第二句的开头，而这一限制正是阿德勒的假说形成中最重要的部分。因为以自己为参照和榜样来教育孩子的强迫性意志，是由"所有没有意识到这一强迫性意志的人"来体验的。

反过来说，并不是每个人都适合成为教育者。由于每个孩子都是独立的个体，因此教育者需要有一双善于观察的眼睛，不仅要认识到教育对象本身及其性情、天赋和缺点，而且还要认识到自己的性情、天赋和不足。教育者必须培养出同理心，才能成为孩子的支持者。这同样适用于医生，既往病史需要被一步步拆解开来，从"症状到病灶"，和教育者一样，没有"过分的自我欺骗"，有清晰的自我意志，是成为医生的前提和基础，这样才能打开、唤醒和促进病人的自愈能力。这一理论意味着两件事：其一，修正了医生的自我形象和治疗者形象，从假定的全知全能者转向知己；其二，病人的参与。自我和他者、发现他者或对方才能的过程（如感知发展的可能性）、移情、深化、人格成长，都是理想的教育学需要的关键词。

没有比《医学专业报》（*Ärztliche Standeszeitung*）更好的媒体来宣传这一思想了。它成立于1902年，每月出版两次，发行量1万份，免费发放给奥地利的每一位医生。阿德勒的文章《医生作为教育者》（*Der Arzt als Erzieher*）刊登在1904年的第13、14和15期。

这篇文章值得关注，因为这是他第一次发表关于教育学和心理学系列问题的文章。这个主题已经进入人们的视野，而阿德勒正处于当下讨论领域的中心。美学和哲学的危机之后，治疗学迎来了景气的环境。在逐渐变成工业社会的西半球，诗人作为"超验的医生"已经失败了。现在，真正的医生取代诗人，成为健康的守护者。

1905年，名为《医生作为教育者》的医学杂志问世，主要面向神经科学专家和儿科医生。1908年，在布雷斯劳[1]任教的奥地利儿科医学教授阿达尔贝特·切尼（Adalbert Czerny）在维也纳的弗兰茨·多伊蒂克出版社出版了他的专著《医生作为儿童的教育者》（*Der Arzt als Erzieher der Kinder*）。这家出版社在9年前曾出版了弗洛伊德的《梦的解析》——这本书于1911年发行第三版，1942年发行第九版。预防性治疗是《医生作为儿童的教育者》关注的重点，预防被认为对世纪之交如"神经质""神经衰弱"之类的病症非常有效。

在《医生作为教育者》这篇文章里，阿德勒回顾了一代人以来医学活动在酒精成瘾、传染病、梅毒和其他性病、结核病，以及降低婴儿死亡率方面取得的成功。

他不遗余力地使用传统的"悲情公式"，为医生英雄式的工作建立语言基座，这一直在《医学专业报》受到欢迎。

阿德勒把"学生保健"作为一个新领域，提倡义务教育阶段学校应学习这一医学分支，这一理论可以和他之前的社会医学论文结合起来——也与《医生专业报》的编辑海因里希·格林（Heinrich Grün）所属的社会主义民主环境结合起来。

但阿德勒问道，为什么医学的进展还没有达到他希望的程度。答案是：因为"人们的启蒙工作和物质福利"不受医学界强制指导。然后他转向身体教育——包括营养、分工和娱乐，但其中更

---

1 波兰一座城市。——译者注

重要的是游戏、运动和体育。他警告说，让医生在心理教育中发挥决定性作用不仅仅是建议。他列举了几本关于教育的书，一本是1882年的，一本是1904年刚刚出版的卡尔·格鲁斯（Karl Groos）的《儿童的心灵生活》(*Über das Seelenleben des Kindes*)。阿德勒认为，这本书在洞察力方面超过了弗洛伊德的《梦的解析》（这也意味着阿德勒读过《梦的解析》）。

随后，阿德勒讨论了现实中儿童教育的具体问题。他沿着他所处时代的路线前进，从带有明显社会等级制度特征的"家长制—父权制"印记的婚姻咨询开始论述。对只有健康的人才应该生孩子这个观点，阿德勒比同时代倾向优生学的人表达得更加谨慎：病人——按当时的说法被称为"退化者"——极有可能"为后代带去有害的结果"。他坚持认为，孕妇身体和心理的稳定，对未出生的孩子至关重要。公民的基本道德、守时和整洁（这是"文化最有力的展现方式之一"），对婴儿来说至关重要。另外，体能训练是必不可少的，如果失去了身体和心灵的互动，人就会失去一些东西，而这些东西后来成为阿德勒观点的核心——"对自身力量的信心"。娇弱的、被过度保护和被恐惧包围的儿童，会"装病"或夸大病症来寻求庇护。体育活动能给儿童带来"自信"，而后来"自信"也成为阿德勒术语的标志。"教育最重要的辅助是爱。只有在爱的协助和孩子的好感中，教育才得以进行。"母亲和父亲对爱的输出应当是同等的，父母任意一方的偏爱都有害无利。同样地，反过来说，如果有两个或更多的孩子，父母就必须避免偏爱其中一个孩子。我们可以基于此，提炼出阿德勒在未来几年里越来越核心的观点，即兄弟姐妹的排名以及与之相关的偏好和回避行为。他反对家庭以外的看顾者，如保姆、家庭教师或寄宿学校等机构加入对儿童的照顾，这一观点令人吃惊。阿德勒认为，外人的加入会带来孩子的情感匮乏，难以磨灭的屈辱、恐惧和对性格要素的抑制。他提出绝对不能使用体罚，且惩罚只能在有学习效果的情况下进行。与用藤条惩罚相比，阿德勒列出的惩罚方式相当"无害"：撤销和父母同桌而坐的权利、训诫，以及责怪的眼神，终极手段是扔掉孩子最喜欢的事物。把孩子锁在房间里是"野蛮的"，打孩子也是，两者都只会适得其反。用责骂进行谴责和羞辱，会让孩子的性格发展变得糟糕；过度赞美也是目光短浅的，因为从长远看，孩子需要拥有面对批评的抵抗力。阿德勒的暂时结论是，父母应该是"始终具有公正意识的法官，但同时也是永远充满爱的保护者"。他认为，教育的艺术必须成为一个流派。

引人注目的是阿德勒在这本书的表述中的克制，以及他展现出的柔软和温和。他提及"友好的告诫"时，使用了"非常柔和"这个说法，说到幼小的儿童"幻想出来的谎言"是"不应该被悲剧化的"，因为"我们全部的生活"和成年人的世界"充满了谎言"。如果儿童的"说谎"一直持续，那么需要"一个良好的环境"为他提供"可靠的保障"。用阿德勒的话来说，在这个环境中，儿童不用在他人面前吐露秘密、撒谎或伪装。

如果这一切都成功了，那么孩子会自然地对父母产生"服从"，这就是"教育的独立效果"。在这样的过程中，"独立"这个形容词显得最为重要。教育没有变成让人失去灵魂的校正，而是可以助力、激活和加强儿童的内心生活，为其提供指导。恐吓是破坏性的，并会产生反社会的效果：儿童会变得孤独，害怕所有人和事物，尤其是对某些机构的代表，如教师和医生。孩子会变得懦弱，沉溺于狭隘的生活。对抗自我指责、自我压制和精神麻痹的方法是对话，应该向孩子解释事情之间的关联，说明前因后果。

文章中，阿德勒的总结是以否定的方式开始的：他反对以校正为目的的、"黑色"的惩罚教育法。H.F.卡勒（H. F. Kahle）在他的《新教大众教育的几个特点》（*Grundzügen der evangelischen Volkserziehung*）——一本供神学院学员和神学研究所教师使用的手册（1890年第8版）中——曾建议将军队的风格应用到教育中。在与6~12岁的孩子打交道的过程中，卡勒充分利用命令等级的顺序——从秩序命令到出门前的命令，此外，这种教育方式也是针对教师和孩子双方的训练："必须练习执行命令，让发布命令成为老师的第二天性，让准时遵守成为学生的第二天性。"

阿德勒在这本书出版14年后提出反对意见：采用可怕的惩罚措施，会导致孩子懦弱、逃避的行为。只有自信的孩子才会成为勇敢的孩子，才能更有力地塑造他们的生活，在一步步发展中提升对认知和知识的好奇，且不易受到他人影响。许多问题不是"折磨"——在1922年的版本中，这个词被改为"痛苦"——这些问题概括起来就是孩子的一个烦恼："我从哪里来？"在性成熟的问题上，阿德勒是弗洛伊德的忠实追随者——他认为性成熟在儿童时期就已经存在，但一旦由于无知或恶意煽动而形成错误的不雅行为，就会诱发神经症。如果一个人用关心和细心帮助孩子度过青春期，他就能在这个"怀疑的时代"和权威垮台的时期，成为孩子的性教育"顾问"。

以上汇总的阿德勒的观点，并不是完全由阿德勒原创的，当时这些观点还没有一个独立的心理学理论，但这篇早期文章确实具有象征意义。积极赞扬自我意志对儿童发展和克服教学困难的重要性，以及独立自主的意义，这些观点在当时极不寻常，是关于个人和反抗的自我意识和自我意志的理论，在社会上还未发展起来。阿德勒为之创造出了"男性抗议"（männlicher Protest）这个词。1914年，阿德勒将这篇文章收录在他与卡尔·弗尔特米勒共同创作的《治愈与教育》（*Heilen und Bilden*）一书中。1922年，该文本被纳入修订后的重印版，并对术语进行了更正。

阿德勒自己也把"一个良好的环境"放在心上，以教育他的孩子。他在1908年8月5日大女儿瓦伦丁娜10岁生日时，给她写了下面这封信：

我可爱又善良的小瓦利（瓦勒尔）：

你已经知道自己长大了，而且对生活已经有了一定的认识，但也许有一件事你还不知道——或者说得更清楚一点，你没有思考过这件事，就像许多人不去深入思考已经知道的事情。我以前也是这样,而且我意识到这一点有些太晚了。

这真的很容易理解。生活中满是困难,阻碍不断出现,但我们只从单一的角度看自身的存在,觉得自己在不断地与困难和阻碍做斗争。但如果换一个角度来看,生活看起来又是不一样的,并不是有人一直幸福,有人一直不幸。幸福与否主要取决于我们所持的观点,并始终取决于我们为自己设定的目标。如果这个目标定得太高,甚至无法实现,那么我们自然就会一直感到挫败和失望。很多人没有意识到自己设定的目标过高,这就构成了他们的不幸。这一点可以通过观察他们,轻易地从他们无止境的不满和缺乏幽默感中猜到。

然而,如果他们理解了这一相互关系,并且能够承认,要想变得幸福和快乐,只要停止过度重视以往的目标,所有事情就都会变得更加容易忍受。生活中余留的困难是有价值的,能够证明我们在克服困难中的坚定,抑或让我们在无法克服困难时学会忍耐。……

我们所有人,不管是男人还是女人,都喜欢把自己的失败归咎于他人或不利的环境、无法改变的事实。只有在不情愿的情况下,我们才会想起,每个人都被烦恼和困难所困扰,而这些烦恼和困难只有一个解决办法,即在困难无法改变时也毫不畏惧,使自己变得更强大。

我已经学会用这种方式来看待生活了,也许你已持有同样的观点!如果没有,那么只要尝试一下,从这个有利的角度来看待你的生活。我想，我认识到的这些是我拥有的最好的东西，也是我能为你送上的最好的生日礼物，我亲爱的小瓦利。

几年前，我曾经给你写过一次信（可惜我很少在你的生日时陪伴在你身边），说你给我带来的全是快乐，并在精神上一直与我同在。如果你乐意的话，就让我在今天重复这些话，就像我过去一直做的那样。今天，我也在精神上与你同在，生活在有你的幸福里。

爱你的老父亲，问候并亲吻你。

星期三协会

了解意识层面精神生活的本质，关键在于无意识。
——卡尔·古斯塔夫·卡鲁斯（Carl Gustav Carus）[1]

阿德勒写这封信的6年前，即1902年，弗洛伊德写道："有一天我非常惊讶地发现，非医学专业人士对梦境的见解，虽一半仍陷于迷信之中，但却接近真相。……我通过运用一种新的方法，对梦境有了新的认识，这种方法后来以'精神分析'之名在整个研究流派中得到认可。"被整个流派认可？这更像一场白日梦而不是现实。西格蒙德·弗洛伊德极度需要回应和共鸣。换句话说，他需要追随者。同年，他成为副教授，收获了声誉，那时他已经是一位经验丰富的讲师。

还是在1902年。10月，弗洛伊德邀请与自己相识的威廉·斯泰克尔、在物理疗法研究所任教并采用电击疗法的童年好友马克

---

[1] 卡尔·古斯塔夫·卡鲁斯（1789—1869），德国医生、画家、自然哲学家和心理学家。——译者注

斯·卡哈内（Max Kahane），还有经营一家"温泉疗养院"的鲁道夫·赖特勒（Rudolf Reitler），一起参加每周一次的会谈。这个邀请只在周三晚上，所以这个会谈的圈子很快被命名为"星期三协会"。弗洛伊德在过去几年中发表了一些重要的文章：1893年《论癔症现象的心理机制：初步通报》（Über den psychischen Mechanismus hysterischer Phänomene. Vorläufige Mitteilung）、1895年《癔症研究》（Studien über Hysterie）、1898年《神经官能症病因学中的性》（Die Sexualität in der Ätiologie der Neurosen）、1899年《梦的解析》（Die Traumdeutung），以及1901年《日常生活精神病理学》（Zur Psychopathologie des Alltagslebens）。1905年，《性学三论》（Drei Abhandlungen zur Sexualtheorie）问世。斯泰克尔应该是第一个接受精神分析治疗并在随后将这种治疗方法应用到病例的医生。第一次应用大约发生在1903年，弗洛伊德将一个病人介绍给他，并充当了类似督导师的角色。

除了斯泰克尔、卡哈内和赖特勒，第四位参与者就是阿尔弗雷德·阿德勒。阿德勒和弗洛伊德第一次有记录的来往是一份邮寄的简短消息，它在1899年2月的最后一天被寄往切尔宁巷，内容是请求允许转介病人进行咨询。1902年，阿德勒读了《梦的解析》，被深深吸引。

1904年12月12日，弗洛伊德在维也纳大学医学院进行了一次题为"论心理治疗"（Über Psychotherapie）的演讲。他在演讲中说："精神分析疗法是为长时间无生存能力的病人创造的，它因为使许多这样的病人拥有了持久的生存能力而有所成就。""星期三协会"对这场演讲很重要，它不仅为演讲涉及的假设和理论持续增加热度，还是演讲展示的场所。

1906年，50岁的弗洛伊德已经写了5本书和大约70篇文章，他胡子花白，仪表保养得当，脊背已略微弯曲，在乐于接受新事物的维也纳圈子里声名远扬。据一位同时代的人说，他在年轻人中很受欢迎，尽管他不喜欢与他们有太密切的个人接触。1897年，他就被任命为无薪[1]的副教授，但这个职位拖延5年之后才被正式确认。他限制他人来访，精神病诊所以外的学生只有在持有特别的书面许可的情况下，才可以来听他的讲座课。他只愿意和对精神分析感兴趣的人或忠于学科的人讲话，这些都凸显出他的使命感。

年轻的医学生弗里茨·维特尔斯于1906年参加了弗洛伊德的区医院精神病诊所的讲座课，并在之后记下了这次经历：来听讲的人很少，泛着回音的房间里甚至连前三排座位都没有坐满。弗洛伊德在没有笔记的情况下讲了大约一个小时，把这一小群人牢牢地控制在他的魔力之下。有一点短暂的休息时间让大家活动腿脚，接着，弗洛伊德又讲了一个小时。维特尔斯说，他看上去比50岁年轻："他的头发光滑乌黑，几乎没有变灰，他把头发分在左边，留着法式山羊胡。"他那双发着光的深棕色眼睛会先敏锐地审视每一个提问者，然后才给出答案。这次讲座的内容是传统心理学的缺

1　在这之前，弗洛伊德当了10年无薪的大学讲师，直至1897年才被提名为副教授。——译者注

点，当弗洛伊德讲到在莱比锡大学任教、具有影响力的民族心理学家威廉·冯特（Wilhelm Wundt）时，他引用了卢多维科·亚利欧斯多（Ludovico Ariosto）的叙事诗《疯狂奥兰多》（*Der rasende Roland*），诗中，一个巨人在战斗中被砍掉头颅，但他却无暇顾及，继续战斗。弗洛伊德觉得冯特很像那个战士："发展至今的心理学很有可能被我的梦境理论杀死，但它还没有意识到这一点，还在继续被传授。"讲座结束后，"一群崇拜者"领着弗洛伊德"凯旋般地穿过庭院，来到阿尔泽街上"，"从阶梯教室到大门这段不长的路程中，我们尽可能地引人注目。弗洛伊德习惯保持得体"。

1908年，近30人加入了"星期三协会"，但通常只有差不多一半人会出现在会谈时。听众涵盖了可接受教育的阶级，其中包括医生（阿德勒于1903年加入了最传统的行业组织——医者协会）、教育家和作家。他们最初聚集在一起，不仅是出于好奇、想要掌握弗洛伊德理论并了解它的意愿，还因为对精神病学、教育学和与人类心理相近领域的研究现状感到不满。阿德勒表示："作为一名医生，基础医学实践不能让我满意，我越来越转向精神病学。"

起初，尽管有意识形态的差异，但这还算得上是个和谐的团体。很多人，包括一些自由主义、资产阶级的社会民主派人士，甚至对政治不感兴趣的人，都知道阿德勒崇尚社会主义，他在左派的《工人报》等媒体上的文章早就表明了他的立场。该协会关注每一次讨论，无论它是关于一份临床病例、一位诗人、一个罪犯、一本新的学科专著，还是关于一名视觉艺术家的生活和工作。任何领域都会成为讨论的主题——动物心理学和社会学、宗教和生物学、教育、犯罪学和神话,甚至还有联想实验和精神电疗实验。

"弗洛伊德讨论圈中的每个成员都相信,元帅的权杖就藏在自己的背包中。"个别人想保持自己的想法,宣扬自己的观念,在面对弗洛伊德的快速反应和灵巧时更是如此。奥托·兰克(Otto Rank)从1906年起就是勤奋的会议记录员,他努力做到机敏又友好,但也常常表现出些许傲慢无礼。维特尔斯来访时表现得又真诚又执着,没有带着最耀眼的光芒,给人一种顺从的感觉。斯泰克尔在会议中很爱争吵,非常自负,因为他在不少报纸上刊登过文章,有专栏。"这些行为特征自然也成为精神分析的理论素材",成为精神分析发展的助力。然而,这份助力后来被证明是阻碍,甚至是破坏性的,因为冲突作为无意识过程的明显表现,会被提升为精神分析的典范。这时候,这种规范的设定与个人虚荣心相互作用,成为组织头疼的问题。

接下来是做笔记记录。最终,会谈上讲的内容、如何理论化以及如何反思都被记录下来,即使不是为了永久保留,也是为了未来的学科发展。这也推动了个人想要把自己推到前台。这个一直一目了然的圈子,自认为是进步的冲锋军、先锋派。现在必须决定,谁可以在弗洛伊德身后高举军旗,谁是少尉,谁是副官,谁可以进行最大胆的侧翼演习。于是,人群中出现了过分虚荣、固执己见的表达,人们开始追求提出来的概念应该是完全原创且令人耳目一新的。有时,推测性的辩论变成一场具有挑衅意味的口舌之争。比如，对德高望重的瑞士精神病学家厄根·布洛伊勒（Eugen Bleuler）的一本研究成果评论说，没有一个精神病学家会因为这本新书而受到启迪——这是阿德勒的第一次评估。同时，阿德勒还刁难演讲者——过早秃顶、留着小胡子的内科医生爱德华·希奇曼（Eduard Hitschmann）。希奇曼在整个"星期三协会"活动期间保持着格外尖锐的风格，几次被弗洛伊德作为"猎犬"派往前线。弗洛伊德当晚同意阿德勒的观点，认为布洛伊勒的工作很薄弱；不过有一点他必须反驳阿德勒，因为那本书中确实有很新颖的观点。兰克记录下弗洛伊德的说法："将疾病归结为感染，这个观点在癔症的全部文献中都找不到。"

在俄狄浦斯情结之父弗洛伊德的眼里，"儿子"们之间存在着不小的竞争。"星期三协会"的第一位外国客人，来自苏黎世的马克斯·艾丁根（Max Eitingon），于1907年7月参加了会谈。他就神经症和癔症的原因、治疗和转移的本质，客观地提出了疑问，希望得到答案。

"星期三协会"巩固并扩大了弗洛伊德的核心追随者。有一件事可以证明这个精神分析团体的凝聚紧密：1908年，卡尔·亚伯拉罕（Karl Abraham）从苏黎世搬到柏林，开始热情地支持弗洛伊德的工作，他创立柏林精神分析协会，为精神分析学家的正式培训奠定了基础。

1908年，该团体转变为正式组织，它主办了在萨尔茨堡举行的第一届国际精神分析学大会。来自奥地利、瑞士、美国、英国、德国和匈牙利的42名精神分析学家参加了会议。"星期三协会"首先更名为"维也纳精神分析协会",以便实现专业化,并尝试作为专业组织在多国巩固地位,联合起来抵御来自医疗机构的攻击。批评家们大肆发言,对他们的指责如下:老妇人式的精神病学、巫术和精神自慰、偏执的哗众取宠和吹毛求疵,精神分析学家作为"心胸狭窄的狂热者",在最坏的情况下"已准备好去疯人院"。评论弗洛伊德书籍的专业评论家很少——大多数心理学相关的杂志都忽略了他——而且都贬低他,对他不屑一顾。他们认为弗洛伊德的理论是错误的、未经证实的,与任何经验主义都相去甚远,简而言之,不可接受。许多追随冯特观点的心理学家觉得,弗洛伊德的精神分析让人想起古代的梦境神秘主义。

随着1910年国际精神分析协会的成立,精神分析学派日趋扩大。有启发意义的是:精神分析是"唯一一个在地方组织建立之前就有国际基础的专业分支,因此弗洛伊德主义者允许自己无视地方或国家的习俗、习惯和法律"。成员们出席每年两次的会议,相互之间保持通信,有时通信的数量大到夸张。

哲学与仿佛哲学

历史哲学家只是改变了世界的一小部分；重要的是宽恕这个世界。

——奥多·马奎德（Odo Marquard）

"有些事情看起来像是夸大其词，就像《皮塔瓦尔》（*Pitaval*）[1]中的故事，尽管故事并不血腥。"这是1914年5月5日《工人报》第一版下半部分专栏文章《消失的档案》（*Der verschwundene Akt*）里的第一句话。同样就在这一天，一位记者在切尔诺夫策的《布科维纳邮报》（*Bukowinaer Post*）的头版上咆哮道："那些应该引起注意的东西，因为没有被看到，所以它们不存在。"而《维也纳新自由报》（*Wiener Neue Freie Presse*）用3页篇幅的特刊介绍了计划新建的通往维也纳的弗朗茨·约瑟夫皇帝政府纪念桥，即现在的海利根施塔特大桥，该桥在特刊介绍发行一年之前已封锁了部分交通。《维也纳新自由报》从第八页才开始出现第

1　《皮塔瓦尔》是18世纪的一部历史刑事案件集。——作者注

一批广告,包括位于克赖因的日光疗养院,预防皮肤粗糙的松香皂,巴特哈尔的碘溴浴,巴德托波尔希茨的疗养院,瑞士的格里森巧克力,以及对如何消除因精神和身体疲劳而引起的便秘给出的温馨建议———杯天然的"弗朗茨·约瑟夫"苦矿泉水——以统治者的名字命名似乎有点轻佻。《维也纳新自由报》是帝国最负盛名的报纸,其编辑部、行政部门和印刷厂都位于费希特巷2号,维也纳城市公园附近。这条街是以德国唯心主义哲学家约翰·乔治·费希特(Johann Georg Fichte)命名的,如今,维也纳劳动监察局就坐落在这座宏伟的历史主义风格的建筑里。同样在1914年5月5日,阿德勒开始着手研究哲学,并从事劳动监察局的工作。他给人写了一封信,我们无法确定收件人,只能推测可能是美国心理学教授斯坦利·霍尔(Stanley Hall):"我想我同意您的观点:我们的个体心理学实际上是一种关注(和兴趣)的哲学和心理学,因为个体对'已经发生的事情'的态度(观点)和行动,为我们提供了理解同一事物的基础。"阿德勒跨越大西洋的通信,让心理治疗和心理学之间的关系比学科历史上公认的还要紧密。

1881年,莱比锡大学为"心理治疗"设立了第一个教席,这意味着设立者从学术上认可了这门学科作为科学。设立者名为皮埃尔·让内(Pierre Janet),生于1859年,被认为是创伤治疗和精神创伤学早期形式的创始人。这位法国人在30岁时出版了《自动化的心理:针对人类活动的低等形式的实验心理学尝试》(*L'automatisme psychologique: Essai de la psychologie expérimentale sur les formes inférieures de l'activité humaine*），推动了当时人们对精神创伤学的认知。由于19世纪中期生物精神病学和神经学开始发生转变，严格的自然科学和物理问题被推到台前，但哲学问题并没有因此隐入后台，也没有被视为过时的问题而被抛弃。比如关于自由意志的讨论，关于行动、意愿、指示和指挥行为的因果关系，至今都在心理学的探讨范畴中。

精神活动的因果关系是"迷人但不准确的神话"，埃德蒙德·胡塞尔（Edmund Husserl）是第一个试图征服它的哲学家。他将意识的意向性理解为：意识并不接收周围的现实，而是指向周围的现实。这意味着，没有一个意识世界是与现实世界无关的。不过对阿德勒来说，伊曼努尔·康德（Immanuel Kant）和其目的论、威廉·狄尔泰[1]（Wilhelm Dilthey），以及汉斯·费英格（Hans Vaihinger）更为重要。

对于比胡塞尔年长近30岁的威廉·狄尔泰来说，心理学已经是生活的主题。这位柏林的哲学教授将人类学归为"心理学"，称心理学包括实用人类学、哲学人类学和比较心理学，并且认为，作为一种知识理论，人类学是心理学的结果，后者是在考虑到生物学因素和分类的情况下，在人类存在的多样性上取得的经验。狄尔泰强调了未来的方向，即目的论。目的论起源于托马斯·冯·阿奎纳（Thomas von Aquin）的中世纪经院哲学，于18世纪重新被康德发

1　威廉·狄尔泰（1833—1911），德国神学家、哲学家。——译者注

现，又在100年后在维也纳被弗朗兹·布伦塔诺（Franz Brentano）找到。阿奎纳的目的论充满神学思想并面向上帝，而浪漫主义者克莱门斯·布伦塔诺（Clemens Brentano）和贝蒂娜·布伦塔诺（Bettine Brentano）的侄子——1874—1895年在维也纳担任哲学教授的弗朗兹所持的目的论，则将"意向性"一词理解为心理上的内在性。

狄尔泰常常和弗里德里希·尼采（Friedrich Nietzsche）一起被归为19世纪末生命哲学的代表人物，但这并不正确。因为狄尔泰不认为生活被神话或者被神化的汝（Du）所包围，人们只能凝视其不可捉摸的面孔——恐惧，不安，抑或满是热情。对他来说，"生活的全部事实"在于"经验哲学和心理学的真正出发点"。这一观点代表了一种思维方式，从现象学的角度来说，要从整体开始以理解部分，并从部分中重新建立整体。阐释学的循环原则并不仅仅适用于理解文本。"如果说康德把心理学和认识论分开了，那么狄尔泰关于美学和历史的工作，则对心理学描述与认识论的关联程度重新提出了疑问。"

狄尔泰多年来一直在开设心理学讲座课，但直到1894年才书面提出关于"描述心理学和分析心理学"的独立构思。他把生活理解为自我和世界之间不可分割的相互作用，并谈到"体验自己的状态，理解在外部世界中具象化的精神"。从19世纪80年代开始，狄尔泰研究的主题从刺激和反应模式转变为整体性原则，即思维等同于对现实的感知，感觉等同于价值和意愿，等同于目的的统一。整体性原则成为他思想的中心纲领,以及他的心理学的主要概念,他把整体的概念作为"原始现象"和"思维模式"应用到有机体。狄尔泰的理论结构通过"表达"概念,与生活客观现实相关的理解理论融合在一起,这大概是由心理结构的因果关系带来的。这一理论影响了关于生活背景的哲学:个体的经历,即便过了很长时间后,也会形成生活背景。早在1699年,英国人沙夫茨伯里伯爵(The Earl of Shaftesbury)就谈到了"心灵的统一结构和构造"。狄尔泰在关于"语义学"的文章片段中强调:"在记忆中,经验被组合成一个统一体,并获得了与整个生活中其他经验的关系——语义"。在这个意义上,语义是"一种在各部分之间寻找到的内在联系,和时空、因果这些真实的联系无关"。各种功能性的生活表达相互关联,"思维本身并不会产生这种关联,但人们可以到处宣扬思维,使关联生效"。狄尔泰说:"生命历程中,每一段经历都和整体相关。这种生活背景不是连续时刻的总和或缩影,而是由联结所有部分的关系构成的统一体。"按照他的观点,描述心理学能够为人文学科提供一个关于世界基本要素的非假设性设想,而自然科学将世界割裂开来,其结果是假设的微粒——"自然科学从基本微粒中创造物质,这些微粒只能被当作分子的组成部分,不能独立存在;在历史和社会奇妙地交织在一起的整体中,相互作用的单位是个体,它们是一个心理和物理意义上的整体,其中每个个体都相互区别,每个个体都是一个世界"。

1894年,狄尔泰完成论文《关于描述心理学和分析心理学的观念》(*Idee über eine beschreibende und zergliedernde Psychologie*)的大纲。这是他对描述心理学的成熟构想，明确涉及"结构规则，这个规则把智力、本能生活和情感生活，以及意志行为联系在一起，构成结构化的精神生活整体"。他的人类学的核心是"发展"和"后天的关联"，以及有机体的事实，后者延伸到了精神领域。

在狄尔泰的最后一份手稿，即未完成的《宗教问题》(*Das Problem der Religion*，1911年)中，狄尔泰回归了人类学，并从心理学延续了"描述和分析"的属性。这位哲学家旨在克服传统心理学孤立地研究自我观察的现象，并将个体视为从心理物理学[1]来说孤立的分子的问题。但他想保留社会生活和历史生活所构成的基本单位。他认为，社会不是一种聚合状态，更准确地说，个体才是一个社会最突出的元素，个体的意识是社会的体现。在狄尔泰看来，社会是自我延续的整体，它指向一个更大的整体，即他提出的"精神生命结构"这个概念。他用"精神生命"这个在19世纪末的德语中鲜少使用的词，创造出了20世纪的重要关键词。他说："自然对我们来说是陌生的，因为我们只能看到它的外表，看不到内在。社会才是我们的世界，我们用自己的一切力量参与社会中的相互作用，因为我们从内心深处、从最活跃的躁动中，感知到社会体系建立起来的条件和力量。"

1　又称实验心理学，将心理学作为自然学科处理，抛弃精神分析所强调的意识问题，用可量化的实验来研究心理学。实验心理学的创建标志着现代心理学的开端。——译者注

阿德勒是哲学家吗？这是一个怪异的问题，却也是合理的。无法想象阿德勒的神经症理论如果不涉及生命哲学，会是什么样的。阿尔弗雷德·阿德勒读过哲学，有人文学科的背景，借鉴了多方依据，这一点尤其体现在他1912年出版的《神经症的特性》（*Über den nervösen Charakter*）这一涉及广泛的书中。他早期著作的引用涉及德摩斯梯尼、达尔文、黑格尔、康德、拉瓦特[1]、席勒、叔本华、苏格拉底、威廉·冯特、毕达哥拉斯、亚里士多德，以及弗朗茨·冯·巴德尔（Franz von Baader）等。他从这些人的著作中找到纲领性的概念，折中后为自己所用。大学期间，阿德勒参与了马克思社会主义学术圈，阅读过弗里德里希·阿尔伯特·朗格（Friedrich Albert Lange）的《唯物主义史》（*Geschichte des Materialismus*）。不过，早期的奥地利马克思主义思想深受康德的影响。在维也纳大学，阿德勒应该听过著名哲学家恩斯特·马赫（Ernst Mach）的演讲，因为作为一个极其喜爱阅读报纸的人，他绝对无法抵抗马赫的魅力。当时，人们对尼采作品的热忱也让他的影响逐渐加深。一些社会民主主义立场的出版物甚至宣扬"尼采式的社会主义"，比如阿德勒在1905年发表过文章的《新社会报》（*Neue Gesellschaft*）。

1902年，阿德勒在《医学专业报》上发表了两篇文章，提议在维也纳大学设立一个社会医学的教席（这一职位于1909年设立，

---

[1] 指约翰·卡什帕·拉瓦特（Johann Kaspar Lavater，1741—1801），瑞士牧师，神学家和哲学家。——译者注

被任命的医生曾担任企业卫生和劳动保护的监督工作）。约20年后，他又主张设立治疗教育学的教席，即当今术语中说的特殊教育学。这个高校职位是预防学和治疗学的结合，对此，阿德勒主要关注的是那些在成长过程中被忽视、有犯罪倾向的儿童和青少年。这符合他的主张，即教育可以补偿全人类的自卑感；学识和洞察力是化解对生活的恐惧和自我厌恶的基本，也是建立安全感的首要条件。缺乏这些的情况下，通过社会化训练作为补救措施，个体还是可以融入群体的文化世界和生活世界的。因此对个体心理学来说，教育处理的是性格和人格问题。1902年的这两篇文章还受到社会哲学方面的启发，包括鲁道夫·魏尔肖的社会医学和细胞病理学一元论，以及卡尔·马克思（Karl Marx）关于个体是社会关系的总和这一思想。从这两者中，阿德勒采纳了关于人类"团体奉献"（Wirhaftigkeit）的理论，这是关于人的社会性的理论，没有这种社会性，就没有人类，也没有群体和社会。与此相反，弗洛伊德假设了人类原始的非社会性，因此两人的思想从根本上分道扬镳。

针对有机共同体，魏尔肖有一个前达尔文主义的概念。与他同时代的生物学家、解剖学家威廉·鲁（Wilhelm Roux）从1895年起在德国哈勒执教，他将生命定义为"消费的过度补偿"，并在他的一本有影响力的书[1]的标题中，将生命定义为有机体各部分之间

1　指威廉·鲁出版于1881年的《有机体各部分之间的斗争：关于完善机械决定论的研究》（*Der Kampf der Teile im Organismus: ein Beitrag zur Vervollständigung der mechanischen Zweckmässigkeitslehre*）。——译者注

的斗争。鲁认为，生命体吸收超过必要的能量，就转变为补偿性的能量，即"为生存斗争所储备的能量"。在过度补偿中，进化论和热力学之间相互平衡，生命具有补偿和过度补偿的能力，即自我调节。

这一点被阿德勒接受后应用于心理学。鲁认为，强大的过度补偿作为进化过程，能动态地帮助热力学的进化过程。尼采也考虑了这一点，权力意志从心理学角度成为弱者追求力量和优越的概念，即成为"超人"。这一思维体系在尼采之前就已经被大脑生理学所掌握，也为阿德勒关于器官自卑的观点提供了依据。

阿德勒将自己的学说理解为"使用的心理学"。他认为，区分个体的不是个体拥有的品质总和，而是品质的使用，强调的不是拥有，而是使用。性格形成于练习某些能力然后又忽略它们的交替过程中，使用还是不使用，由自我（Ich）来控制，有针对性地进行。他认为，进化的结果会传递给后代并继续遗传，这在科学史上符合新拉马克主义[1]。

当时阿德勒活跃的科学讨论圈子中，整体性思维正在取代因果科学的思考方式。随着社会学兴起对意义的理解，阿德勒察觉到了自然科学和社会科学之间的差异，以及两者不断加深的分歧。他显然把自己从"将自然科学知识应用于人的精神生活"这样的思维中分离了出来，最终"拒绝一切严格的决定论出现在精神

---

[1] 反对达尔文主义的学说，统称为新拉马克主义，这些学说认为进化是纵向的，并且个体的获得性状能够遗传。——译者注

生活中"。

有一部作品尤其给他留下了深刻的印象，那就是汉斯·费英格的《仿佛哲学：基于唯心主义实证主义的理论虚构、实践虚构和宗教虚构的体系》（*Die Philosophie des Als Ob. System der theoretischen, praktischen und religiösen Fiktionen auf Grund eines idealistischen Positivismus*）。费英格出生于1852年，是新康德主义者，这部共有848页的作品是他1876—1878年在哈勒大学担任哲学教授期间所著，但1911年才出版。仿佛哲学的出发点在于认为"自由"是一种偏离现实的假设，是实践所需的"虚构"。费英格的虚构主义概念有意识地选择偏离现实，但是必须假装存在康德所说的"物自体"。只有在这个前提下，现实才是可以想象的。他认为，事实上，真理是一种虚构。

费英格摧毁了对客观认知的信仰，他把康德的思想提升到符合当时时代现实的层面。他认为，人是通过一系列目的来感知现实的，人的出发点是对按照目的所规划的自然的幻想。只有通过这样的虚构，才有可能设想出自然的混乱。然而，我们赋予（或强加给）自然的秩序——作为虚构的捏造——超出了人类的洞察潜力。人类制造出了一张世界蓝图，在其中，类别（Kategorie）是占领世界的基础。根据费英格的说法，某些现象会反复出现，基于对这些现象的观察，规则被发现。费英格由此得出结论，意识并不等同于一面被动的镜子，"遵循物理规则反射光线。意识并不会接收任何外部刺激，除非能够根据自己的尺度塑造外部刺激。于是，心理是一种有机的创造性力量,它自主地改变所接收的东西以适应自己的目的,并使外来的东西适应自己,正如它能够使自己适应新的东西一样。精神不仅仅在吸收,同时也在侵占和加工。由于其天生的适应性构成,精神在成长过程中,从外部刺激中创造出器官,以适应外部条件"。

阿德勒因此认为,人不仅要对有意识的自我负责,还要对无意识的自我负责,生命法则和充满生机的本能贯穿着两者。个体是一个行动者,能够采取社会行动,而不是一个行动受到本能的因果支配的受害者。只有在甄别自我欺骗的性格时,才会产生完整的人。

阿德勒从费英格的观点中派生出他自己的理论——关于儿童早期的关键性生活设想。他将模仿、认同和身份归结为虚构,这3个概念会从有意识发展到无意识,成为灵感、冲动、生活形态行为。"仿佛"行为必须符合这个人,"每个人行动的前提在于把自己的判断当作'仿佛是'唯一可行且完全正确的。如果我们不相信这一点,那么我们就不会按照判断做出行动"。错误的生活观念之下,按照私人逻辑判断,结果会是错误的生活,并伴随着从神经症到精神病再到变态疾病的形成。

阿德勒援引费英格的理论后指出,神经症不是无意识的压抑,而是逃避无法处理的任务的手段。弗洛伊德区分了疾病的"初级获益"——从神经症获得的优势,以及患者通过急性神经症获得的"次级获益"。而弗洛伊德眼中最有前途却也有分歧倾向的"星期三协会"成员——阿德勒，认为，更重要的是着眼于"次级获益"，他建议治疗师以鼓励和协助的形式积极干预。神经症患者的感知方式是二分的，非黑即白，没有灰色，不允许有流畅的过渡，坚持明确的分解。这是对待世界的原始方式，全有或全无的原则反映的是非理性，这是"私人的智慧"，与"常识"相对。

阿德勒特别强调虚构的私人逻辑的内在一致性，却在很大程度上忽略了潜伏在其中的矛盾。因为"仿佛"对他来说是一个理想的传递者：以节约的方式从本能传递到思维及理性且合理化的解释倾向。他同意费英格的一个观点：建立在抽象过程基础上的对立模式，只能应用于思考的过程，因为现实世界并不是由不可改变、不可动摇的对立面组成的。

抽象、类别、对立，它们都包含在费英格的虚构概念中。它们都是能掌握世界的有效工具。人必须做决定，并承担其后果，这决定了他必须从不同的可能性中做出选择。为了让选择变得轻松，建立虚拟的对立几乎必不可少，因此，认识论的任务不可能是对现实的描述，它的使用在更大程度上决定着实际的适用性。认识论是一种工具，让人更容易在现实中确定方向。相关的例子有用经度和纬度来划分地球——它们并不存在，但很有用。阿德勒将费英格的思考转接到心理学上，他认为，自卑感及与其"紧密相关的厌恶感和不满意"，是"接近虚构的终极目标"的出发点和内在驱动力。

激情是基于观点与虚构的。这些都被看作是整体的而不是暂时的。人们已经习惯这样的虚构，他们与虚构一起生活，也生活在虚构之中。但人们忽略了在正确的时间消除这些虚构。对阿德勒来说，决定性的表达模式变成了行动，关键不是病人表达的内容，而是他以什么目的、做出怎样的举动。从费英格怀疑的实用主义态度中，阿德勒为自己推导出了一套理性的工具来分析正确的行为，查明私人逻辑和倾向性的观点。因此对他来说，这成了一项生活计划研究。

　　虚构主义作为个体心理学的核心，还指向其他东西。虽然弗洛伊德和荣格的理论中也有注重自身缺憾的人类画像，但缺憾在阿德勒的学说中才是重点，它是对治愈的迫切愿望，就像"因不足而感到痛苦的空虚"。就科学理论而言，"个体心理学因此位于温和的本质主义——比如无意识的自卑感和与此相关的自我价值问题作为人类学的事实——和构成主义之间。前者表明它在心理动力学理论中的来源，后者使它可以与系统理论以及目前在文化学和人文科学中流行的现代建构主义思考相联系"。从这个方面来说，阿德勒是"现在所谓的'后现代意识'的先锋"。

"器官自卑"

> 人是拥有复杂心理的生物体。
> ——奥努尔·京蒂尔金（Onur Güntürkün）

1904年10月17日，慕尼黑大学数学系副教授亚瑟·科恩（Arthur Korn）成为第一个成功通过电报将图像传送到1800千米以外的人。在两年前，他就已经在《电力传真电报学等》（*Elektrische Fernphotographie und Ähnliches*）一书中从理论上解释了这个原理。在这本书的第一页，科恩写道，传真电报"在也许不是很近的某一天，会促成电视的出现"。

根据"星期三协会"的会议记录，就在同一天晚上，阿尔弗雷德·阿德勒宣布将在近期举行关于神经症基本原理的讲座，还提及了对政治家的心理进行研究的尝试。阿德勒想证明，意识形态对世界的感知是建立在个人动机之上的，那些反对家庭存在的社会政治家"对乱伦关系有黑暗的了解"（这样的研究结论没有出现在他的书中。）会议记录继续写道："最后，阿德勒很遗憾未能坚持研究他最喜欢的想法，证明乱伦冲动的器官根源。他只说道，从医学检查中可以发现，诗人们每次都能被检查出异常的早熟，没有进一步研究，其原因还未可知。"这段话的脚注写着："在上述段落中，我们发现了阿德勒'器官自卑'理论的最初迹象，该理论在他后来的个体心理学理论中发挥了特别重要的作用。"

3年后，阿德勒出版了一部主题为"器官自卑"的书。书的封面上写着书名《器官自卑研究》（*Studie über Minderwertigkeit von Organen*），全书共92页，绿色硬壳封面，由乌尔班和施瓦岑贝格（Urban & Schwarzenberg）出版社出版，这是一家著名的医学出版社，在柏林和维也纳设有分支机构。

书中，作为例子，阿德勒区分了先天畸形在形态和功能上的自卑。他以生物学家的身份指出，机体因素是区分这两种自卑的重点。"弗洛伊德寻找的是适用于所有神经官能症的原因，阿德勒也想效仿。当时，阿德勒认为自己已经找到了所有神经官能症的起源，即由'器官自卑'引起的、补偿不当的感觉和行动，这代表着阿德勒的思想已完全转变方向。"阿德勒根据的是魏尔肖的失败和克服假说，并站在医学传统这一边，这种传统可以追溯到有影响力的医学教授和教科书作者威廉·冯特。冯特的《生理心理学原理》（*Grundzüge der Physiologischen Psychologie*）首次出版于1873—1874年，并逐版做补充修订。他在其中说道："生理和心理的生命进程的分离，对于解决科学任务确实是有用的，甚至是必要的；但有机体的生命本身是一种不同进程的统一关系。"冯特为心理学奠定了这个基础之后，一种观点开始流行："解释心理现象时，参考关于人类的生物学是不必要的。"心理学和生物学被置于相互竞争的关系中，彼此定位为对手。不过，生物心理学以其综合的观点，在神经心理的发展过程中至关重要，无论是大脑的可塑性，还是学习新事物时被激活的神经细胞的同步性。生物上和心理上的因素越来越难区分，人类思维的文化形式和生物形式属于一个硬币的两面。

阿德勒将所有高层次的精神活动，如语言、艺术、哲学，都归结为"器官自卑"的存在和精神上的额外劳动。当得到好的结果和成功的补偿时，病人就会健康；在过度补偿时，他也许能取得所有想要的成就，甚至得到的超过他的预期，这会使他成为一个天才；而在相反的情况下，病人生理和心理上的疾病症状仍会存在。阿德勒认为，心理现象的生理基础已经被确定，就是弗洛伊德所说的压抑。弗洛伊德评价，阿德勒的书对"本能的生物学基础"有重要贡献。确实，尽管突兀地从社会医学过渡过来，但阿德勒的所有著作的主题就是生物学。

1908年左右，阿德勒提出了"攻击本能"（Aggressionstrieb，也译作"好斗的冲动"）概念，这是对弗洛伊德正统观念的又一次偏离。阿德勒认为，攻击性不能被解释为性欲受挫的结果，它是独立的力量，这种本能在生活中和性欲一样发挥着重要作用。为准备在"星期三协会"里的演讲，他在《生活中和神经症中的攻击本能》（*Der Aggressionstrieb im Leben und in der Neurose*）和《儿童对温柔的需求》(Das Zärtlichkeitsbedürfnis des Kindes)两篇文章中对此进行了探索。在"星期三协会"的一场研讨会上,阿德勒将施虐癖作为主要的本能,但在书籍出版时将这个概念替换为"攻击本能"。他修正了早期的观点,认为施虐癖和受虐癖是直接导致神经紊乱的因素。"器官自卑"理论由此进入早期发展阶段。

对他来说更重要的是另一件事——这也是他在接下来30年里发展和宣传的想法——决定生活成功与否的关键,在于孩子或成人如何面对和处理任务。阿德勒是历史上第一个从人类学角度思考攻击本能的存在的心理学家。在"星期三协会"里,尽管他认为自己在进一步发展弗洛伊德的思想,但他还是遭到了反对和批评。把性驱动这个观点中立化,被协会中的其他成员视为侮辱。阿德勒也清楚,本能不是这么容易讲述的。他认为,性之外的其他本能和"文化"作为限制和调节发挥着重要作用。最终在1908年初,阿德勒写信给弗洛伊德说他想要离开"星期三协会",但弗洛伊德一直劝说他留下来。

在1908年发表在《教育学和教育政策月刊》(Monatshefte für Pädagogik und Schulpolitik)上的《儿童对温柔的需求》中,阿德勒多次——而且是第一次——使用了一个术语,它后来也成为心理学中的基本术语——"社会感"或者说"群体感"(Gemeinschaftsgefühlen)。后来他对这篇文章进行了4次改动,这个术语的拼写也定格在了单数形式。他还在文章中提到,除了攻击本能,另一种活跃的本能是对关注和爱的需求,它也是性欲的变体,这种需求是教育的基础。"儿童用同样的方式渴望老师能给予他们和父母一样的满足,之后也渴望社会能这样做。"对温柔的需求是建立和培养独立自主和自律的手段,也是孩子"以文化效用"满足自身的方式。阿德勒想以自己的方式,在将自己的观点与弗洛伊德的观点区分开的同时,展示应该如何将年轻人积极地引入文化、社会、工作和生活。对温柔的索取失败会引起神经症;如果对爱的渴求没有得到满足或被中断,那么可能会引发自恋和攻击行为。阿德勒认为,攻击行为并不是破坏性的,也不是如恶魔一般邪恶,因为他很清楚"攻击"在德语中的词根意为"接近并出击",这是行为,而不是军事进攻。于是,行动、自我教育和自我控制都进入了阿德勒的思想。在他看来,攻击本能是一种元本能(Meta-Trieb),其功能是总结和指导其他本能的执行、克服和满足。元本能的功能会越来越"心理化",直到演变成渴望个人优越感。借此,阿德勒将自己的观点同弗洛伊德关于性欲是类似神经装置的物理机械概念区分开来。

在1909年——也就是《器官自卑研究》发表两年后,阿德勒在《论神经症的因素》(*Über neurotische Disposition*)一文中扩展了他的研究。他已经清楚地认识到,"器官自卑"作为一个组成部分,反映在精神生活中并影响着精神生活。他在1912年出版的《神经症的特性》一书中更详细地提出了他的新构想。这是通往自我的心理学的道路,自我不是一个在良知和文化之间来回摆动、进退两难的概念,而是受本能驱动的概念;阿德勒认为,自我有能力行动并愿意行动,即自我是一个行为者。此后,阿德勒的心理学与安全感、认同、社会地位、男性气质和自我主张息息相关。简而言之,人在一个世界中的行为以及对世界做出的行为是相互的,而不是像弗洛伊德说的那样是被压抑甚至被分离的退缩行为。它不是关于性欲的满足,而是关于恐惧的。在阿德勒的体系中,人的内在经验和他的补偿能力,是将他塑造成他想成为的样子的决定性因素,而不是深陷在童年的创伤中。

目标主义的观点是阿德勒在这本书中的核心:以什么目标为目的和愿望,以及在此时此地如何相应地组织生活。每个人是一个整体,不会分解为带有管理特征的、不同的控制层级。个体对优势的追求,曾一度被阿德勒称为权力或权力意志,也由此,神经症心理学成为道德心理学。根据阿德勒的观点,获得施加给他人的权力是不道德的,神经症意味着道德上的失败。阿德勒的理论发展到1910年已经扩大,从强调严格的病因学观点,转向个人对自己、对生活、对世界的态度的深度心理学启迪。他在"星期三协会"一次关于心理上的雌雄同体的演讲中,很明显地提到了对立组的概念。他说,上层与下层、权力与无力、强势与软弱、男性和女性,是"神经衰弱者"虚构的,因为用不可动摇的对立面来思考问题,是神经质的生活形态之一。这导致了致命的扭曲——仿佛哲学的世界观对健康人来说是一场游戏,但对神经质患者来说不是。前者可以在这场游戏不合适的时候结束它;但对后者来说,它是必需品。顾及他人的思考和行动,有助于"掩饰"神经质的自我目标,社会感同样是一种虚构。这种情感越不发达，神经症的程度就越深。这将伴随着如下的投射：男性=好的，女性=几乎所有需自动抵御的、不好的、劣质的、病态的。

厌女症是当时的一种普遍症状。哲学家奥托·魏宁格（Otto Weininger）1903年出版的《性与性格》（*Geschlecht und Charakter*）多年来一直畅销；叔本华和尼采也早已表达了对女性的蔑视，两人的著作都属于1900年前后哲学—艺术话语的一部分。反女性化体现在对性欲的贬低，以及将女性缺陷的临床分类心理学化，即打上"歇斯底里"这个关键词。两者都表达了对"文化的女性化"的拒绝。阿德勒将这种具有男性特征的行为称为"男性抗议"（männlichen Protest），他认为这是在文化和社会理论的范畴中，在错误地虚构女性价值较低的基础上所产生的虚荣心。这个有些难以捉摸的术语，后来被阿德勒用"优越感"或者"想变得优越"替换。他强调外界评价、自我评价和归类与个人所从事的工作之间的联系，以及对未来的塑造和定位。目的性、明确的目标，越来越成为他理论的核心。他认为，行为（das Tun）带来的动力取代了存在（das Sein）引发的神学启迪。

1910年，阿德勒用"男性抗议"取代了"攻击本能"。这一变化的理由在于，他不想再用生物学术语来表达自己的观点，而是想"用心理学术语或者文化心理学的术语"。这样更加容易让人理解，因为"本能"从机械论上来说是一种应用的力量，而"抗议"来源于一个融入社会的自我，它是对自己所处的环境的表态——支持还是反对，赞同还是不赞同，持保留意见还是反感。"抗议"是一种辩证的观点，允许多样性并可容忍偏差。同时，它指向对立双方外的第三方，即一种动态的总和，心理学上称作"生成"（das Werden）。

不过不久后，阿德勒又放弃了"男性抗议"这个相当不幸的术语。因为他十分在意基本结构的辩证性，而"男性抗议"意味着从被认为是带有女性气质的、虚弱的、有缺陷的状况中挣扎出来。它意味着稳定和固定的安全感，表现的是一种趋势，出现在陈词滥调和不加批判就应用的传统思维形式中，其结果是：人无法融入社会、工作和爱情。这样的削弱让社会失去积极的贡献。一个人是否真的低人一等不再重要，重要的是他把自己划归为低人一等，贬低自己。

阿德勒走向了自我心理学，远离了深层心理冲突及其研究方向。对弗洛伊德来说，人是非理性的，人的思考和行为很少有理智的逻辑特征；而对阿德勒来说，所有的思考和感受、努力和行动，都蕴含在追求优越的大潮中，精神被合理化后呈现，而且因为合理，所以分析时很容易展开，也很容易看透。弗洛伊德认为人是确定的主体，受制于无意识；而阿德勒认为，人是充满权力欲望的行为者。

现在，补偿不再来自外部权威的干预，而是个体对"器官自卑"或自卑感的处理，它可以使人获得成功，或者引发精神疾病。这是一种行动和反馈的辩证关系，是以变化和改进的形式进行的坚持和行动的辩证关系。对此,阿德勒将本能的生命视为一种结果,而不是一种活跃的巨大力量。这是对弗洛伊德的直接质疑,是对其理论大厦的解构。

心因性功能障碍最重要的补偿措施之一,是建立安全感。对于阿德勒来说,即避免自卑情结。神经症患者在采取行动时,总是从主观感受到的或者客观给予的不安全感和自卑的立场出发,目标是成为"完整的人",但是实际上,每个人内心都有自卑感。

在第一次世界大战开始前的两年,将个体在世界中的存在解释为"权力意志",是阿德勒的巧妙伎俩。在尼采的这个术语的盛名中,人们忽略了一个事实:这个有破坏力的哲学家和阿德勒主要谈论的不是权力,而是强大意志的特殊性。"权力意志"是一种"无限制的能力意志",当"权力"受到威胁时,它就会发挥作用,建议使用意志。成功得到权力后,权力意志就不再是主题。

1929年,阿德勒解释了这种辩证的动态:"未来与我们的追求和目标息息相关,而过去则代表我们试图克服的自卑或不足。因此……对在自卑的情况中发现隐藏着或多或少的优越感,我们无须惊讶。另一方面,当我们探究优越感时,也能找到其中隐藏着或多或少的自卑感。……追求优越永不停止,事实上,它代表着精神,代表着个体的心理。"

西格蒙德·弗洛伊德和卡尔·古斯塔夫·荣格

> 这些情结其实我们都有，必须注意不要把所有人都称为神经症患者。
>
> ——西格蒙德·弗洛伊德

"埃尔南·科尔特斯·德·蒙洛伊-皮萨罗（Hérnan Cortés de Monroy y Pizarro Altamirano）[1]复活了吗？他那从1823年起消失不见、75年后又重现的尸骨，被组装了起来，他像布拉格魔像那样苏醒了吗？"这是44岁的弗洛伊德写于1900年2月的评论，如果从字面理解，几乎能相信埃尔南·科尔特斯复活了。弗洛伊德在给他当时最亲密的知己之一——柏林的威廉·菲利斯（Wilhelm Fließ）医生的信中说："我根本不是一个醉心科学的人，不是观察者，不是实验者，不是思想家。我只不过是一个有征服者气质的人，一个冒

---

[1] 埃尔南·科尔特斯·德·蒙洛伊-皮萨罗（1485—1547），殖民时代活跃在中南美洲的西班牙殖民者，以摧毁阿兹特克古文明、并在墨西哥建立西班牙殖民地而闻名。——译者注

险家。翻译一下，那就是好奇、冷静又坚韧的人。这样的人只有真正有所发现的时候，才会得到人们的赞赏。"

弗洛伊德的成就在于将生物学上的本能论转化为人类本能的概念，并探究这个概念衍生出来的表达形式，将其归入探索人类主体性的历史中应有的位置。他进行了无数次打磨，不得不无数次原地徘徊不前，这对他来说是摆脱一开始的无意识偏见，摆脱复杂又纠结的正向移情和反向移情的唯一途径。更尖锐的说法是："精神分析是维护知识分子正直原则的另一种手段，使之不受维也纳氛围中制度化的伪善的影响。在认识到自由主义意识形态在人类动机方面是幻觉后，弗洛伊德试图恢复个体自我控制的能力。"

1906年4月，瑞士人卡尔·古斯塔夫·荣格（Carl Gustav Jung）与弗洛伊德取得了联系。荣格1875年出生于牧师家庭，但那时的他已经远离了其父亲信奉的加尔文宗。荣格在欧洲最著名的培训和治疗中心之一——开设于1870年、位于苏黎世的伯戈尔茨利精神病诊所（即苏黎世大学精神病诊所）——给弗洛伊德写信，那时弗洛伊德已多年遭受维也纳学术圈的排挤。于1902年开始研究神秘现象而获得博士学位的荣格，在1900年发现了那些徘徊在正统医学边缘的思想和出版物，因此接触到了弗洛伊德。入职伯戈尔茨利后不久，他就向同事们讲述弗洛伊德的新书《梦的解析》。此外，荣格也因一些出版物而获得尊敬。1905年，他和他的领导，精通心理学、精神分裂症研究领域的专家厄根·布洛伊勒就诊断的联想实验[1]进行了合作，1906年年底，荣格写下一篇关于弗洛伊德的歇斯底里概念的文章。

得到荣格的认可，对于弗洛伊德来说很有好处。因为1903年结婚后，荣格极为富有，又是伯戈尔茨利的主治医生和苏黎世大学精神病学的副教授。早在荣格送达贝格巷的第一封书信中，弗洛伊德就读到了从未在维也纳学术界听过的溢美之词。1907年3月初，荣格带着他的妻子——后来也成为一名治疗师——和他的助手兼博士生路德维西·宾斯万格（Ludwig Binswanger）[2]从瑞士前往维也纳。8月的一个星期天，荣格到弗洛伊德家拜访，双方的谈话持续了13个小时。前3个小时里，荣格滔滔不绝。3天后，荣格参加了"星期三协会"的会议，并和阿德勒见面——之前他和阿德勒已有过零星的通信。当天晚上，阿德勒做了演讲，介绍了一个口吃患者的病历，患者是有强迫性神经症症状的犹太裔俄罗斯学生。

1908年4月27日，"星期三协会"在萨尔茨堡举行了一次精神分析学大会。这次会议只持续了一天，不是很正式。荣格则在苏黎世组织并参与了这次会议，布洛伊勒、艾丁根和另外两名医生和他一起从瑞士赶来；弗洛伊德、阿德勒以及其余13人从维也纳前往。阿德勒在大会上谈到了生活中和神经症中的攻击本能。与会的维也

　　1　一种基于群体中无亲缘关系的病例组和表型正常的对照组在某一个遗传位点上会出现不同的频率而设计的研究类型。——译者注

　　2　宾斯万格1911年写给弗洛伊德："我非常清楚，我不会为任何除了精神分析取得的成功感到自豪，也不会为任何不用精神分析取得的治愈而感到满意。"——作者注

纳人嘲笑优雅自信、肩膀宽阔的荣格，因为他身高1.88米，在弗洛伊德身边看起来像是齐格弗里德[1]一样的战士。这样的对立也基于荣格的经济独立，毕竟不少维也纳人从弗洛伊德处接收病人，对弗洛伊德产生了一些依赖，而荣格不用考虑经济问题，甚至后来在1909年毫不犹豫地离开了伯戈尔茨利。维也纳人不仅把荣格视为竞争者，也视为对手，因为他是弗洛伊德宣称的最爱。荣格也从不掩饰自己的恶言，讽刺维也纳人的平庸。形而上学地说，这给已迈入50岁的弗洛伊德提供了青春活力。

维也纳人的嫉妒之情溢于言表，弗洛伊德也能感受到这种情绪。在通信往来中，他频繁地尝试用战斗的方式来化解反感。他在给卡尔·亚伯拉罕的信中说道："要宽容，别忘了，在追随我的思想方面，您实际上比荣格更容易。因为首先您是完全独立的，其次由于种族上的亲缘关系，您更接近我的知识构成，而他作为基督徒和牧师的儿子，只是在遇到巨大的内心阻力时找到了通向我的途径。这样一来，和他的联系就更有价值了。我几乎可以说，是他的出现才使精神分析逃脱了成为犹太民族内部事务的险境。"

不过，荣格很快开始反叛。他对神话、原型（Archetyp）和符号的兴趣越来越明显，两个人的虚荣心也开始互相较劲，导致两人观点不一致，最终起了冲突。他们之间不断出现尖锐又讽刺的话语、嫉妒和努力掩饰的敌意。不过，他们通信中的不少表述明显含

---

[1] 德意志民族叙事诗《尼伯龙根之歌》中的屠龙战士。——译者注

糊不清。荣格1909年写信给弗洛伊德说:"您就像古代的赫拉克勒斯,是人类的英雄,是高高在上的神,这就是为什么您的命令带着永恒的价值,令人不愉快。"这句"令人不愉快"耐人寻味。随后他立即表达了他的真实感受:"所有走在您后面的弱者,都必须紧紧跟随您原本为病例研判而发明的术语。"

1912年,发生了一件事:两人在慕尼黑会面时,弗洛伊德再也无法控制自己的情绪,晕了过去。[1]他把这归结为焦虑发作,原因是过度劳累、偏头痛,以及分别于4年前和6年前在伊萨尔城同一家小酒馆里晕倒的身心记忆。弗洛伊德坚持正统观念——他自己的正统观念。1913年,他写道:"不久的将来,人们将普遍认识到,除非使用精神分析的观点及精神分析的技术,否则任何神经紊乱都无法被人理解和得到治疗。"1914年,两人的关系最终走向破裂。1914年夏,弗洛伊德出版了带偏见的《精神分析运动史》(*Zur Geschichte der psychoanalytischen Bewegung*),在其中对阿德勒和荣格展开了论战。他说,这两个人的文章都是学术的气泡,无法提供任何启迪,是倒退,不再属于精神分析学派。他说,荣格的最新理论晦暗不明,"如此不清晰、不透明、令人混乱,所以不容易表态"。这样粗暴的谴责,旨在恢复他严格控制的纯正流派的完整性,并摆脱这位瑞士的神秘主义者。随后,荣格推出了他自己的"分析心理学"。

---

1 荣格否认曾发生过这件事,参见《命运、限制与渴求:卡尔·荣格传》。——编者注

阿德勒的补偿概念后来对荣格来说特别重要，补偿概念也已经成为"器官自卑"研究的核心，之后还成了追求超越学说的核心。荣格接受了这一术语并对其进行了扩展，他给无意识也分配了一个补偿性的任务。根据荣格的说法，无意识用补偿来平衡极端的态度，达到自我调节——这是阿德勒补偿理论相当特殊的一种变体。

1930年，荣格为他的朋友心理学家沃尔夫冈·M.克兰费尔德（Wolfgang M. Kranefeldt）的《治疗心理学：你的精神分析之路》（*Therapeutische Psychologie. Ihr Weg durch die Psychoanalyse*）一书撰写了一篇导言，其中提及了个体心理学。他的字里行间透露着冷淡的风格，让人想起德国作家托马斯·曼（Thomas Mann）在不想果断批评时精心炮制的不太圆滑的赞美词。荣格称赞"阿德勒学派"是一个几乎与精神分析毫不相关的社会教育体系："这是一个具有独立性的心理学系统，是对另一种性情、另一种世界观的剖白。任何对'精神分析'感兴趣的人，以及想大致了解现代医学心理学整个领域的人，都不应该忽视阿德勒的著作。人们可以从中得到极为宝贵的激励。"

反过来，阿德勒对这位来自苏黎世湖畔的瑞士人也不太尊重。他说，荣格的文章没有给人带来任何安慰。阿德勒批判甚至拒绝简单地引用荣格的话，他只对荣格的个人超越学说展现了满满的敬意。但他还是认为这个学说是错误的，这一倾向能很明显地从他贬低荣格的文章中看出来。他认为，联想实验是多余的，关注魔法、心灵感应和通灵术等"心灵的神秘领域"是无效的,因为这些会让病人相信,依靠这些就能安全地抵御生活提出的要求。

决裂与新的开始

> 人是一种容易产生分歧的生物。
>
> ——奥多·马奎德

本章要讲述的故事的主题,是一场论战。

1907年,《器官自卑研究》发表。接下来的一年里,阿德勒和弗洛伊德之间不断酝酿的分歧进入人们的视野,但两人勉强还能和平相处。阿德勒认为,攻击本能是性欲之外的不同本能之间的相互作用,这一想法和弗洛伊德的观点冲突。弗洛伊德作为精神分析学派的创始人,回应得极具技巧:"阿德勒所说的攻击本能,就是我们所说的性欲。"他认为,阿德勒提出的观点,只是在卖弄自己重新命名的概念。他们之间的分歧涉及性病神经症和本能决定论。对于阿德勒来说,个人的安全感、自我价值感和社会感情是为心理发展提供动力的要素。

被牵涉进双方分歧的还有政治观点。弗洛伊德非常注意将科学排除在日常政治舞台之外,不过在弗洛伊德的第一代追随者中,仍有不少人被精神分析的"民主化潜力"吸引；而斯泰克尔和阿德勒则一直在考虑将观点和获得的认知应用于社会政治关系。"星期三协会"中不只有他们两个从相当激进的角度思考社会，还有书商——弗洛伊德的出版商雨果·埃莱尔（Hugo Heller）、文理学校教师大卫·恩斯特·奥本海姆（David Ernst Oppenheim）和医生玛格丽特·希尔弗丁（Margarete Hilferding）。

有一次，维特尔斯与阿德勒发生了相当激烈的冲突。维特尔斯曾详尽且有些深奥地谈论过月经的无意识意义，他在那次演讲收尾时说，主张法律平等和社会平等的妇女参政论者——自称为女权主义者——从根本上拒绝生而为男人。阿德勒用马克思主义术语反驳了这个观点。他说，女性的命运是资本主义强加给她们的家长制（父权制）关系决定的，其中财产关系是罪魁祸首，只有修正这一关系，才能改变她们的生活。维特尔斯回击道：弗洛伊德主义者和社会主义者是相互排斥的！

1909年3月10日，阿德勒在"星期三协会"发表了名为"马克思主义心理学"（Psychologie des Marxismus）的演讲。弗洛伊德第一个对此做出回应，说"针对这类扩展我们视野的讲座"，他"只能接受"。他的用词已经说明了一切——暗含反对。弗洛伊德曾允许许多演讲主题，包括书籍介绍、传说、案例报告等，但他居然对"扩展我们视野"一事吹毛求疵。弗洛伊德还放弃了马克思主义的术语，但根据兰克简短总结的阿德勒的发言，阿德勒认为马克思是弗洛伊德的直接先驱[阿德勒读过很多托洛茨基的书，但读得更多的可能是奥地利马克思主义主要理论家马克斯·阿德勒（Max Adler）[1]的作品]，因为他觉得马克思已经认识到了本能生命的首要地位，而且他从经济关系中抽象出了意识和进步的扩展。弗洛伊德无法停止嘲讽阿德勒"试图为马克思主义的基础提供心理学下层建筑"的举动，而他——弗洛伊德——当然依然要负责上层建筑。阿德勒早在之前就宣布，要将弗洛伊德的思想整合为可出版的书籍，弗洛伊德对此表示期待，但这不过是空话而已。阿德勒试图对弗洛伊德的措辞进行润色，他建议用马克思用来指代思想的"情感"（Affektlagen）一词来替换"反应形成"（Reaktionsbildungen），因为实际上，反应形成的过程中已经出现了情感；还有一个原因是"他不想把敏感（Empfindlichkeit）引入为一种力量。一切可以归入情感这个更具哲学性的术语下的东西，都是来自反应形成的"。弗洛伊德对此继续批判道：阿德勒疏忽了，没有把相似的术语进行正确分类；他不应该"在像特异功能这样远离日常又不被理解的领域"寻找想要的东西，而是应该在性学领域，如羞耻、厌恶、乱伦屏障。"谁忽视了性爱，谁就忽视了一切！"弗洛伊德对阿德勒做出这样的判决，已经相当严厉了。

其他人接着弗洛伊德的开场白说，这个主题对他们来说太陌生，很难提出合适的观点。弗洛伊德本来想把所有观点总结起来，

---

[1] 马克斯·阿德勒（1873—1937），奥地利哲学家、社会民主党人，奥地利马克思主义者的代表之一。曾任维也纳大学教授。1904年与他人一同创办德语的《马克思研究》丛刊。——译者注

但他突然偏离了话题，转向了饮食上的过度补偿和嗜粪症，即进食排泄物的行为。阿德勒借此在结束语中对弗洛伊德的批判进行了回击：他拒绝弗洛伊德的纠正，也拒绝倾向嗜粪症。他强调，社会主义绝不是神经症，对他来说，就这样任凭批判有损名誉。他认为，阶级的概念归功于虐待狂，或"如他（阿德勒）所说"的攻击本能的作用；通过阶级意识，神经症患者得到解放和自由。马克思把压迫和剥削合起来命名，阿德勒说："最终需要强调的是，马克思的全部工作都在推进有意识地创造历史这个要求中达到了顶点。"真是绝妙的回应！如果不是许多人聚集在一起，谁想有意识地创造历史呢？出现在"有意识地"和"创造历史"之前的一个敏锐的限制可能被忽略了——即马克思的全部工作都达到了顶点。阿德勒说的是马克思个人，而不是所有马克思主义者，其中也包含阿德勒自己吗？

1909年6月2日，阿德勒发表了关于神经症整体性的演讲，这是他长期计划的一个主题。他总结出神经症的5个典型特征：器官自卑、攻击本能、因攻击本能而导致的病人过度敏感、"肛门型性格"（前三点的共同特征，表现形式从抗拒到吝啬等），以及与父母的关系。他将神经症选择[1]理解为交叉的方式和方法，以及本能冲突。弗洛伊德赞扬这一论证条理清晰，但拒绝其理论基础，并说明了根本差异。弗洛伊德向荣格承认，阿德勒是一个"理论家"，

---

[1] "神经症选择"这一精神分析术语指的是为什么一个人得的是这种神经症，而不是其他神经症。——译者注

"有洞察力和独创性,但不适合心理学,他的目标是越过心理学进入生物学"。

这一年秋,有新成员加入"星期三协会",其中包括阿德勒的朋友卡尔·弗尔特米勒。1910年3月,第二届精神分析学大会在纽伦堡举行。这次大会非常重要,原因在于成立了国际精神分析协会,以及引起了社会轰动。

弗洛伊德的宠儿、来自布达佩斯的桑多尔·费伦齐(Sandor Ferenczi)提议成立国际精神分析协会,并在多个国家建立分支。费伦齐建议荣格担任主席,不过这并不是这个匈牙利人的个人想法。弗洛伊德早就想到了这一点,他曾就此与最亲密的协作者谈论过,并带有目的地提出这样的建议。这意味着瑞士及荣格的居住地苏黎世将成为精神分析的中心。费伦齐宣布,今后所有的文章和演讲都必须先出现在未来主席的书桌上,只有经过主席的批准才可以发表。由此引发的争论比以往都要疯狂。据称,阿德勒"在激情澎湃中"插话说:如果费伦齐的建议被接受,就将引入审查制度。这事非常荒唐。

精神分析的殿堂发生了骚乱,维也纳人准备负隅顽抗。为此,他们聚集在斯泰克尔的宾馆房间内。这时,弗洛伊德以出人意料的独特方式登场,他建议抗议者不要拒绝费伦齐的提议,并激动地指出包围着所有人的敌人。厄内斯特·琼斯(Ernest Jones)——

弗洛伊德在英国的"爱克曼"[1]——为整件事情带来了戏剧性。可能是想到了莎士比亚笔下的夏洛克[2]，弗洛伊德"表演般地甩了甩他的衣服"，大声宣告："我的敌人会很高兴看到我饿死，他们会很想撕扯掉我身上的衣服。"

"星期三协会"接下来的会议都在准备大会进程。弗洛伊德宣布将维也纳分会的"领导权"让给阿德勒，而阿德勒表态希望能开放这个小组。整个圈子为弗洛伊德成为协会主席和阿德勒成为维也纳分会的领导而鼓掌。安抚和控制损害的工作，现在成了升职和扩展任务。机构化的多个步骤之一是创建一本新的杂志，即《精神分析汇编》（*Zentralblatt für Psychoanalyse*）。此命名标志着精神分析地位的提高。斯泰克尔和阿德勒被任命为主编，弗洛伊德担任总编。他虽辞去维也纳协会主席的职务，但仍然是"学科的领头人"。维也纳协会被赋予更大的自主权，阿德勒被选为维也纳协会新一任主席，斯泰克尔为副主席。但在对自我、无意识、性欲和神经症的不同观点的助推下，这些任命并没有改变弗洛伊德和阿德勒的争端持续发酵的事态。

裂痕已无法弥补。两人的性格差异过于巨大。这边的弗洛伊

---

[1] 厄内斯特·琼斯（1879—1958），英国心理学家，在英国、加拿大和美国协助引入了精神分析理论。他的努力最终使弗洛伊德的理论为内科医生和其他科学家所接受。这里借用《歌德谈话录》的作者爱克曼对歌德作品的贡献来比喻琼斯对弗洛伊德的作用。——译者注

[2] 指《威尼斯商人》中的主要人物之一，高利贷者、犹太富商。——译者注

德，是一个自由、保守的资产阶级，相当内向，随着年龄的增长愈发悲观，激进地最小化人类的善良，是个愤懑不平、表现力强烈、与19世纪紧密相连的作家；那边的阿德勒，是咖啡馆常客，把智慧和巨大的野心隐藏在幽默风趣、外向亲和的外表之下，完全是一个20世纪的孩子，社会民主主义者、不屈不挠的乐观主义者，他也是第一批购买汽车并亲自驾驶的维也纳医生之一，爱去电影院。这边是身形颀长、不苟言笑的系统论者，重视着装完美；那边是矮小、对衣服毫不在意，更谈不上穿着得体的阿德勒。这边，弗洛伊德思考细致，有时故意放慢速度说话；那边，阿德勒说着维也纳式的德语。这边，弗洛伊德是文学爱好者，对音乐没有兴趣；那边，阿德勒拥有悦耳的嗓音，热爱音乐，尤其是弗朗茨·舒伯特的曲子。从心理学历史来看，这是一场对决：长子（弗洛伊德）与次子（阿德勒）成为对手和敌人。弗洛伊德亲手建立的巍峨理论大厦将被倾覆，他清楚地察觉了这一点，他在给宾斯万格的信中说："对待阿德勒的论文必须谨慎。他越显示出才学，危险性就越大。"

两人的对立不仅仅是一种差异下的自恋。弗洛伊德和阿德勒的性格比他们的外表更接近对方，他们都不屈不挠、自信，是雄心勃勃的征服者。他们之间的裂痕只能用双方的教条主义来解释。精神分析的客观性，以及对精神生活的中立阐释，其实都是主观的。这两种感性经验的对比其实是一种困境："弗洛伊德把人看作会说话、想表达的动物，阿德勒则把人看作特别爱动、在动作中模仿着表达自己的动物。因此，精神分析更偏向阐释学，而个体心理学更偏向美学和格式塔心理学。"

1910年2月23日,阿德勒在"星期三协会"做了一场讲座,关于"生活和神经症中心理学上的雌雄同体"(Der psychische Hermaphroditismus im Leben und in der Neurose)。该文于4月印刷出版。阿德勒认为,神经症患者经常表现出"雌雄同体的特征",这会导致"主观上的自卑感"。自卑感会使欲望不可估量地增加,而这正是失败的起点。那么,治疗的任务是什么?就是揭露这个动态过程,并让它有意识地进行。在《关于抵抗论的观点》(*Beitreg zur Lehre vom Widerstand*, 1910—1911年)中,阿德勒对弗洛伊德观点的异议更加明显:有一名女性病例在阿德勒向她解释了他的看法之后,开始抵抗,因为她意识到阿德勒比她更富有学识,她所描述的关于性的梦境,是对医生的"爱的转移",是为了保护自己而做出的神经质的夸张。阿德勒认为这种转移是不真实的,并且无法得出性欲方面的结论。阿德勒就当下精神分析理论的现状,公然对弗洛伊德发难。

而直到几个月后,弗洛依德才与阿德勒公开对峙。1910年10月中旬,阿德勒在精神分析协会做了一次演讲,题目是"关于歇斯底里式谎言的观点"(Ein kleiner Beitrag zur hysterischen Lüge)。他的主要观点是:治疗过程中的每一个谎言背后,都隐藏着羞辱医生的意图。阿德勒认为,病人会有一种自卑感,促使病人撒谎的是"男性抗议",而撒谎使病人将自己置于医生之上。弗洛伊德的不同观点由此切入:他认为在阿德勒的发言中看到了对"恋父情结假说、对权威反抗假说——男性反抗父亲，女性反抗母亲——的肯定。因此，他把阿德勒的演讲拉回自己的路线，并表示阿德勒没有提出新的东西。4个星期后，阿德勒仍坚持认为病人的要求是正确的，正是病人的要求主导着"每次精神分析的最后冲刺"。弗洛伊德反对道，"抵抗发生在治疗的后程（阿德勒所说的最后冲刺）还是在开始或者中程""只是技术问题"。这一反驳听起来有道理，但也表明了阿德勒的治疗技术是不同的。

1910年11月，荣格向弗洛伊德传递了一个明确的信号。弗洛伊德在信中对"阿德勒和斯泰克尔的无力和粗鲁"表示愤慨，表示每次尝试理解他们都很困难。弗洛伊德感到无尽的挫折，说对付他们根本"无处着力"，但情况已经摆在这里，他必须"继续和他们费力周旋"。弗洛伊德用这样的急报组织起反抗，在他的追随者中营造出一种氛围，仿佛大家受到了那些反感精神分析的人的威胁。弗洛伊德一整年都在感叹，维也纳的圈子不再适合他。他想象着对父亲的"谋杀"，对自己这个精神分析创始者的"谋杀"，而这早就反映在"星期三协会"的基础组建上，并体现在会谈时弗洛伊德写下的分析即俄狄浦斯情结中。

弗洛伊德对维也纳圈子的紧张感和厌恶情绪不是逐渐递增的，而是直接恶化了。仿照威廉·布施（Wilhelm Busch）[1]的故

1　威廉·布施（1832—1908），德国诗人和画家，1865年发表了首个讽刺性的插图故事《马克斯和莫里茨》，主人公是两个叫马克斯和莫里茨的坏小子。——译者注

事，弗洛伊德把阿德勒和斯泰克尔称作"马克斯和莫里茨"，这还只能算是嘲讽，但他把阿德勒描述成复活的小菲利斯，就是另一种表达方式了，毕竟弗洛伊德几年前和多年老友菲利斯发生过激烈争吵。

接着，弗洛伊德邀请阿尔弗雷德·阿德勒在1911年1月4日和2月1日的两次讲座中解释阿德勒看到的两人之间的差异。显然，阿德勒想在讲座中澄清，他同时在多大程度上接受了弗洛伊德理论的核心，即移情的偏差。

病人首先要理解"心理上的雌雄同体"；然后，病人需要控制情感；最后才是移情原则。但阿德勒认为移情并不是真实的——这一点在弗洛伊德听来是可耻的限制。阿德勒说，病人在面对医生的时候永远处于战斗般的反抗中。一场战斗酝酿已久——阿德勒与弗洛伊德的战斗。弗洛伊德紧跟着阿德勒讲座的第二部分反驳，在3周后的2月22日也发表了反对意见。弗洛伊德一字一句缓缓地说，他退让了不止一步，明确强调了自己所代表的可验证事实的两极对立；而另一方面，强调他的个人专断，是一种"过分"的行为。会议记录写道："弗洛伊德教授认为阿德勒的学说是错误的，对精神分析的发展来说很危险。这是由错误的方法（吸收社会学和生物学观点）而造成的科学谬误。"

在场的人仿佛身处法庭，争论甚至往诽谤发展。弗洛伊德将矛头指向阿德勒的术语，并得出结论，其中创新的部分来自剽窃（"重新解释和歪曲不便分析的事实"），因为他没有指出原始出处，即对弗洛伊德的引用。马克斯·格拉夫（Max Graf）亲眼见证了宗教法庭般的惩罚——逐出"教会"："作为'教会'的首领，弗洛伊德对阿德勒颁布了禁令，把他逐出了'官方教会'。"

阿德勒在会议中就做出了回应，辞去协会主席一职。但斯泰克尔仍憋着一口气，尽管他声称无法认识到弗洛伊德的思想和阿德勒的思想之间有任何矛盾。在弗洛依德把《精神分析汇编》的编辑工作强加给斯泰克尔的时候，冲突最终爆发了。斯泰克尔先是极力推辞，然后拒绝与弗洛伊德交流，于是弗洛伊德强迫他的出版商解雇所有为期刊撰稿的人，包括斯泰克尔。《精神分析汇编》停刊，《精神分析杂志》（*Zentralblatt*）成立。1912年11月6日，斯特克尔离开了协会，但他继续徘徊在分离的幻痛和对阿德勒观点的怀疑之间。弗洛伊德在和他的联系人兼好友、精神分析学家卡尔·亚伯拉罕联络时说自己松了口气："我很高兴（斯泰克尔现在走自己的路），你不知道我在为捍卫他而对抗全世界的时候遭受了什么。他令人难以忍受。"弗洛伊德在向瑞士牧师奥托神父说起阿德勒的时候表达得更刻薄，他说，他对阿德勒所做的，是被冒犯的性欲女神的报复；他向助手厄内斯特·琼斯和宾斯万格表示，阿德勒是神经症患者，他的思维有偏执倾向，他想把阿德勒诋毁为病态。弗洛伊德的追随者也常常对阿德勒提出尖锐批评。桑多尔·费伦齐1910年年底在布达佩斯写道："现在我理解了阿德勒的厌恶理论：他不想爱，因此必须厌恶，并相信自己被讨厌；而他把这些都投射到了理论中。"

阿德勒的亲朋好友和同情他的人在1911年6月底给弗洛伊德写了一封信表达愤怒。这封信由卡尔·弗尔特米勒、保罗·克伦佩雷尔（Paul Klemperer）、弗兰茨·格吕纳（Franz Grüner）和古斯塔夫·格吕纳（Gustav Grüner）、大卫·恩斯特·奥本海姆、玛格丽特·希尔弗丁和弗里德永（Friedjung）共同签名。信的开头写道："所有签名者在得知《汇编》的领导层即将发生变化后，向阿德勒博士询问了更详细的信息。" "我们认为，既然协会和《汇编》针对的是精神分析的反对者的权力所有者，那么这里对精神分析学家来说，本应是自由讨论的场所。但除名这样的行为越来越清晰地表明，双方在精神分析内部也在努力创造权力地位，并用权力斗争中所有常见的鲁莽方式来宣扬其地位。我们从情感上反对这样的做法。我们相信，这样做会让精神分析理论的内部发展和外部声誉都受到损害。"

阿德勒减少了与弗洛伊德的来往，他的态度在冷淡的客套和尖锐的客观之间反复。1911年7月中旬，他告知弗洛伊德："您向贝格曼（Bergmann）先生要求让我辞职，贝格曼先生已经通过斯泰克尔博士向我转达了您的替换提案的必然结果。我已通过我的朋友、法律博士E.弗兰佐斯（E. Franzos）先生将我决然的决议传达给贝格曼先生：我在此宣布辞去维也纳精神分析协会的职务。该协会对您来说显然没有道德上的分量，无法阻止您对我进行长期的个人斗争。而我由于不愿意与以前的老师进行个人斗争，不得不走到这一步，向作为协会主席的您提出辞呈。"

事情传到苏黎世的荣格处,他告诉阿德勒他非常惊讶。但他不是真的惊讶,因为他与维也纳的通信渠道非常发达。荣格曾认为阿德勒"和弗洛伊德的分歧"只是科学上的争论,事态升级到个人之间的争斗令他惊讶,但他绝不会试图干涉"维也纳人的内部事务",也不会完全跟随阿德勒的理论,这符合协会基本的自由主义理念。然后,他赞扬了弗洛伊德的外交技巧,借此避免了与苏黎世方面的分裂。可见,这位瑞士人在这场争斗中对自己所持的立场非常清楚。

阿德勒成立了自己的协会,取名为"自由精神分析研究协会"(Verein für Freie Psychoanalytische Forschung)。情绪低落的弗洛伊德不放过挖苦的机会,他对阿德勒指责精神分析在他领导下的不自由感到不快,恼怒地评论道:阿德勒给他的团队的命名"有品位"。

自1910年获得奥地利公民身份之后,1911年4月,阿德勒又收获了双重意义上的新的开始。一方面是城市地理上的。1年间,阿德勒已是一位成功又受欢迎的医生。他跨越了多瑙河,从利奥波德城搬到内城,在多米尼加棱堡街10号租了一间宽敞的住所。这条街被戏称为"没有弗洛伊德的街"。在标有15号门牌的公寓二楼,挂着"内科和神经疾病诊疗所"的牌子,望出去时视线几乎与对面那条坡度很陡的人行道齐平,这条街还有个亮点,就是离奥托·瓦格纳建造的现代主义风格的邮政储蓄银行不远,而且他原来的病人从切尔宁巷步行到这里只需要10分钟。中产阶级的中心就是这个象征地位的地址。阿尔弗雷德·阿德勒当时已经41岁，是4个孩子的父亲——瓦伦丁娜（1898年）之后，1901年亚历山德拉出生，小名阿历；1905年库尔特出生；1909年科内莉娅出生，小名奈莉。另一方面则是他向帝国和皇家总督办公室提交了"自由精神分析研究协会"的章程，1911年8月，协会获批成立；但是在政府要求遵守规定程序的坚持下，协会理事会直到1912年10月才正式组建。

1911年5月，阿德勒在形式上还是精神分析协会的成员，被弗洛伊德要求辞去《精神分析汇编》的职务。紧接着，弗洛伊德这位年长者像摩尼教二宗一样催促成员做出选择——他还是我。要么是他的精神分析协会的成员，要么就属于"叛徒"一派，不能同时是两者。结果又有6个人退出精神分析协会，离开的人并没有自动加入阿德勒和斯泰克尔，他们只是觉得弗洛伊德处理事情的方法过于严厉。紧接着，弗洛伊德在和对事件只略知一二的海外学生通信时写道，阿德勒的世界体系里没有爱，是对其攻击行为理念目光短浅的删减，是理论的混乱。最后，他甚至对阿德勒这个反叛者进行临床诊断："他的抽象概念之后潜藏着许多混乱，他隐瞒了更深的矛盾，展现出相当偏执的特征。"这些人退会之后，弗洛伊德松了一口气，觉得这"对精神分析能感受到的益处"是没有"阿德勒这帮人"，工作起来更容易。弗洛伊德的排斥意味着他对精神分析理论和实践的控制，减员及稳固战线这样的情况，在接下来的十几年里不断发生。

这次分道扬镳对弗洛伊德的私人生活也产生了影响。争执延伸到交友中，瓦解了友情；他们的妻子之间也暂停了社交往来。弗洛伊德永远不会原谅那些离开的人。有一次，保罗·克伦佩雷尔在街上碰到弗洛伊德——克伦佩雷尔并不是阿德勒那一派的人，只是弗洛伊德的强硬让他无法继续与之共事——但弗洛伊德假装没有看见他。汉斯·萨克斯（Hanns Sachs）证实，弗洛伊德每次和老朋友的决裂都是彻底且不可逆转的。比如，弗洛伊德1913年重印4年前的案例研究《关于强迫性神经症案例的意见》(*Bemerkungen über einen Fall von Zwangsneurose*) 时修改了一个脚注：第一版中这句话以"我的同事阿尔弗雷德·阿德勒博士"开头，4年后则改成了一个幸灾乐祸的短语"前精神分析学家阿尔弗雷德·阿德勒博士"。

斯泰克尔以书籍的形式对弗洛伊德的方法进行了修订，其中精准地抛弃了"原父"的概念。他出版的《梦的语言》(*Die Sprache des Traumes*) 回到了梦的象征含义这一主题，瞄准的正是弗洛伊德理论的中心。他写到梦普遍的"双相性"，认为这以每个人的主要性取向为基础。弗洛伊德认为这种说法武断而牵强，但他似乎并没有完全反对斯泰克尔的前提，反而把他的观点悄悄写入了《梦的解析》之后的版本中。

阿德勒与弗洛伊德决裂后，在1912年出版了《神经症的特性》，其副标题为"比较个体心理学和心理治疗的基本原则"。这本书被认为是阿德勒的代表作，因为这个副标题就包含了其治疗方向未来的名称。这本书在阿德勒有生之年再版了3次，分别是在

1919年、1922年和1928年；1917年又在纽约出版了英译本。他在每个新版本中都加入了最新的见解，并做了修订。

《神经症的特性》的编写从1910年持续到1912年，从专业性、学识和个人角度来说，都是一项壮举。阿德勒和他的小组需要用一份宣言，将自己和弗洛伊德区分开来——这是一次自我衡量和全面定位。此外，阿德勒还打算将这次的出版物当作申请大学授课资格的论文提交，以便在大学开设课程。

阿德勒在《神经症的特性》中提出的，是他过去几年中一直在理论上付出努力的对比较心理学的构思。他追求的目标无非一种性格学说，其中"性格"被他当作模板或者说模式，作为目标个体的结果而提出。这是一种精心钻研得出的精神病理学，试图描述个体与相关世界联系的能力和无力。值得注意的是他对"补偿"这个概念的修正。在详细修订后的补偿学说中，补偿不再活跃于实际的器官缺陷，而是在心理上。自卑感的补偿通过虚构的自我和人格来提升，通过对权力的追求来实现。阿德勒的"类神虚构"（Gottähnlichkeitsiktion）这一术语，提前预演了心理学家海因茨·科胡特（Heinz Kohut）[1]"夸大自体"的说法。科胡特于20世纪70年代将"夸大自体"理解为与自我相关的关注渴望，以及与理想化双亲形象融合的需求。和阿德勒一样，科胡特在这样的自我体系中把夸大和自卑的设想紧密地联系在一起，由此，完美和权力转

---

[1] 海因茨·科胡特（1913—1981），奥地利裔美国心理学家，自体心理学的创始人。——译者注

移到自体中。

在《神经症的特性》中，阿德勒追溯了由文学、艺术、哲学、人类学和认识论组成的丰富范围。他分门别类地使用某些论点，有时只提到一笔。尽管这本书有"实践部分"和"理论部分"之分，但在关于实践的第一部分中就能看到对理论的解释，反之，理论部分也包含着实践；书中阐释思想时也没有非常严格的区分，会有重复的地方，有些延伸还偏离了核心主题，这看上去像缺陷，但它符合对由方针和虚构、主路和旁支、安排和演习组成的回形结构的理解。在这本阿德勒最全面的书中，出现了"器官方言"（Organdialekts）的概念，这是理解心身医学病症中器官选择的重要模型概念。他将"器官方言"理解为一种器官语言。对此，阿德勒援引了路德维格·克拉格斯（Ludwig Klages）1905年的《笔迹学原则理论》（*Graphologische Prinzipienlehre*）。这位德国表达心理学家在书中列举了语言图像，这些图像"根据身体的特定程序和器官给内在过程"命名，例如不喜欢嘴，僵化，笨拙。对阿德勒来说，这种表达形象地更新了"器官术语"（Organjargon）的概念，指向器官自卑。克拉格斯增强了阿德勒对面部表情、面相学和哑剧的古老知识的掌握。

1912年，阿德勒在一篇文章中再次提到"器官方言"，该文被收录在和卡尔·弗尔特米勒合著的《治愈与教育》中。他提到，在这种器官语言中，一次冲动可以激活一个图像（比如权力意志可以激活性刺激），以便加强这一冲动。"器官方言"这个概念指向身体语言，指向超越语言的经历："器官方言是一种早期的身体语言，表达的是戏剧性的内心事件，包括为追求目标而需要的温柔、被拒绝的挫败感、攻击和恐惧的纠缠、内疚和羞耻，以及我们内心对抗性冲动的斗争。"

从这方面来看，"器官方言"是一种身体防御机制，所以，说阿德勒是以生物学为基础的心理学和心身医学的先驱者并没有错。寻找心身疾病的发病机理，必须聚焦慢性感受和无意识感受，它们之间存在着紧密又相互矛盾的关系。心理疾病和心身疾病很难用因果来解释，除非把自己放到病人的位置上，把病人认知中无法解决的那堆生活任务套用到自己身上。这是一个有时自动执行的无意识过程，以便化解那些不愉快的、难堪的或意识无法忍受的痛苦影响。尼采早就写过，每当我们对自身任务的权力有所怀疑时，"当我们开始寻找自己在哪个地方更加轻松时"，疾病就是对此的答案。面对这样的疾病危机，方法在于：通过理解，对整个人进行重建。埃尔温·林格尔（Erwin Ringel）说："当从神经心理学和心理学角度证明并解释，在心身疾病范围内，慢性感受和无意识感受能够产生强烈致病作用的事实和原因，就已经证明了神经症理论在心身医学中的核心位置。毕竟，从儿童时期开始的慢性感受和无意识感受，是神经症的显著特征。"这一观点被社会学家哈特穆特·罗萨（Hartmut Rosa）从后现代之后的共鸣和世界关系的哲学社会学意义的角度，转化为以下公式：不存在没有生命的世界，也不存在没有世界的生命。

阿德勒组建起来的"自由精神分析研究协会"的第一个课时的参与者，有拉伊莎·阿德勒、艾琳和卡尔·弗尔特米勒、玛格丽特·希尔弗丁及其余一些人。拉伊莎·阿德勒为莫斯科杂志《心理治疗》（*Psichotherapija*）编写了1912年9月至1913年1月举办的几次会议的简短报告，这些报告记录了阿德勒在瑞士的讲座，以及协会内部的报告和讨论。1912年12月起，"阿德勒派"每周四晚上碰面。不断有新人加入其中，比如来自布达佩斯的亚历山大·诺伊尔（Alexander Neuer）和斯特凡·马代（Stefan Maday）、1925年起致力于音乐和音乐学的化学家莱昂哈德·多伊奇（Leonhard Deutsch）和他的妻子达妮卡（Danica），以及和多伊奇的妹妹莉莉结婚的埃尔温·韦克斯贝格（Erwin Wexberg）。他们讨论心理学、文学、哲学，除此之外，也展示案例并邀请组织外的科学家来做讲座。队伍很快壮大，无法继续在阿德勒家里会面。尽管在成立之初，除了多米尼加棱堡街，他们还选择了施瓦茨潘尼尔街上的维也纳大学组织学学院作为第二地点，但大家最终选择了一家咖啡馆作为聚会场所。

对会面地点做出这样的变革，是维也纳式的，并且不是弗洛伊德式的——弗洛伊德讨厌咖啡馆；相反，阿德勒热衷于去咖啡馆。他还是学生的时候，就最喜欢去圣米歇尔广场的格林斯坦咖啡馆；毕业之后常去斯蒂芬广场的教堂咖啡店；1914年前会去赫伦巷的中央咖啡馆。"一战"过后，阿德勒选择了烟斗咖啡馆作为聚集的场所，这是一家相当朴素的咖啡馆，位于亚索米尔高特巷，正对着圣史蒂芬大教堂；1923年起换到弗朗茨-约瑟夫码头旁的西勒咖啡馆，即如今的施维登码头3号，从阿德勒住处步行即可到达，很方便。约瑟夫·西勒（Josef Siller）开的既是咖啡店也是旅馆，他是阿德勒的病人，对阿德勒充满感激。西勒旅馆兼咖啡馆在广告中宣传：房间内有集中供暖、房间配备自来水和"国有电话"，并且是"个体心理学的聚会场所"。阿德勒的举止漫不经心，相当随意："尽管他工作很忙，但给人的印象从来不是非常忙碌。正相反，在西勒咖啡馆第一次见到阿德勒的人，都会觉得认识了一个闲适的维也纳人——维也纳人一天中大部分时间都在咖啡馆里喝咖啡。……咖啡馆没法提供专门的房间聚会，大家只能聚集在相对较大的空间里。大理石桌被推到一起组成长桌，从阿德勒的圆桌会议中，人们了解到个体心理学的真正精神，整个会议洋溢着欢快、温暖又真挚的氛围，充满谈笑。阿德勒拿着他从不离手的雪茄坐在那里，有时讲一些轶事。经常有人在邻桌为他这一舒适的姿态写生还不被他发现，因此画家可以在这里安静地观察他。他矮胖的身型很难准确描绘。虽然他有与众不同的突起的下巴，有一个深酒窝，但他的鼻子是难点。鼻子从正面看是宽的，从侧面看是窄的，所以画家从不同的角度看，会画出不同的脸型。他的下唇饱满，上唇上翘且弧度优雅，被深色小胡子遮挡了些许，形状姣好的耳朵紧贴着脑袋，额头很高，头发对他的年龄来说长得出奇茂盛。最难的莫过于描摹眼睛。几乎所有画像都画出了弯曲的长睫毛，却画不对他一直变化的眼神，但这双眼睛恰恰是阿德勒的特点。无论严肃、欢快、沉思还是探究，他的目光总带着一些温暖和关注，光从这样的目光中就能认出阿德勒。每个来到维也纳的个体心理学家，第一件事都是参加圆桌会议，和那里的维也纳人取得联系。其他地方团体需要在严肃又漫长的会议上讨论的事情，在维也纳的圆桌会议上附带着就完成了，那里充满了轻松的氛围。阿德勒的圈子中不仅有同事和追随者，他还时常带来朋友和外国客人。有可能他看完歌剧之后会带着几个美国游客出现在圆桌会议上，只是来听听是不是还有什么事要完成。不断有人来来去去。每个人都受到热情的招待，在这里感到受到欢迎。阿德勒离开之前，有时还会打一局台球，他非常喜欢这个游戏。很多时候都是圆桌会议的参与者陪他回到家，因为他很喜欢在人群的簇拥中走路。"1912年秋，来自上流社会的露·安德烈亚斯·莎乐美（Lou Andreas Salomé）来维也纳做客，她是一位为沙皇服役的德国将军的女儿，嫁给了哥廷根的东方学教授，因为是里尔克（Rilke）和尼采的朋友而出名。1911年，她参加了在魏玛举办的精神分析大会。朱莉特·米切尔（Juliet Mitchell）等后来的女权主义者对她很傲慢，评论道："她试图在她的人格中创造另一种非父权制的文化，但由此产生的东西，从一定程度上来说是对男性认知中女性形象无上光荣的滑稽模仿。"但安德烈亚斯·莎乐美表现得信心十足，在维也纳与弗洛伊德和阿德勒保持着联系。在到达维也纳之前，她已经和两人有过通信。阿德勒在1912年8月给她写信说："您的信件，和您允诺将于10月在维也纳交谈，我认为两者相得益彰，一并在此对您表示感谢。……我和您一样尊重在科学上意义重大的弗洛伊德,直到我越来越偏离他的观点。他充满启发的模式作为一种模式当然很重要也很有用,因为它反映了一个心理体系的所有方针,但是,弗洛伊德学派把关于性的陈词滥调当成了事物的本质。可能是弗洛伊德这个人让我站到了批判的立场,我不后悔。"

10月28日,她第一次拜访了阿尔弗雷德·阿德勒,并做了如下记录:

> 第一次拜访阿尔弗雷德·阿德勒,持续到深夜。
>
> 他很亲切,非常聪明。困扰我的有两件事:他用过于私人的方式谈论正在发生的争论;他看起来像个按钮,仿佛被困在自己内心的某个地方。
>
> 我和他说,我来找他其实不是因为精神分析,而是因为宗教心理学的工作,宗教心理学在他《神经症的特性》一书中得到丰富的论证,也涉及虚构形成的相关想法。……我认为,他为了坚持"上"与"下"和"男性抗议"的术语而只从负面评价"女性",却把那些被动的(以及具有性影响和普遍影响的)自我奉献论证为主动,这是不会有结果的。他将所有女性对男性的倾心称为"女性达到男性目的的手段",轻易剥夺了其积极性和现实性:这立马在神经症理论中得到报复,其中不再出现妥协概念。……阿德勒其实只是表面上不使用这个概念,在他的"次级"安全感中(这包括通过初级安全感对自卑

感的过度补偿的对立面），被压抑的本能生活伪装后再次冲出来，只是这时候它被视为心理的诡计……

我最喜欢的是他的灵活性，他想把很多东西都连接在一起；只是这种特性浮于表面且不可靠，跳跃着，而不是大步走向远方。比如，在他看来，一切（阿德勒式的）都变成了性的自我符号，这刚好还是在明显的自我形式中的性符号，甚至超越了弗洛伊德。也就是说，弗洛伊德也只是允许在有机体的基础上适用，而不是在性心理的基础上。

在回家的路上，阿德勒邀请我参加他周四的讨论之夜，我真诚地希望能和他谈一谈弗洛伊德。我欣然同意。

直到次年3月，她都在不定时地参加"阿德勒派"的会面，甚至前一天晚上还参加了"星期三协会"的会议。两派相继向她提出过分要求。弗洛伊德给她留下了更深的印象，对此，她形成了风趣的见解，比如当她思考弗洛伊德如何从精神生活的苦难中为科学创造出美德时，她说："必须由一位医生将这个哥伦布的蛋[1]倒过来，完全不是巧合：因为他发现这颗蛋立在破碎的一端上。"

阿德勒一派的会议对她来说总显得不那么正式，而且太卖力地强调和弗洛伊德的区别，但弗洛伊德的概念对她来说更有道理。安德烈亚斯·莎乐美的一个表达后来成为标准说法："事实上，弗

---

[1] 俗语，指看似无法解决的问题的惊人又简单的解决方案。——译者注

洛伊德和阿德勒在治疗方法上的差异就像刀和药膏的区别。"阿德勒的术语令她不适，其中还涵盖了她反感的唯物主义。阿德勒用友好、果断的口吻提醒这位德国人，要注意维也纳内部的分歧，并为自己辩护："说一下弗洛伊德的'发现'和'发掘'。我的每个病人都有与其相似的'发现'，这么说不是贬低。只是想指出'手段'。弗洛伊德把他的手段视为真实，这是最关键的。现在他被迫使用进一步的'手段'，以便弥补他所缺失的。有一个问题：您是否认为，如果我们有杂志，我们会那么卖力地使用沉默、身份识别或者其他的'手段'吗？我的看法可能是错误的！但您还想和他扯上关系吗？"我们不清楚阿德勒是否知道，安德烈亚斯·莎乐美把阿德勒写给她的信件当成资料交给弗洛伊德，而弗洛伊德的回应充满恶意："您允许我看您和阿德勒的通信，这是极大的信任。信中显示出他独特的恶毒，非常具有他的特点，我不相信他能证明他给我的形象是假的。让我们用德国人的方式说话：他真是一个令人讨厌的人。"

从1912年起，自由精神分析研究协会在慕尼黑恩斯特·莱因哈特出版社出版了一套自己的丛书。独立装订的小册子不定期出版。第一期《精神分析与伦理》（*Psychoanalyse und Ethik*）共48页，售价1马克，作者卡尔·弗尔特米勒，引言里介绍了新协会成立的方式和原因。

1913年秋，阿德勒做了一个重要的决定。他于10月将协会更名为"个体心理学协会"。此后，他的整个流派都以个体心理学为名运作。直到今天，这个名字仍然充满遗憾，因为它很容易引起误解。阿德勒要指出的个体，是全面的整体。从字面上看，个体是不可分割的，这是反弗洛伊德的。弗洛伊德在1918年的《精神分析疗法之路》(*Wege der psychoanalytischen Therapie*)中生动地解释了为什么精神分析叫精神分析："为什么用'分析'？它意味着瓦解、分解，令人联想到化学家在实验室中发现自然界的物质。因为这样的相似确实存在：病人的症状和病态表现就像他所有的精神活动一样，具有极高的复合特性，这种复合的元素归根结底就是动机、本能冲动。但是患者对这些基本动机一无所知，或者知之甚少。现在，我们教他理解这些高度复杂的精神构成的复合，把病症追溯到促成病症的本能冲动，向病人指出症状中他们至今未知的本能动机，就像化学家把结合在一起、难以识别的基本物质和化学元素，从盐中分离出来。"

1914年，弗洛伊德在《精神分析运动史》中证实，阿德勒认识无意识的天赋极低，弗洛伊德特别坚持一点：阿德勒的理论和精神分析毫无共同之处，他的理论实际上否认了分析的基本原则。弗洛伊德对风格的判定更甚于对无能的指责，在己方取得胜利之前，他必须让敌人失去信誉，被摧毁。听说阿德勒这位曾经的追随者正在构建一个先验的"体系"后，弗洛伊德的批判欲被点燃，他指责这是不科学的。此外，弗洛伊德对阿德勒致力于"普遍"心理学感到恼火，因为这一方向是精神分析向医学教育学的倒退。他宣告对这个"一号犯人"的判决为一级重罪——傲慢自满及违反整体性。

弗洛伊德喷洒的毒液影响了厄内斯特·琼斯的往后几十年，在琼斯所著的宏伟的弗洛伊德自传——1954—1957年以英文发行，1962年起发行德语版中，这位英国人仍称阿尔弗雷德·阿德勒为"无赖"（en canaille）。他讥讽地恭维阿德勒，称他是一个"相当有才华的人"，但完整的上下文说的是：阿德勒是"一个从表层研究精神分析方面相当有才华的人，但他在更深层方面具备的力量很少"。当琼斯兜售弗洛伊德的一句充满讽刺的格言时，他还在其他地方描绘了一幅毁灭性的图景："阿德勒的心理学理论主要是关于自我的。但这个理论如何被无意识过程（即精神分析所贡献的一切）加工和影响，几乎没有被纳入考虑，反而很快被完全忽略。弗洛伊德多次将阿德勒所描述的自我比作一个小丑，这个小丑声称自己表演了马戏团所有高难度技巧。"

1913年与1914年之交，阿德勒的协会共有68名成员，这是可观的人数。对话原则、群体原则和团结原则被收录到个体心理学理论中，并打算继续扩展，这意味着阿德勒除了他的诊所和病人，还要完成更多，承担更多，管理更多。他常常不在家，大多时候只在门诊时间之后的晚上在。拉伊莎·阿德勒在早期阶段仍然参与协助协会，后来退出，走自己的路。大女儿瓦伦丁娜正上文理中学，阿历小学毕业，而库尔特刚上学，小女儿奈莉需要拉伊莎和管家全部的注意力。从阿德勒作为医生的工作到他的演讲活动，再到论文和书籍的书写，这些活动都对平衡的婚姻关系不太有利，而从拉伊莎·阿德勒的角度来说，她的性格也是如此。

1914年4月，还是在恩斯特·莱因哈特出版社，阿德勒自己的杂志《个体心理学杂志》（*Zeitschrift für Individualpsychologie*）发行第一期。该杂志涉及心理治疗、心理学和教育领域的研究，其出版人包括阿德勒、卡尔·弗尔特米勒和生于1884年的夏洛（Charlot），即苏黎世精神病学家卡尔·路德维希·施特拉塞尔（Karl Ludwig Strasser）。施特拉塞尔是伯尔尼一位医学教授的儿子，曾学习过医学，1911—1912年在布洛伊勒手下担任助理医生。从1913年一直到1950年去世，施特拉塞尔一直作为精神病学家在苏黎世定居并看诊。1913年，施特拉塞尔与薇拉·艾伯尔鲍姆（Vera Eppelbaum）结婚。薇拉来自俄国的沃里尼亚，拥有犹太血统，和他一样是社会主义者，曾在瑞士学习医学，在布洛伊勒处获得博士学位。施特拉塞尔夫妇于1910年在维也纳拜访了阿德勒，拉伊莎和薇拉相似的人生经历进一步推进了两家的联系。库尔特·阿德勒还记得，这对夫妇在1911—1912年间曾多次访问。1914年，薇拉·艾伯尔鲍姆的文章《关于酗酒的心理学》（*Zur Psychologie des Alkoholismus*）作为该协会丛书的第五期发表，这本小册子的最后一页上宣传了不久之前首次发行的《个体心理学杂志》。1914年8月起，随着战争的爆发，为了维持出版物的生命，与施特拉塞尔的联系变得非常重要。因此，杂志的第6—9期出版于苏黎世。

战争中的维也纳,战争中的阿德勒

> 我们正在经历的,就像一场埋葬欧洲的山崩;长远来看,这一事件将会在思想史上占有一席之地。
> ——引自胡戈·冯·霍夫曼斯塔尔1915年给斯德哥尔摩《瑞典日报》的一封公开信

"1914年的那个夏天,即便它没有给整个欧洲大陆带来灾难,对我们来说也是难忘的,因为我很少经历比这更茂盛、更美丽,甚至可以说更富有夏日气息的夏天。天空日复一日地呈现出丝绸般的蓝色,气候温和,一点也不闷热,草地芬芳而温暖,森林冒出嫩绿,幽深又富饶;即使现在,当我说到夏天这个词时,还会不禁想起那年7月里那些阳光灿烂的日子。"这就是斯蒂芬·茨威格(Stefan Zweig)在维也纳的巴登度过的日子。然后,战争爆发了。

奥匈帝国腐朽不堪,濒临绝境。1914年左右,帝国的统治已"僵化为石化的专制,它抛弃了所有理智地、切实地处理国民内部来自宗教、种族或社会的敌对情绪的可能"。前景一片昏暗。那时的外交部长莱克萨·冯·埃伦塔尔（Lexa von Aehrenthal）说，人们目光所及，到处都在"腐烂"。奥斯瓦德·冯·图恩-扎尔姆伯爵（Graf Oswald von Thun-Salm）的叹息带着文化悲观主义："一个乐观主义者在我们这儿都会自杀！"

1914年8月伊始，维也纳城内人潮涌动，这给一位刚刚被当作"外国人"而驱逐出城的俄国知识分子留下了最后的深刻印象。列昂·托洛茨基对动荡时期有独到的见解，他这样描述人群的歇斯底里："人们的爱国主义热潮在奥匈帝国来得特别出乎意料。是什么驱使维也纳鞋匠工会、一半德国血统一半捷克血统的波斯皮希尔家族（Pospischil）、我们绿色杂货店的老板娘马雷施（Maresch）夫人、马车夫弗兰克尔（Frankl）来到国防部前的广场？是国家的想法吗？哪一个国家？奥匈帝国是对民族思想的否定。"这位共产主义世界革命理论家将阶级纲领与这些事件联系在一起："会不会在另一段时间里，行李搬运工、洗衣女工、鞋匠、伙计和环城大道郊区的青少年也能感到自己是局势的主人？战争席卷了一切，因此，被压迫者、被生活欺骗者感觉到与富人和权贵是平等的。"巨大的冲突能够改变世界。欧洲列强宣战之前，当年7月初到8月末的状况及战争带来的影响"只是名义上发生在地球的同一表面"。

同年7月，拉伊莎·阿德勒和4个孩子前往俄国，他们想和往年一样在科斯洛科的庄园中度过夏天——庄园是拉伊莎祖父的房产，位于斯摩棱斯克州的罗斯拉夫尔。阿德勒则留在维也纳。战争爆发后，他发电报让他们立即动身回家，但拉伊莎犹豫不决，她相信了边境已经关闭的传言，一直拖到无法通过正常的铁路线回到维也纳。亚历山德拉在约60年后写道，1914年时她才13岁，他们作为"来自敌方的外国人"被威胁会被送到西伯利亚——她和她的兄弟姐妹因为那里下很多雪而感到高兴。经过俄国当局的干预和红十字会的行动，阿德勒的5名亲眷得以在1915年1月从北线经由芬兰、瑞典和德国回到奥地利。整个战争期间，拉伊莎和4个孩子主要住在贝尔家的房子里，他是阿德勒母亲那边的亲戚，房子位于维也纳森林北部边缘雷卡温克尔附近的艾希格拉本地区的胡腾。这个村庄在圣帕尔腾以东30多公里处，靠着铁路西线，距离维也纳只有一个多小时的路程。

阿德勒在战争开始的头几天就自愿报名医护支援，并从1914年9月1日开始在施蒂福特凯瑟纳楼的第一预备役医院工作。阿德勒并不是唯一对战争爆发感到兴奋的心理学家，西格蒙德·弗洛伊德也是如此。战争期间，瑞士精神病学教授奥托·宾斯万格（Otto Binswanger）在耶拿任教，他很快出版了一本小册子《战争对精神的影响》（*Die seelischen Wirkungen des Krieges*），报告他所在大学诊所里年轻患者的精神疾病由于战争而突然消散了。

个体心理学协会的活动几乎处于停滞状态，圈子里的年轻人很快被征召入伍。据弗兰茨·格吕纳说，有些人战死，有些人如亚历山大·诺伊纳（Alexander Neuner）受伤，还有人被分配到医疗部门或者护理部门。

军事医院入驻维也纳议会。位于卡尔广场的艺术家之家和维也纳分离派带有金色圆顶、镀金铜质树叶形纹饰的附属建筑，都从艺术设施变成了红十字会的医疗场所；奥塔克林的人民之家作为"帝国后备医院分院之人民之家"投入使用；学校也被改造成医院。但仍然有越来越多的火车从前线载回伤员，还有成千上万的战俘通过铁路被运送到"后方"。仅1915年2月16日一天，《工人日报》就报道了1.2万名俄国士兵俘虏抵达维也纳，并被继续送往"位于弗赖施塔特的俄国人仓库"。还得给人们提供食物，"维也纳暖房和慈善团体"的6所机构为来自加利西亚和布科维纳、滞留在多瑙河畔的无家可归者提供热汤和面包。晚上，他们在那里坐着睡觉，背靠着背，心怀感恩地对抗斑疹伤寒。由于粮食短缺，人们的情绪变得糟糕，贫困的多口之家陷入绝望。"我该用什么来养活我的孩子？"一位3个孩子的母亲通过《喜爱儿童》（Kinderfreund）杂志说道。人们开始选择替代品。从1915年1月开始，人们在烤制面包时使用替代原料，首先是玉米面，后来用磨碎的玉米棒和树皮；芜菁代替了土豆，胡萝卜被用来制作果酱；咖啡由甜菜粉冲泡；糖精取代了蔗糖；纺织品由荨麻纤维和纸浆制成。

恰好在这个时候，阿尔弗雷德·阿德勒为获得更高学术荣誉所做的努力失败了，因为临床医学圈子对精神分析的抵制非常激烈。在1910年的柏林神经科学会议上，来自柏林的赫尔曼·奥本海姆（Hermann Oppenheim）教授作为有影响力的《神经疾病教学用书》（Lehrbuchs der Nervenkrankheiten）的作者和神经科学自然科学方向的代表,建议抵制所有容忍弗洛伊德观点的疗养院。参加了那场会议的卡尔·亚伯拉罕向弗洛伊德报告道:在场的疗养院所有者依次站起来,"庄严地"宣布,"他们不会进行精神分析"。维也纳精神疾病诊所的助理医生埃米尔·赖曼(Emil Raimann)更进一步。他说,仅仅抵制弗洛伊德的理论是不够的,他呼吁公开所有无法成功使用精神分析的病例。赖曼私下里认为:"任何将注意力如此专注于性生活的人,在某种意义上一定是变态的。毫无疑问,弗洛伊德把这一事实掩藏在他精心准备且备受尊敬的外表之下。"

此时,阿德勒已经向维也纳大学医学院寄送了1911—1912年冬季学期的材料,这是为了得到开设讲座课的教学许可。这个方法对弗洛伊德有效,为什么对他就不可行呢?这份材料包括一份《神经症的特性》的研究和31份作为"附件"的单独出版物。记录显示这些材料在1912年7月17日被签收,随后两年杳无音讯。直到1914年4月,这些材料才被筛选出来,并转交给阿德勒申请的学科——精神病学——对应的一位教授进行审查。他就是朱利叶斯·冯·瓦格纳-尧雷格(Julius von Wagner-Jauregg),他于1915年1月13日写下长达12页的专家审查报告,其中的评价相当具有破坏性。

他在报告第一页的第三段中就强调,"阿德勒的申请"与其他类似的申请"在根本要点上"有所不同。其他授课资格申请都是关于严格的临床项目,但阿德勒提交的几乎都是"对疾病和疾病症状的解释",并且其研究方法不严肃,是"推测性的"。关于阿德勒脱离弗洛伊德的精神分析学派,瓦格纳-尧雷格说:阿德勒尽管没有忠实于弗洛伊德的学说，但忠实于弗洛伊德的方法。然后，瓦格纳-尧雷格用他闻名的尖锐讽刺进一步说道："这是该学派[1]的信徒第一次申请讲师职位，因此，全体教授有必要更深入地考虑以下问题：该学派的这位代表所要教授的内容，在维也纳大学医学院内进行教学，是否值得。"这位大学教授接下来对阿德勒的器官自卑理论进行了剖析，他以居高临下的语气报告了理论的前后关联，认为其中的思路过时且缺乏科学性。他说得越多，这份评价就越有破坏力。他还在中间部分说，阿德勒成功地把"原本合理的想法用无限制的概括"转变成了"不合理"。

随后，他将矛头指向阿德勒的《神经症的特性》。瓦格纳-尧雷格用大胆的笔触描写了阿德勒的神经症概念，并提出疑问：证据在何处，对材料的观察在何处？他认为阿德勒书中第二部分的疾病史充满诡辩，并不是通过事实去支持理论，而是通过对事实的解释。最终，瓦格纳-尧雷格的审查以带着敌意的表述结束："尽管阿德勒非常坚决地反对弗洛伊德在神经症理论中附加关于性的论断，但实际上，在他的说明与解释中，性扮演着重要的角色，和性对弗洛伊德来说一样。为了尽可能地给一切加上性的背景，阿德勒使用了广泛的象征主义，这丝毫不逊色于弗洛伊德怪诞的性象征主义。"

瓦格纳-尧雷格总结道：必须提出这样一个问题，"阿德勒在

---

1 指个体心理学。——译者注

他的文章中提供的东西，是否属于自然科学的范畴"。他在研究中采用的基本方式是直觉，直觉在所谓的个体心理学中发挥了极其危险的重要作用。在瓦格纳-尧雷格看来，一个事实总是以一种关联建立起来的；而作者把信念作为他结论正确性的唯一证明，强加给读者。瓦格纳-尧雷格的表述甚至从讽刺提升到批判，他说，非常遗憾的是，至今还没有"神经症患者"遵照阿德勒的心理学说，简而言之：医学博士阿尔弗雷德·阿德勒先生的文章并不是完全得不到认可，但他，瓦格纳-尧雷格，奉劝人们"绝对不允许"在院校中教授这样缺乏科学性的"幻想产物"。1915年2月17日，25位教授组成的委员会遵从瓦格纳-尧雷格的评判，一致断然拒绝了阿德勒的申请，并在两周后退回所有材料。申请的被拒绝和评审的犀利言辞伤害了阿德勒，他因此多年来对医学机构怀恨在心。

1915年秋，维也纳城中一共有13.7万名战争难民，其中包括1.109万名来自前线作战区加利西亚的贫困犹太人。维也纳的城市人口上涨到220多万，生活物资和取暖材料更加短缺。帝国陆军总参谋部直到1914年才预计会有战争，但军方的战略规划没有设想长期的冲突，因此没有对原材料和食品做出准备措施。哈布斯堡王朝自认为完全可以自给自足，所以国家方面也没有对生活必需品进行管控，更没有宣传节约。由于大规模动员参军，几乎所有工厂都缺少20~35岁的男性，产量因此下降；在军方指挥部的要求下，民用货物的铁路运输不得不退居次位。内政冲突爆发，匈牙利拒绝降低粮食关税，但奥地利各省1915年的粮食产量比1914年（已经产量低下）还减少了一半；而匈牙利在1916年还能达到年平均产量的七成。奥地利政府终于拖拖拉拉地开始配给物资。1915年4月，面包票和面粉票开始发放。1915年12月27日起，禁止咖啡馆在下午供应的咖啡中添加牛奶。食品零售商和牛奶零售商因撇取乳脂和往牛奶里掺水，受到严厉的惩罚。尽管政府推进消费者协会和公共厨房的成立，并推进小花园运动[1]，但这些措施并不足以平衡不断上涨的物价，也无法禁止哄抬物价和投机行为。

阿德勒注意到了战争和越来越艰难的生活条件造成的后果：忽视儿童和教育问题——这也是许多单亲母亲眼下面临的问题。在维也纳人民之家——位于如今的维也纳奥塔克林的鲁多·哈特曼广场的奥地利最大的成人教育中心，阿德勒在1915—1916年冬季学期及下一个学期开设了关于"实用教育问题"的研讨课和"教育学实操"课程。1915年11月，他被调任到维也纳第三区的鲁道夫医院；1915—1916年，阿德勒也许还在维也纳西梅林地区的第六战备医院工作过，这家可容纳4500名患者的医院坐落在如今由哈森莱腾巷、铁路东路和运河路组成的三角地带。

1915年，阿德勒只重新发表了一篇写于1914年的文章，1916年才在杂志《女性研究和优生学档案》（*Archiv für Frauenkunde*

---

[1] 小花园运动起源于19世纪的德国，旨在通过建造花园来减轻苦难，回归生活。"一战"之后该运动尤受推崇，最终于1919年由国民议会通过成为法律，是现今的联邦小公园法的前身。——译者注

und Eugenik）上发表全新的文章，内容涉及社会性别比例失调和他对此的观察，文章题为《女性作为教育者》（*Die Frau als Erzieherin*），是对当时教育问题的分析。在战争的第二年，"几乎整个欧洲"的儿童教育工作都落在母亲肩上，男性因为身在战场而缺席。阿德勒说，把出于天性而教育无能的看法强加给母亲，是大错特错——真正的过错在于父权制（家长制），在于"当代文化中男性的优势"。即便父亲缺席，他还是在场的，他的影响无处不在，孩子追求他的关注和赞扬。因此，谈论"女性教育是否有价值"是百害无利的。女性接受相对应的教育，这并不由她们决定，而是体制导致她们被迫接受这些过时的偏见。这些偏见涵盖了被迫接受过分要求和缺乏独立性，以及通过严格和严厉进行的过度补偿。两者都是糟糕的教育，第一种方式的结果是固执和抵抗，第二种是怯懦、胆小、沮丧，两者都不能达到阿德勒期望的结果："教育意味着做到符合社会共同生活的要求。"更加引人注目的是文章结尾处关于性别平等的表述："认为自己有用的人将成为大师，无论男女。"比起儿童的状况，阿德勒在这里更关注的是教育者的教育问题。他借此着手研究自己在战前就很感兴趣的主题。

1916年11月，皇帝弗朗茨·约瑟夫一世驾崩，在位68年。马内斯·施佩贝尔在他的回忆录中描述了当时10岁的他如何听到他虔诚的父亲在哭泣："他将经文护符匣[1]缠绕在一条手臂上,他的祈祷一直断断续续。"少年很震惊,父亲向他解释道:"他的离世意味着奥地利的终结。他对我们来说是个好皇帝,但现在一切都是未知。对我们犹太人来说,这是很大的不幸!"弗朗茨一世的继任者卡尔一世于1916年12月底在布达佩斯的圣马加什教堂加冕为匈牙利国王,称为卡洛西四世。这位年轻的王位争夺者意识到帝国的分裂,想要发起新的倡议。他允许媒体拍摄加冕仪式,但是禁止使用赛璐珞表现出帝国存在的问题。摄像机和很多聚光灯需要大量电力,以至于这一天布达佩斯的公共设施只能勉强维持稳定的电力供应。匈牙利国家剧院院长放在教堂祭坛上方的一块玻璃板一直被灯光照射,最终因为持续高温而碎裂。厚重的玻璃像断头台的铡刀一样砸向祭坛。

1916—1917年的冬天多雪且异常寒冷,年长者都不记得曾经历过这样冰冷的冬天。行人不得不在比人还高的雪堆中开路;有轨电车停止运营;许多出租公寓里,寒冷导致水管爆裂。星期天时,不仅只有穷人去维也纳森林收集取暖用的木材。整座城市安静得不太寻常,钟声不再响起,因为大部分的钟被教区移交给军队,熔化后制成大炮。街巷中传来清脆声响,因为人们的鞋底不再用皮革,而是用木头制造。即便在内城,也能看到譬如城市供电所、大型银行和各部门的外墙变成了褐色,从叙利亚进口的劣质褐煤的煤灰沉

---

[1] 经文护符匣是犹太教晨祷时穿戴的一组黑色小皮匣,内部装有写着摩西五经章节的羊皮纸,其中一个绑于上臂,另一个绑在前额。——译者注

积在装饰物上。

卡尔一世调换了军队领导层，取消审查制度，宣布大赦，重新召开帝国议会，并向匈牙利人承诺进行选举改革。但设想中减轻负担的举措，却产生了相反的效果，奥匈帝国解体的势头已无法遏制，每一次让步都会引发新的要求——想要更多。妥协的意愿烟消云散，不妥协像饥饿感一样在增长。困境刺激着一些激进的提议，比如炸毁部分国土。一个南斯拉夫俱乐部成立，大肆宣扬独立；还有人成立了捷克联盟，宣扬捷克人和斯洛伐克人的自治。

战争给医学界带来的完全是另一种形式的动力，即"战争医学化"。战争医学化早在19世纪中期的克里米亚战争和美国南北战争中就已经开始了，几年后，军事精神病学在德国兴起。1870—1871年普法战争之后，德国军方想把征兵、体检、医疗和健康预防以及精神病学的惩罚手段客观化。健康和恢复成为军事资源，精神病学被培养为"完善军事力量"的手段。反过来说，军事部门为精神病学家提供了进行一系列实验的实操可能。所有军事行动获得成功的声誉都会影响到精神病学，进而提高其名声，精神病学因此成为"主导的科学"。类似的事情也发生在法律辩论中，特别是刑法和犯罪人类学。现在，到处都需要精神病学专家的专业鉴定；保险行业也开始应用心理学知识。如此，专业化和社会认可度齐头并进，让医学成为关键科学，存在于各级机关和机构中。

第一次世界大战和大规模军事动员给欧洲带来了一种新的战

争模式，即持续数周、数月乃至数年的持久战。使用的武器比以往更具破坏性：榴弹炮、机关枪、火焰喷射器、铁丝网和毒气。只拥有过木质套鞋或者乘坐马车上学的那一代人，觉得自己"处于由破坏性的气流和爆炸组成的磁场中"，致命的大型车辆和坦克正向他们驶来。正如神经学家罗伯特·高普（Robert Gaupp）于1915年所说，这种"强烈的惊恐"带来的"不是身体上的伤害；通常来说，看到死去的战友时精神上的震惊，就足以造成惊恐"——战友的尸身被撕成了碎片，士兵即使幸存下来，也不乏重伤者；第一次出现大量被毁容的年轻男人。新的战争是一场技术上的战争，是一场工业化的战争，更是一场消极的战争，西线的士兵们必须学习全新的自律技术和自我控制技术，他们需要健康的神经系统，才能变异为运转正常的机器。医生必须治疗新的神经疾病：身体麻痹、全身抽搐或脸部抽搐、不停颤抖、说胡话和昏迷、歇斯底里的精神崩溃、因逃避而失语或神经性失明。战争神经症、战争歇斯底里症和神经性休克成为新的术语。

1916年9月底，索姆河"地狱之战"进入最后阶段，50个师进行战斗，同时，一场战争精神病学专家会议在远离前线的慕尼黑举行。会议对战争神经症的诊断统一为：根据意愿而出现的症状，以及至少在一定程度上无意识地（否则是不服从命令和擅离职守）用疾病来逃避。政治、种族主义和优生学也被加入这段既往病史中，专家认为其诱因有不利的遗传因素、内心对兵役的抵触和精神不稳定，温和治疗不再被列入考虑。在英国，歇斯底里症成为士兵上军事法庭的理由。总之,这是一种由"自卑感"和缺乏为祖国和家园牺牲的意志而导致的症状。主流医学视战争神经症为缺乏集体感和阴险的,为了让士兵重获"意志力",恢复精神状态和被误导的想法,人们设计出一些治疗方法,让前线作战显得无害,例如通过电击和语言暗示治疗,让"意志重新变得平稳正直"。阿德勒在1918年1月发表于专业杂志上的一篇文章称,这些治疗是在"歪曲自我意志"。他所指的治疗包括单独禁闭、虚假手术、持续浸浴和电击治疗。奥托·穆克(Otto Muck)的喉部疗法尤其残忍:他将一颗金属球放入功能性失语的士兵的咽喉,对窒息的恐惧可以重新激活语言系统。这些所谓的治疗已经越界,成为酷刑,战争持续越久,这些治疗的成功率就越低。1918年,接受治疗者中适合再次前往前线作战的人的占比极低。

战时紧急状态形成的对疾病的管理,是一种"人类经济学",因为战争期间身体健康且能战愿战的士兵是稀缺资源。为了"服务于军事利益而形成的社会纪律",道德问题退居次位。为了战争而征用心理学,表明了军事机构对心理学的接受和对精神分析理论的接受。在战争结束前夕,精神分析理论在心理学市场上取得了垄断地位,所以,军官被邀请参加1918年于布达佩斯举办的国际精神分析学大会并不是偶然。弗洛伊德学派的卡尔·亚伯拉罕和桑多尔·费伦齐发表了演讲,他们两个都曾治疗过战争神经症患者。战争神经症治疗吸收了催眠和暗示,这加强了弗洛伊德学说的说服力,因为催眠和暗示曾是弗洛伊德得出他的理论的方法。虽然精神分析早已不再局限于自由联想法，但它还是能够决定性地展示这一初始基石，让自己被军事精神病学承认。

1916年11月，阿德勒被派遣到位于克拉科夫[1]的第15驻军医院，这非常不寻常，很有可能是因为一名军官的干预。没有军衔的医生被调到战区很罕见。具体来说，与阿德勒保持联系的是一位久病的病人，她的女儿嫁给了一位上校。在克拉科夫，阿德勒在军事医学协会当着卫生局长和要塞指挥官的面，做了一次关于"使用强电流"治疗功能性神经症的讲座，至少在鲁道夫医院是这样使用强电流实践的。1916年和1917年之交，对电力、户外照明以及旅店和商业场所的营业时间的严格限制开始生效，那个冬天特别寒冷，学校、剧院和电影院都被迫关闭，正是这个时候，阿德勒被派往布尔诺的后备医院。1917年2月和3月，他可能回过克拉科夫，因为这一时期一张拍摄于克拉科夫的照片显示，他作为神经科室的医生与总参谋部的军官在一起。

1917年，阿尔弗雷德·阿德勒从布尔诺回到维也纳，在位于格林津大道和达林格巷的格林津帝国军事医院工作。这所医院有许多独立的棚房，是针对头部受伤者的康复机构。阿德勒大概是作为一名神经症专家被聘用，他曾在1915年夏天说到自己在这方面的研究——"我一天的大部分时间在研究神经损伤中度过"。他也讲

---

1 波兰第二大城市。——译者注

课，此外还被聘请为评估病人恢复状况的监察员。他把任务完成得"十分令人满意"。现在，他终于可以重新联系在维也纳和在国外的朋友了。诗人、评论员和外文诗歌译者阿尔贝特·埃伦施泰因（Albert Ehrenstein）在经柏林来到苏黎世之前，曾在维也纳战争新闻总部工作过一段时间，与阿德勒相识已有数年。1911年初，他在阿德勒处接受治疗；1914年左右，阿德勒让他担任个体心理学协会的秘书。埃伦施泰因就此从他的"流放地"苏黎世迈出了第一步。

1917年春，温泉小镇巴登的剧场里上演了《斯坦布尔的玫瑰》（Die Rose von Stambul），这是一部成功的小型歌剧，其中的二重唱《快，喊我施努基》尤其令观众着迷。但卡尔·克劳斯不这么觉得，作为反战者，他正在写他的大型戏剧《人类末日》（Die Letzten Tage der Menschheit），并在他的杂志《火炬》（Die Fackel）上讽刺这首关于施努基的二重唱。他大吐苦水："没错，当晚有50人失明，100人变瘫——这众所周知。但当有人想让她对自己喊施努基，他明确要求，她没有拒绝，一切都在等着他们马上开始跳舞，但他们并没有跳舞——不，这时人们必须说：就为了这个他们打了3年的世界大战？""蠢笨的歌剧"作为大众麻醉剂也引起了其他人的注意。

1917年11月9日，俄国布尔什维克在彼得格勒和莫斯科取得政权的消息在维也纳传开。但奥地利资产阶级报刊上，两周前开始的大攻势即第12次伊松佐河战役[1]占据了更大的版面，其中引人入胜地描写了德奥联军如何炸毁那条被认为不可逾越的敌人防线，并向皮亚韦河行进。但是，"科巴里德奇迹"并不是基于"奇迹"，而是基于一种神奇的武器——毒气弹，这在前11次伊松佐河战役没有投入使用。第一天，它就造成约4万人死亡。

1918年1月起，君主制下的"不满情绪逐渐政治化"不容忽视，罢工爆发。在奥匈帝国伊斯特拉半岛主要的海军基地普拉，海军士兵发生了哗变；由于成立了工人委员会，布尔什维克的"幽灵"逐渐传播开来。不过，对社会关系的批判首先是由配给状况点燃的：分配量不断缩水，货币持续贬值。如果说1916年工人的平均收入比1914年降低了38%，这就意味着从1914年到1918年初，生活开支上升了1400%。1918年1月15日，政府再次减少每日面粉分配量。当这个消息在位于奥地利的工业中心、维也纳新城的戴姆勒工厂传开的时候，1万名工人进行了罢工，示威者要求撤销"饥饿令"，准许成立工人委员会。罢工者中有受到俄国布尔什维克主义感化的前战俘，警方最担心他们提出成立工人委员会的要求。1918年4月，布拉格的面包配给减半；巴黎在整个战争期间只分配糖。

1918年1月8日，时任美国总统伍德罗·威尔逊（Woodrow Wilson）提出了十四点原则，由此单方面定义了谈判的范围，且由

---

[1] 指1915年6月至1917年11月的伊松佐河战役的最后一次，发生在第一次世界大战意大利战线东方的伊松佐河附近，主要是意大利王国和奥匈帝国交战的地方。又称卡波雷托战役。——译者注

于这是外交措辞而引起了许多不同的解读。英法放弃了将奥匈帝国作为中欧和中东欧的稳定器的想法，巴黎在同年4月拒绝了维也纳方面的单独媾和请求。

一年前的1917年3月，阿德勒到瑞士旅行。阿尔贝特·埃伦施泰因安排他和其他奥地利人一起在霍廷根读书会上发言。成立于1882年的霍廷根读书会，直到1918年左右都是苏黎世文学晚会的重要场所，早年邀请过著名诗人如路伊吉·皮兰德娄（Luigi Pirandello）、保罗·瓦勒里（Paul Valéry）、托马斯·曼、胡戈·冯·霍夫曼斯塔尔。阿德勒就俄罗斯小说家费奥多尔·陀思妥耶夫斯基发表了演讲，这是他和拉伊莎最喜欢的作家。阿德勒还在瑞士再次见到了那些信奉和平主义的老朋友。

"当后方逐渐瓦解"，人们也就对哈布斯堡王朝失去信心。君主制崩塌，信誉全失，越来越多的民众指责国家的失败。事实证明，帝国没有能力养活自己的人民，他们的牺牲毫无意义。内部团结被侵蚀，国家存在的理由正在消失。1918年6月13日，奥匈帝国的军队在多洛米蒂山脉和亚得里亚海之间发动了最后一次大型进攻。两天后，攻势减弱。两周之后，奥匈帝国对协约国来说已是不重要的敌人。

《苏黎世国际评论报》（*Zücher Internationale Rundschau*）的7月刊发表的一篇文章表达了对战争神经症的报复。阿德勒隐藏在"A.A."这个缩写名下，剖析了过去几年的体系："他们可以下台了。世界大战最深的秘密在于：大多数人几乎坚定地、热情地相信在军事条例的强迫下维持的东西。为了不屈服于身为人类的无力感，他们把神性纳入意志。他们得到了惩罚——他们没有能力告诉我们新的事物，他们能告诉的只有军事条例可以告诉我们的东西。因此，他们该下台了。"阿德勒厌倦了战争，成为反战人士及和平主义者，这样的信念成为他对人性和人与人之间关系的信条。

1918年9月14日，卡尔一世提出了单方面的和平倡议，无果。协约国答复道：德意志帝国必须先投降，然后他们才与奥匈帝国谈判。同年10月中旬，卡尔颁布了他的"人民宣言"：奥匈帝国应该作为一个自由国家的联邦继续存在。但这份宣言来得太晚了。宣言说哈布斯堡王朝的人民可以走自己的路，但9月中旬巴尔干战线已全面瓦解，逃兵的数量增加，哈布斯堡王朝根本无力抵挡英、法、意于10月24日发起的进攻。前线漏洞百出，逐步瓦解。奥匈帝国代表团被派往南蒂罗尔，就停战的可能性进行谈判。9月1日晚，这个小型委员会在帕多瓦收到了协约国最高战争委员会的要求清单，主要条件是无条件投降。10月6日，73名南斯拉夫议员在萨格勒布成立了国民议会，该议会由斯洛文尼亚人、克罗地亚人和塞尔维亚人组成。10月16日，托马斯·马萨里克（Tomas Mašaryk）在华盛顿宣布成立捷克斯洛伐克共和国，法国立刻表示承认。

一周前，"德意志奥地利共和国临时国民议会"在维也纳召开会议。这次会议确立了由20位议员组成的执行委员会，以承担政府的责任。"虽然卡尔一世没有退位——官方上来说他从未退位——但这实际上意味着旧政权的终结"。鉴于这些进展，国防部于10月28日对军方和国民议会之间"为了维持和平与秩序，为了给军队供给"而达成的合作表示了祝福。10月30日，内城发生示威活动。当奥地利和匈牙利的联盟解散时，帝国"除了回忆，什么都没有"留下。11月2日来临前的半小时，一位将军代表卡尔一世接受了所有条款并同意停战。第二天下午3点，停战协议签署完毕。24小时之后，战争暂时停止了。

1918—1919年在维也纳和奥地利的革命

所有革命要素和所有对人性的凌辱，在别处声势浩大，在我们这也小规模地发生。
我们拥有绝对暴政，有不负责任的部门，有官僚主义，有审查制度……所以我们也必须有革命，有宪法，最终拥有自由。

——约翰·内斯特罗伊

位于维也纳内城赫伦巷的下奥地利州土地大厦是一座雄伟的建筑。就是这座中央咖啡馆斜对面的建筑里，1918年10月，奥地利帝国委员会的德国成员聚集在一起，共同争论奥地利的未来。他们提出两个方案：成为松散的联邦，或者并入德国。第二个方案对捷克人、匈牙利人、罗马尼亚人、波兰人和南部斯拉夫人来说不仅仅只潜藏着威胁。这次会面被称为临时国民议会，帝国委员会图书馆馆长卡尔·伦纳（Karl Renner）被任命为临时国家总理，他在9天内起草了一部新的宪法，并获得通过，但主要问题仍未得到解答：新的国家体制该是怎样的？共和制还是君主制？独立自主，还是成为一个还未成形的整体的一部分？

同年11月1日，在离环城大道不远的德意志纪念碑脚下，一支由退伍军人组成的护卫队"红色卫士"成立了。大家推选前中尉兼记者埃贡·艾尔温·基希（Egon Erwin Kisch）作为指挥官，他曾在战地新闻营服役。"红色卫士"搬入了一个战略位置十分有利的中央场所，即位于市中心的施蒂福特凯瑟纳楼。社会主义队伍扛着红色的旗帜，在《马赛曲》中行进。不过没过几天，大家的热情就开始消退。这个月的12日约有700名"红色卫士"受基希领导，但这一数字很快减半。同样在11月1日，维也纳士兵委员会在维也纳公路上成立。2000名身着士兵制服的人聚集在一家大型旅店的巨大厅堂里，另有1000人在屋外。抗议游行从守卫森严的国防部开始，一直到罗绍尔军营，人群和骑马的持枪警察在那里发生了冲突。

哈布斯堡王朝国被整肃，自1889年来一直在维也纳大学担任教授的温和保守派宪法学家和国际法学家海因里希·拉马什（Heinrich Lammasch）被任命为奥匈帝国最后的总理和行政长官。拉马什是一名公证人的儿子，他将会在13个月的时间里见证帝国的解体。这位曾经幻想把奥匈帝国作为欧洲缓冲国的和平主义者的葬礼，于1920年1月举行，有6位宾客出席，其中一位是斯蒂芬·茨威格。

"奥地利新的国家制度从一开始就是个错误。"1918年10月21日，这个错误开始了，人们错误地预设这个未来的国家不会是个小国家。德意志奥地利共和国宣布对德意志波希米亚、德意志南波希米亚、德意志南摩拉维亚、苏台德地区以及德语孤立语地区布尔诺、奥洛穆茨和伊格劳拥有主权。总的来说，这是一片尽管毫无联系却值得尊敬的土地，从帝国解体的其他民族因为经济原因也无法避免与其合作。10月30日，内城发生了示威活动；第二天晚上，2000名参与者呐喊"给政治犯自由"以及"给弗里德里希·阿德勒（Friedrich Adler）自由"。2000名共产主义者在夜色中行进到罗绍尔军营，试图冲进这个堡垒般的大型建筑群。他们失败了。一天后，维也纳警察局局长的得力助手、警察局官员弗兰茨·布兰德尔（Franz Brandl）在日记中记录了接连不断的案情。卡尔一世在没有任何强有力的工具可以使用的情况下，挣扎着接受了抗议者的要求。11月6日，曾在1916年枪杀首相施蒂尔克伯爵（Graf Stürgkh）的弗里德里希·阿德勒被赦免。这虽然安抚了激进分子——3天前成立的奥地利共产党——但并没有起到决定性作用。卡尔一世犹豫了，11月11日，他宣布不会参加未来政府的任何组织。他解散了拉马什内阁，并神不知鬼不觉地逃到位于维也纳东部马希费尔德的埃克萨索城堡。在这里，他于11月13日签署协议放弃匈牙利。

一天之前的11月12日，星期二，雨。一条长长的队伍沿着环城大道延伸。人们想去议会见证共和国成立的宣告。受国务院的委托，电影制片厂派出了一个摄影小组，笨重的仪器的镜头扫过穿制服的男人和戴着帽子或头巾的女人，扫过穿着破旧常服的工人和普通雇员，扫过挤在议会坡道上"社会主义共和国万岁"横幅前的欢呼者，扫过扛着步枪前进的"红色卫士"，最终对准了一个人。这个人穿着士兵的大衣，头戴毛皮帽，爬到议会坡道两端其中一个高大的驯马师纪念碑上，以骄傲的姿态站在约瑟夫·拉克斯（Josef Lax）制作的青铜雕像前。他把左臂倚在马首上，俯视激奋的人们。这大概是战争结束不久后的第一个标志性图景，驯马师代表着对激情的遏制和驯化，代表着人力战胜原始野性自然的力量。据亲历者弗兰茨·布兰德尔记述，这场游行实际是失败了，它在喧闹中开场，在群体恐慌中结束。沉重的百叶窗落下的声音被误认为是枪击声，于是有人开枪"回击"，人群飞奔着散开，一些人受伤，国家总理府新闻部门社会民主党的负责人失去了一只眼睛。阿图尔·施尼茨勒在日记中指出："一个具有世界历史意义的日子过去了。短期内看，这天并没有那么盛大。"

共和国宣布成立之后，"红色卫士"立刻占领了《新自由报》编辑部，基希用3天时间制作了特刊。社会民主党的领导层最担心的就是内战，他们看待追随者要比基希和他的同志们对追随者的看法更加清醒。社会民主党的领导层正在苦苦思索政治上可行的未来战略，但基希称他们思考的战略的本质是安抚和拖延，是他们维持和确保权力的手段。

胡戈·冯·霍夫曼斯塔尔在11月26日给他的朋友奥托妮·格拉菲·德根菲尔德（Ottonie Gräin Degenfeld）写信，描述了这些日子的另一面。那是艰苦的日常生活。"您在10月26日写信给我，那正好是一个月前的今天。您的信到的时候，维也纳每周有2800人死于（西班牙）流感，7个人中有4个躺在床上；而且，本地区不断响起抢劫警报和枪声,一次在布尔诺,一次在利辛;周围有成千上万饥饿的战俘,小村庄里有数百名逃跑的罪犯。……到处都是挨饿,受冻,威胁,但同时又有许多令人惊讶的善意,否则也许会发生更糟糕的事情。……未来极其不确定,如果你能活下来,能得到食物,不用在黑暗冰冷的房子里摸索,那么你就仿佛一切过去后身处天堂,并变得更加智慧。"

就在前一天,阿德勒给住在瑞士库尔的一位与他相识的画家兼医生的妻子写信:"亲爱的希茨-巴伊(Hitz-Bay)夫人!政治环境迫使我推迟了讲课和旅行。尽管我知道个体心理学有责任在当下提出一个强有力的词,但我希望这个新词首先在维也纳发表。"阿德勒通过相隔几个月的两次文章发表,做到了这一点。

阿德勒对维也纳街上的革命的反应,直接体现在《布尔什维克主义与心理学》(*Bolschewismus und Seelenkunde*)一文中。这篇文章发表过两次,一次在维也纳和平主义周刊《和平》(*Der Friede*)的12月刊上,该周刊的文学栏目由阿尔弗雷德·波尔加(Alfred Polgar)编辑。另一次是稍短的版本,新年前夕发表在瑞士《苏黎世国际评论报》第15—16期,这篇文章是关于当时局势的众多表态之一。当时,号召、小册子、谩骂声、简短宣言、关于超越时间和末世的幻想大量流传,"革命"一词在战争结束后的最初几个星期内涵盖了人类所有情绪,摇摆在战败的文明和改善世界的希望之间。

阿德勒选择的两个发表机构都是明智的。《和平》宣扬"文化思想的连续性",而《苏黎世国际评论报》把中立与民族间的理解与和解作为口号。在瑞士,阿德勒通过埃伦施泰因接触到了两位著名的反战者——法国小说家亨利·巴比塞(Henri Barbusse)和罗曼·罗兰(Roman Rolland)。

《布尔什维克主义与心理学》以修辞学的手法吹响开篇的号角:"我们放弃了对其他民族的统治,看着捷克人、南斯拉夫人、匈牙利人、波兰人、鲁塞尼亚人(罗马尼亚人)在他们的国家权力中变强,并觉醒崭新独立的生活,我们也没有嫉妒和恶意。"紧接着,阿德勒提到"人为激发的对协约国同胞的旧仇恨"也消失了,但事实上是否如此,值得怀疑。他用复数形式来陈述观点,文中出现两次"我们德国人",一次"我们的民族"。在阿德勒看来,新的时代是一种突破——"我们多年来一直自我迷恋,现在清醒过来"。第一段纲领性段落的结尾,是采用了反向修辞的意义升华,以断奏形式叙述,而且用斜体强调:"我们处于权力顶峰时最可怜!争夺统治权是危险的假象,它危害人类的共同生活!要建立群体,必须放弃追权逐利。"阿德勒明确了一组对立面——权力和群体,他认为两者互不相容。所有社会法律行为都是权力欲望的受害者,共同生活及社会互助的"真理和必要性",总是在不同的文化、时代和组织体系中持续被"权力欲望的非自然性"中和。"权力文化"是对群体感的致命剥削。

1918—1919年那个冬天的标志,是竞选和短缺问题。人们几乎没有任何用于取暖的煤炭。1919年2月6日,林茨发生骚乱:不受控制的无政府状态、类似德国发生过的血腥内战——这是噩梦，特别是对社会民主党的职能部门来说。前帝国退伍军人、前帝国官员和政府部门官员必须没有摩擦地与新政府职员共同工作，他们的办公室往往互相挨着。别的事情也该组织起来：士兵卸下武器后返回家乡；"红色卫士"被社会民主党的战斗组织"人民军"吸纳并中和。

1919年，拉伊莎·阿德勒加入德意志奥地利共产党（KPDÖ）。德意志奥地利共产党是欧洲最早的共产党组织之一，1918年11月3日由包括两名俄罗斯密使在内的少数几人在维也纳的法沃里滕区成立。但德意志奥地利共产党有一个先天缺陷——它与工人阶级没有任何联系。1919年2月，该党已有3000名成员，3月时增长到1万名。关于1919年3月上旬在莫斯科召开的共产国际第一次代表大会，托洛茨基写道，所有人都希望"工人和一部分农民群体的冲锋"即将开始，并"在不久的将来推翻资产阶级"。这也是奥地利共产党人的希望。1919年3月，"一战"后欧洲革命的大坝呈现决堤之势。匈牙利在共产党人成功政变后宣布成立苏维埃共和国，慕尼黑紧随其后，革命队伍的领导者是知识分子和和平主义者，也有职业革命家。但伊萨尔河畔的巴伐利亚苏维埃共和国于1919年6月被摧毁；布达佩斯的匈牙利苏维埃共和国结束于7月30日，这个国家直到冬天都被血色萦绕。因此在春季到来时，奥地利就发现自己处于即将到来的威胁中。社会民主党领导层急切地试图阻止工人委员会和士兵委员会的接管，他们认为，无产阶级专政只有在维也纳和工业发达的下奥地利才有可能。其次，协约国在奥匈帝国原有的制度被推翻后立刻对其实施封锁，也许将挑起新的军事行动，可能是入侵，可能是营救。最后，由于德奥的经济完全依赖外国，因此只有当革命的工人阶级在德国或协约国取得俄国十月革命那样的胜利时，革命才有可能在这里发生。真正的革命动力在别处：奥地利的社会民主党领导层对革命抱有全面怀疑，也许在经济更有利的条件下，他们会将革命的冲动减弱到改革。社会民主党人特别憎恨工人委员会和士兵委员会，因为他们是权力和控制的竞争者。

拉伊莎·阿德勒是坚定的托洛茨基主义者。她发现自己被卷入爆发的派系斗争之中，这种斗争在德意志奥地利共产党内部已持续多年，而该党在全国选举中的得票率从未超过1%。该党在1919年1月31日发起的抗议游行中与警察发生严重冲突和打斗；4月，该党进行了第一次共产主义起义的尝试，但被扼杀了；6月又进行了第二次"共产主义暴动"。到了1919年下半年，加入共产党的吸引力渐渐消退，一部分是因为大联合政府迅速推进了社会立法。这一年春天，赞同革命和欢迎为革命努力的阿尔弗雷德·阿德勒被增选为内城区工人委员会成员。在这个短暂停留的圈子里，他遇到了年轻的医学生鲁道夫·德瑞克斯（Rudolf Dreikurs），德瑞克斯是社会主义学生运动的正式成员，主张学生也应该在工人委员会有一席之地。

1919年3月12日，制宪国民议会宣布德意志奥地利共和国为德意志共和国[1]的一部分,早在2月6日,魏玛共和国总统弗里德里希·艾伯特(Friedrich Ebert,社会民主党)就在魏玛的国民议会开幕式上呼吁吞并奥地利。德国历史学家兴奋地接受了"大德意志帝国"的想法。3月24日,卡尔一世和他的妻子齐塔及7个孩子被流放,先到了瑞士,随后去了马德拉岛。在那里,这位奥匈帝国的末代皇帝于1922年4月1日逝世,时年不足35岁。齐塔多活了67年,再也没有踏上过奥地利的土地。[2]

奥地利经济圈的高层普遍持乐观态度——尽管是带着犹豫的乐观——因为他们仍然有很多可用的钱。奥匈帝国没有破产,银行集中在维也纳;计划的新国家的边境上,将有强大的工业、铁矿、木材,还有水利设施;随着从战时到和平时期的生产转换,现代化开始了;它和工业强大的波希米亚的关系非常坚固。可这一切想法都是错误的。

1918年10月末,皇帝的最后一位粮食国务大臣就指出,从中长期来看,这个国家是无法保证供给的,因为同盟国维持着封锁,来自国外的进口少得可怜,其他欧洲邻国也存在饥饿问题。与德国合并的想法破灭了——由于对管辖外的德语地区宣布所有权被拒绝,所以国家未来的名称需要被重新讨论。此外,人们还讨论了获得作为中欧缓冲区的中立地位的可能性。在巴黎的圣日耳曼,人们

---

1 即历史上的魏玛共和国,1918—1933年采用共和宪政政体。——译者注

2 此处可能为作者笔误,齐塔曾在1981年重返维也纳。——编者注

正在考虑与奥地利签订和平条约的事项。

1919年4月,阿德勒通过《另一面:对民族罪恶的大众心理研究》(*Die andere Seite. Eine massenpsychologische Studie über die Schuld des Volkes*)这本16页的小册子,第二次获得他在出版界的划时代地位。该文分多个维度展开。关于行动,他谈到向霍夫堡前进的脚步、换岗后卫兵的行进,以及心跳;关于音乐,他谈到奉承和庆祝退出历史舞台的皇室的歌曲,煽动年轻人和男人转入"战争模式"的歌曲;关于话语,他谈到成千上万的神职人员在讲坛上布道,宣扬"奴隶制"和"奴隶服从";关于政治,他谈到独立的结束,对职位、人际关系、机会的竞争和追求的结束。那么结果呢?结果是道德败坏:"对软弱的民族的这种训练持续了几十年,驯养出了他们的自我不安全感和对上级的服从。"在战争年代,一块"密不透风的布"盖在这个民族头上,他们被音乐煽动,被雇用的帮派恐吓,"透着痴傻又好争论的记者"把谎言吹到人们耳边;审查制度以恐吓、威胁和报复的方式完成了驯养的剩余阶段,言论自由成了馈赠,国家在张扬的自我主义中分解,每个人都根据自己的优势行动。阿德勒也没有把自己的职业排除在批评外,他批判医者心甘情愿地为军国主义服务。阿德勒说,许多人被"自大狂的暴怒所迷惑,误认为这是爱国主义和对战争的热情",对他们的病人施加非人道的折磨和拷问。他向那些发誓遵从希波克拉底誓言,却以鲁莽的方式将个人送回前线的"反叛者"开了特殊的一枪。

这是严厉的控诉。1916年左右起,"被煽动、被奴役、被卑劣对待的人民"除了消极抵抗,还能做什么呢?这个多民族帝国由于拖沓懒散、冷漠、缺乏集体感而崩溃。革命成功了吗?在被奴役4年半之后,人们似乎得到了纯粹的自由,松了口气,但实际上真是如此吗?对此,阿德勒在这本小册子中流畅地摆出了他的论证过程。他认为,一连串的走狗、折磨者、大发战争财的人、投机商人、战争歌颂者和教会的战争煽动者、虐待狂法官、医生和军官,都必须被追究责任。问责、赔偿、重建风气和文明、重获繁荣,是当下的需求。本来人们应该这样做的,但是因为这期间"协约国政府"(这也许是故意的误称)以"新的奴役"威胁,大多数士兵"只是自以为可耻的牺牲者"。"自以为可耻"用斜体强调,引人注目,这也是全文中唯一一处强调。阿德勒的回忆以及他对英雄主义和战斗意志的总结,直接地表达出了要从困境中创造美德、从忧郁中引导出自我保护和生存的本能。这种自我赋权给了人们力量,这种自我暗示可以被提升为荣誉,宣告个体是祖国的保卫者。从人类最深的屈辱中,人们通过"痉挛性尝试"产生了带缺陷的自主性和自我力量——这一点阿德勒早在1917年初给《苏黎世国际评论报》的一篇文章中就揭示了,文中他要求"总参谋部的上帝"辞职。他认为,那些被诱骗、被误导、被大肆屠杀、在后方挨饿的人是无辜的,因为他们不成熟,不知道方向,更没有领袖,可他们仍然因"自以为可耻"而缄默不语;那些"编造巨大事业"的人都应该被追责,向人民道歉;其他人都应该被宽恕。

这段相当尖锐的抨击性文章对和解发挥了作用。通过黑白分明的清算，阿德勒活跃在1918年12月刚刚开放的话语领域中。他在《自由战士：社会民主党士兵报》（*Der freie sddat Sozialdemokratische Soldatenzeitung*）上首次报道了残酷的"电容化"，即对战争神经症患者进行电击疗法，这些人被诊断为神经症患者，被关押在带有软垫的单间牢房中，由瓦格纳-尧雷格负责治疗。这位精神病学教授因此被送上法庭，但于1920年10月被判无罪释放。该案的其中一个专家证人是西格蒙德·弗洛伊德。

1919年5月4日开始重新选举维也纳行政长官，当下有选举权的人比以前更多。共和国对21岁以上的男性和女性赋予普遍、平等和直接的选举权。这次选举实行比例代表制，但只有略多于60%的合格选民参与了选举。社会民主工人党得到了基督教社会党两倍的选票，并赢得了150个议席中的100个。5月22日，亚克布·劳易曼（Jakob Reumann）当选为维也纳市第一位社会民主党派的市长。

1919年5月中旬，奥地利谈判代表团前往巴黎。但到达时，他们却被告知并不是谈判伙伴——这是第一道裂痕。6月2日，总理伦纳收到了一份条约草案，尽管其中一些内容已经提前泄露，但这份文件仍然引起了震惊。部分条约如下：领土将被严格限制；禁止与德国合并；必须支付战争赔款；战争罪责完全由奥匈帝国承担；将南蒂罗尔割让给意大利；缩减军队，取缔参谋部和空军；在克恩顿州和布尔根兰州的部分地区，人们将通过公民投票，决定是留在奥地利还是加入南斯拉夫或匈牙利。同年9月初，一共381条条约确定，伦纳有48小时来研究它们，并在国民议会上讨论。1919年9月

10日，他签署了和平条约，其中包括同盟国对奥地利与德国合并的否决。

一种"拒绝型神经症"快速传播，人们认为这个只有650万人口（之前有5200万）——其中15.5万战争伤残者——的国家，这个被饥饿、贫穷和大规模传染病（西班牙流感）冲击的微型国家，没有生存的能力，一切都要依赖他国。"奥地利的民族意识"不复存在。

但维也纳还是维也纳。人们"绝不放弃维也纳是一座世界级大都市的精神主张，绝不。维也纳人仍然对世上存在的一切事物抱有兴趣，仿佛这样做就能如他们所想的那样，对世界产生重要的影响，人们坚持维也纳很久之前就发展起来了特定倾向，特别是在音乐上"。生于1902年的哲学家卡尔·波普尔（Karl Popper）回忆道："当我回顾那一年（1919年）时，我惊讶于我的学识在很短的时间内丰富了起来，因为在这个时期我听说了爱因斯坦。爱因斯坦的革命对我今后几年的思想产生的影响是最重要的。1919年5月，两支英国探险队观测日食，成功验证了爱因斯坦的预测（即时空弯曲理论），新的引力理论因此突然变得重要。还有新的宇宙学，也许仅仅作为一种可能性，看起来更是对牛顿理论的真正改进，更接近真理。"

阿德勒与一家刚起步的出版公司的合作，也可以看作是更接近真理的改进。这家公司名为合作出版社，由《代蒙》（Daimon）杂志的作者一起成立。除了贡献很少的阿德勒和阿尔贝特·埃伦施泰因，还包括心理学家兼诗人雨果·弗洛因德·索南斯金（Hugo Sonnenschein），以及作家弗朗茨·韦尔弗（Franz Werfel）。出版社的办事处位于维也纳第十六区的奥塔克林大道114号，成立这家出版社是为了摆脱在紧急危机中挣扎的出版商的敷衍行为。埃伦施泰因在1920—1921年编辑了阿尔弗雷德·德布林（Alfred Döblins）的《同伴》（*Die Gefährten*），还出版了针对他宿敌卡尔·克劳斯的讽刺文章。1922年，莱比锡和维也纳的瓦尔德海姆出版社接手了系列丛书，只有埃伦施泰因的《致上帝的信》（*Briefe an Gott*）仍在合作出版社出版。

"红色维也纳",1920年后维也纳的心理学、教育改革和教育学

> 那一年是1919年,维也纳还是维也纳,
> 整个国家被我们称为堂吉诃德般的国度,
> 整个时代充斥着幻觉、幻想和梦境。
>
> ——梅莱霍·拉维奇(Melech Rawitsch)

战后,维也纳的生活非常糟糕,下面这样的报道并不少见:"冻死在圣史蒂芬广场(标题),昨天早上,一位老妇人在圣史蒂芬大教堂后面的一个公共电话亭里被发现,已无生命迹象。救援机构确认该妇人死亡。老妇人极有可能在电话亭寻求庇护并过夜,结果被冻死。据说她叫约瑟菲娜·施特拉塞尔(Josefine Straßer),是一名刺绣女工,居无定所。"

鲁道夫·斯泰尔巴(Rudolf Sterba)结束两年半的兵役后,于1919年回到维也纳,同年在首都开始学习医学。他后来生动地回忆起那个寒冬里没有暖气的讲堂:病理学院的解剖室里,尸体不再需

要冷藏；室内温度为0摄氏度；解剖学教授的演示进展艰难，因为他手上生了冻疮。后来成为精神分析学家的斯泰尔巴开玩笑说："从照片中可以看到弗洛伊德教授的沙发上铺的保暖毯，这条毯子我在他家总能看到，这是战后最初时期的遗留物。"

卡尔·波普尔比斯泰尔巴小4岁，1919—1920年冬天，他从父母家搬到维也纳北郊的格林津，住在"极其原始"的简易营地里，这个营地曾是一所战地医院的一部分。"第一次世界大战后非常艰苦的几年，对我和我的朋友们来说，是有趣又刺激的时期。不是说我们很高兴，我们中的大部分看不到未来的前景，也没有规划；我们生活的国家非常贫穷，持续受到内战的威胁，时不时公然爆发冲突；我们常常被打压，感到绝望、被排斥。但我们在精神上保持活力，我们在学习、进步。我们贪婪地吞食所有能找到的读物，并对此进行讨论，交换彼此的意见，学习、研究，试图将'麦粒'和'谷壳'分开。"波普尔继续说，"我有段时间在阿尔弗雷德·阿德勒的教育咨询中心工作——当然是无偿的，我做过几乎所有零工，但没什么收入。"年轻的波普尔认识了阿德勒一家。库尔特·阿德勒于1920年3月因为儿童娱乐项目被派往荷兰时，从鹿特丹写信询问母亲："我仍然没有收到卡尔·波普尔的任何消息，他在干什么？"60年后，阿历·阿德勒仍然记得与"卡利"一起登山旅行。

"德意志奥地利共和国"瘫痪了。新的国家领土仅占1914年哈布斯王朝面积的13%，约有600万人口生活在奥地利共和国，其中1/3在维也纳。这个拥有庞大臃肿的官僚机构的国家，在许多人看来是畸形产物：它与匈牙利的农业种植区隔绝，从波希米亚进口煤矿之事陷入停滞状态，由于缺乏取暖材料，工业和运输业处于停滞状态。维也纳受到的打击最为严重：失业率上升，通货膨胀加剧；个人煤炭配给量不足；结核病成普遍现象，儿童营养不良也很常见。1918年底，维也纳所有学龄儿童都接受了体检，结果是18.6万未成年人中有9.6万人严重营养不良，6.3万人营养不良，1.9万人轻微营养不良；只有6372名儿童被归为健康，仅占约3.5%。供给"几乎完全依靠胡佛的拨款"及海外援助项目，自己的"储备所剩无几"。赫伯特·胡佛（Herbert Hoover）时任美国救济署负责人，该部门从1919年初开始向奥地利运送食品。

傍晚时分的维也纳成了一座灰败、荒凉的城市，郊区的街道上人烟稀少。1918年12月初，有媒体报道，房屋管理员会在晚上8点早早锁上大门，公寓的房间里几乎没有灯光，没人还有点油灯用的煤油。1918年11月中旬，法沃里滕地区警察局出具的一份"情绪报告"指出："奥地利的巨大动乱在本地区毫无痕迹地过去了，人们谈论起这个话题的时候没有表现出任何情绪。昨天我们还属于君主制，今天就属于共和制。我们什么时候能有食物，才是最主要的。"

1919年2月16日，新议会选举产生。社会民主党赢得了72个席位，基督教社会党69个，德国民族主义团体26个，小党派3个。卡尔·伦纳成为国家总理，他组建起了一个大联盟。货币每小时都在贬值，当美国在1919年6月向奥地利政府要求预付粮食资金时，奥地利政府不得不将其持有的黄金和外汇储备转给意大利作为抵押。

维也纳的街道看起来是灰色的。大多数男人仍然穿着去掉军衔标志的灰色军服来来去去。战前豪华的商业街上，现在每三四个人中就有一个乞丐或因战争残疾的人——没有腿或胳膊，一瘸一拐，拄着拐杖行走。在环城大道那些只有外国人住得起的高级酒店周围，色情活动猖獗。古董、艺术品甚至整座城堡都以贱价易手。"维也纳式苦中作乐的幽默没有完全被扼杀，这让人们把环城大道大型酒店的鞋刮板上的'SALVE'（德语：你好）解释为'Schieber Aller Länder Vereinigt Euch'（各国投机商人联合起来）的缩写。"

1919年4月时，维也纳有13.1万人失业。从4月起，人均面粉配额和脂肪配额增加了一倍——这意味着这两种食物的配额都达到了1917年12月至1918年1月的水平。黄油、牛奶和鸡蛋还是很难弄到。外来的汽车司机——没有奥地利人买得起汽车——需按标志指示，以步行速度行驶，因为奥地利人身体非常虚弱，无法快速躲避车辆。公共生活几乎处于停滞状态：电车车厢陈旧，停在某个不知名的地方；酒馆区之外的电车末班车在22点30分；电话线路就算还能运行，信号也很差。认为自己身体状况良好的人会进入维也纳森林，在山上非法采集或砍伐木材后背回。不断有人支撑不了背上的重量，倒地而亡。婴儿死亡率高达25%。结核病死亡人数占所有死亡人数的1/4以上。西班牙流感作为一种严重的传染病，从1918年到1921年分几波传播，造成了无数死亡——画家埃贡·席勒28岁时就在维也纳死于这种疾病。1920年，西格弗里德·罗森菲尔德（Siegfried Rosenfeld）受城市公共卫生局委托，进行了关于真正对维也纳死亡率产生影响的因素的研究，报告中列出了令人害怕的事实：1912年1月至12月，有15355名女性在维也纳死亡；而1919年的数据多出约40%，为21200人。

奥地利共和国不仅继承了战争债务，必须支付赔款，它要承担的"社会问题"更大。国家对这些问题首先做出的承诺有女性在法律上的平等、实行8小时工作制、实行普选制。与此同时，工人委员会采取严格措施，没收大量木柴。据维也纳警方称，仅在1919年8月就有151吨木柴被征用，投入煤气厂和发电厂，或以每公斤40赫勒[1]的价格出售。区工人委员会的代表要求战时高利贷局[2]为了医院的利益，没收发战争财的人和投机商人的财产，并列出别墅和豪华公寓里可能有的煤炭库存清单。仅仅4周后，战时高利贷局各地办事处和中央办事处就没收了大量物品，包括10.2吨面粉、约16吨土豆、3吨肉和香肠、23万支香烟、6070支雪茄，还有鸡蛋、奶酪、肥皂、煤炭、木材、汽油和纺织品。

维也纳是世界上第一个从社会民主主义转变到严格的社会主义后市行政机构还能够实施社会主义的人口百万级城市。在战争年代，建筑活动几乎停滞，战后的通货膨胀又让维也纳的住房建设完

1　赫勒是当时奥地利发行的一种货币，100赫勒等于1克朗。——译者注
2　"一战"期间在德语国家建立起的官方部门，用来介入过高的市场价格和投机行为。——译者注

全崩溃。1919年深秋，社会民主党派通过《住房需求法》，该法是为了能让人们住进第二个住处或"使用不当的公寓和生活区"，以及征用闲置的住房、旅馆、空营房、军营和学校，作为难民和无家可归者的临时过渡住房。由于住房短缺，狂热的"定居者运动"发展起来，未开发的土地上建起了棚户区，定居合作社及奥地利住宅和小花园协会相继成立，后者主要负责公益性住宅和建筑公司。市政厅还设立了安置办公室。

在1920年10月的第二次议会选举中，基督教社会党已经成为最强党派，社会民主工人党选择了反对派席位，大德意志人民党成为联合政府的合伙人。国民经济处于危机之中，维也纳是主要的失败者。4/5的火车头工厂在维也纳——但没有人想购买火车头；银行业受到冲击；国内外对稳定的信心都有所减弱。1921年，最后一批战俘从意大利和俄国返回奥地利，这年底，国家粮食补贴减少。示威活动再次兴起，常常以暴力收场。

住房建设在维也纳市长的地方行政项目中属于优先事项。1920年底启动的与下奥地利的分离，让维也纳腾出了更多空闲——下奥地利最终于1922年1月1日获得独立联邦省的地位。财政权和税收权现在在维也纳手里。1921年10月29日，一份住房建设计划出炉。财政议员雨果·布赖特纳（Hugo Breitner）宣布：从1923年2月1日起实施累进住房税；到1923年，将有56套住房完工；如果环境和土地允许的话，还计划建造带有堡垒或城堡外观的纪念性建筑群，即"大院"。第一座大院是1924年建成的梅茨莱恩施塔勒大院,现今最著名的则是卡尔·马克思大院。第一个住房建设计划设想在5年内建造2.5万个住房单元。1926年目标达成。之后又推出了一个临时项目,第二年又增加了一个新项目。1919—1934年,维也纳市区的建筑活动共计建造63736套住房,可供220万人居住,另外还有2100套商用房。住房建设的社会意义在于:这些住房的租金只占当时工人阶级家庭平均收入的5%~8%。这得益于布赖特纳的税收制度的资金支持,包括征收奢侈品税、土地税、租金税,以及营业税和交通税。布赖特纳的反对者习惯了君主制下最高6%的税率,把对奢侈品和对剧院观影、举办舞会的征税称为"布赖特纳税"。直到1932年结束任期,这位财政议员一直被污名化为"税收吸血鬼"。

维也纳不仅在住房建设方面走上了新路,在规划方面也有新的突破。每块土地的建筑密度降低了,这意味着大家都能享受到日光和草地;厨房有阳光照射,中庭面积不小,配有绿化;每套住房至少有两个房间;自来水和卫生间在每套房内,不再是位于楼梯间或楼梯半路上。可以对比这样一组数据:1919—1920年,奥地利马克思主义者布鲁诺·弗赖(Bruno Frei)主要探访了第二区和第二十区的222套维也纳犹太人住房,他对维也纳犹太人住房困难程度的调查显示,其中91套住房由一个房间、一个橱柜和一个小厨房组成,有75套只包含一个房间和一个小厨房;弗赖还发现,每套小型住房里平均有6个住户;他在近40%的住房中发现"床位租用者"——他们为在床上躺着睡几个小时支付费用。搬进集体建造住所与社会民主主义密切相关，这是不言而喻的。党派竞争相当激烈，大约1/3的维也纳人很快加入了社会主义党派。

住房建设项目是现代社会政治的组成部分。大型住宅区特意植入了公共设施，即住房配套设施，包括中央洗衣房、洗浴中心、图书室、报告厅、健身房、母婴设施、租房咨询中心、诊所，以及艺术工作室、手工作坊和儿童戏水池。这反映了公共福利方面的构建。卫生保健和健康保护的发展，都受到了一个人的决定性影响，那就是朱利叶斯·坦德勒（Julius Tandler）。

坦德勒来自摩拉维亚的伊格劳一个贫困的多子女犹太家庭，他从1910年以来一直担任维也纳大学第一解剖学教席。1919年5月9日，在50岁生日后不到3个月，他被任命为公共卫生办公室主任和国家社会管理办公室公共健康部副部长，随后，他对医院的经费筹措方式进行了改革。按照新的《医院法》，公立医院的费用现在由公社、各州和联邦承担。1920年11月10日起，坦德勒成为负责社会福利和卫生事务的市议员。他推动实施了广泛的福利计划，为了防治被称为"维也纳病"的肺结核和性病，降低婴儿和儿童死亡率及减少佝偻病，消除营养不良和饥饿，多项措施被启动。死亡率带有阶级特点，与生活地点和方式相关。在像奥塔克林这样的维也纳工人社区，感染天花、麻疹或百日咳的概率远远高于较富裕的社区，感染结核病的概率是富裕地区的11.5倍，天花40.6倍，麻疹12.6倍。

坦德勒强调了重点项目。比如，在此之前一直为富有的神经症患者保留的阿姆施泰因霍夫疗养院，现在被改造成了向所有人开放的鲍姆加特纳高地肺病疗养院。坦德勒认为，对孩童和青少年的照顾是最基本的，因此仅在1925年，维也纳青少年福利局就照顾了1.6万名私生子和1.3万名寄养儿童。1927年，他推出了免费的"婴儿洗护包"，推广口号是"维也纳的孩子不用再在报纸上出生"。到1928年，维也纳共设立了25个市级妇婴保健所，为妊娠期和生产后的女性提供咨询。这些举措取得了成功，维也纳的婴儿死亡率在1930年下降到了1913年的一半。

1921年，美国红十字会驻维也纳代表乔治·W.贝克曼（George W. Bakeman）发现，当地居民尤其是儿童正承受着巨大的痛苦，因此，他在一份报告中强调"必须拯救儿童"。1922年，坦德勒坚决要求儿童的学生膳食费用由市政府承担，并致力于以"儿童假日托管行动"的形式提供儿童休养救济。儿童之家和青少年宫办了起来，由日间托儿所、校牙科诊所和婚姻咨询中心组成的机构网络也建立了起来，健康保障措施扎根于学校；市立儿童医院开始运营；这些在当时都是全世界独一无二的。坦德勒总结他的社会改革方案的目标时说："我们是为了我们的自我生存而努力！"就措辞而言，包括感叹号在内，这样的表达听起来特别像阿尔弗雷德·阿德勒。

1922年，保守的天主教教士伊格纳茨·塞佩尔（Ignaz Seipel）成为奥地利总理，但他无法制止那年夏天的恶性通货膨胀。脆弱的繁荣坍塌了，国家即将崩溃。这年秋，英国、法国、意大利和捷克斯洛伐克向奥地利共和国提供了6.5亿金克朗的贷款，期限为20年。国际联盟要求采取紧缩措施，1万名公职人员被解雇。1923年，塞佩尔差一点失去在国民议会中的绝对多数选票，并决定从1925年1月1日起推行新的货币"先令"。虽然他于1924年11月辞职，但新货币顺利发行了。此时在维也纳，社会民主工人党获得了成功。1919年它的支持率在54.2%，1927年已提高到约65%，1932年4月仍有59%。维也纳的社会党党员人数的增幅更明显，从大约42800人（1913年）增加到1928年的417347人，1932年趋于平稳，维持在大约40.05万人。这意味着该党1932年在全国拥有653605名党员时，每3名党员中就有2名居住在维也纳，其中57%的人在40岁以下。

进步的教学理念早在19世纪末开始就在工人运动、妇女运动和青年运动中传播开来，这一思想沉积是可追溯的。需提及的是奥托·格洛克尔（Otto Glöckel），他本人是维也纳郊区一所学校的老师，1907年作为社会主义党派议员被选入下议院，1918年之前一直担任其政党的教育政策发言人。随后，他担任教育部副部长——相当于现在的教育部部长。他担任副部长的任期随着1920年10月联盟解体而结束。1922年，格洛克尔被任命为维也纳市校务委员会执行主席，他在这个职位上一直工作到1934年2月。格洛克尔的改革建立在三大支柱上——工作教学、全面教学和接地气。他认为，第一，教学材料要与时俱进，让学生们积极掌握；第二，教学材料不应太分散；第三，要从直接的生活环境中汲取知识。他废除了强制参加的宗教教育和宗教活动，这让他遭到天主教会和保守派的反对。随着格洛克尔从州政府部门调到维也纳市校务委员会，奥地利内部开始形成双元制教育。他为领导岗位安排了理论和实践方面都得到了证实的教育学家，其中最重要的3位年龄相仿，姓氏均以F开头——维克多·福德鲁斯（Viktor Fadrus）、汉斯·菲施尔（Hans Fischl）和卡尔·弗尔特米勒（Carl Furtmüller）。弗尔特米勒是阿德勒的好朋友，通过弗尔特米勒，教育改革和关心儿童的个体心理学被联系起来。

阿德勒定期参与世界教育创新会议，该会议从1923年开始举办，有2000多名与会者。阿德勒在会议中的权力不断加大，甚至可以领导工作组。与会者认为，教育改革的重点不是禁止和惩罚，而是引导和加强自主性，改革的对象不仅限于学生，还面向教师提供各类职业培训。为了建立教师培训体系，1923年1月维也纳成立了市教育学院，该学院不隶属于国立大学。卡尔·比勒（Karl Bühler）被聘请为学院的实验心理学教授，他于1922年前往维也纳，他优雅聪明的妻子夏洛特·比勒（Charlotte Bühler），以及马克斯·阿德勒、法学家汉斯·凯尔森（Hans Kelsen）等名人都在那里任教。维也纳市教育学院很快以高品质赢得名声。在弗尔特米勒的倡议下，阿德勒在学院得到了讲师职位，他也接受了这份工作。1923—1924年冬季学期，阿德勒首次开设讲座课，课程一周一次，每次两个小时，主题为"难教育的儿童"。1924年，他被任命为教育学院医疗卫生教育学专业教授；1925年秋，他开设了"高校式的、持续4个学期的课程。他的讲座课一直持续到1926年夏季学期，因为这之后他进行了第一次美国之旅，为期数月，不过1930年时阿德勒仍然自称是教育学院的教授。阿德勒的推动作用还体现在区域教育会议上，这个会议引入了新的商讨和协商角度，用来讨论教育体制内部和外部的问题，比如1927年的会议主题是"班级：工作和生活集体"。而且，阿德勒的理念成为在维也纳建立一所改革性学校的基本动力。1931年秋季开学季，一所以个体心理学为导向的中学也开学了，费迪南德·比恩鲍姆（Ferdinand Birnbaum）管理该校，他自1927年以来一直是奥地利个体心理学协会的副主席。在这所学校，没有一个孩子被认为是没有天赋或无法教育的，该校不仅取消了体罚和威胁，而且还取消了训诫，引入了"座谈会"和"班级讨论"。教育和自我教育的功能和任务被转移到班集体内。

在这一系列改进教育环境的支持动作中，建立教育咨询中心也是一种新模式，但我们不能太高估其作用。

教育咨询中心

> 所有教育都是为了预防人类同伴孤立和无益的隔离。
> ——乌尔里希·布莱迪克（Ulrich Bleidick）

阿德勒在奥塔克林的人民之家开设了第一个教育咨询中心。人民之家这座建筑在今天看来有些许拥挤，它的入口处按照奥地利习俗放置了两个绿色的指示牌，一个指向由混凝土打造的野兽派风格的购物中心——卢格纳城，另一个则指向市政大厅，那是举办声音盛宴的场所。这座高大建筑有圆润的外立面，带着优雅的乳白色，几十年前曾独自矗立在那里，而不是像今天这样被办公大楼包围。在高大且引人注目的绿色木制入口上方，仍留有"奥塔克林人民大学"字样。在建筑内部，大型演讲厅令人印象深刻，一排排座椅能像解剖剧院[1]一样升起。阿德勒"一战"期间第一次在这里上课时，座位还不对外开放，当时的座位是连在一起的长凳。如今，

---

[1] 指用来观看解剖的剧院，大约从17世纪开始出现，人们支付入场费后就可以在里面观看解剖尸体的过程。——译者注

座位已换成独立的蜜黄色折叠式座椅。蜂窝状的吸音天花板直到1945年以后才安装。

这座宏伟的建筑于1900年后不久,在一个贫穷的工人阶级社区建立起来,这是非常有政治意义的举动。奥地利马克思主义社会民主派的人民高等教育系统,被视为社会变革的核心部分,是政治运动中不可或缺的一环,该运动系统地包含了每一个人,希望使整个社会变得更舒适、更好、更公正。文化和教育,以及认识、技能和知识的传授,拓宽了社会变革的道路。这展示出一种新的生活态度,而新生活确实从中产生了,政治生活因此超越了枯燥的常规和官僚主义的集体社团活动。

阿德勒的"实用教育问题"课程在1915年得到了非常多的关注,有大量需求。战争结束后,在一个不仅政治经济受到破坏,且社会和家庭的教育形式需要新模式的国家,阿德勒的教育理论的实际应用不仅出现得及时,而且其时代需求正处于高峰。因此,它需要一个地方——也许是很多地方——来实践、展示、证明。这就是教育咨询中心。

这些教育咨询中心依靠教师,依靠接受过个体心理学培训的医生和教育学家,更主要的是依靠市教务委员会,因为如果想在一开始就取得成效,就必须让市教务委员会作为主管部门。它们还得到了家长协会的支持。

20世纪20年代,教育咨询中心的数量越来越多,到20年代末,维也纳已有28个这样的咨询中心,它们是构成家庭、学校、开放式青少年福利机构和住院青少年福利救济网络的关键点，它们通常位于学校内，其中极少数设立在幼儿园内，有时还设在工人运动机构中。这突出了其官方性质，并与教职工建立起了直接联系。这些咨询中心被认为是"个体心理学实践的主要领域"，同时也是实际应用阿德勒关于儿童和青少年教育理论成果——鼓励、强化和自我激励的地方。弗洛伊德在他的精神分析中冷漠地忽略了这一领域，而西格弗里德·贝恩菲尔德（Siegfried Bernfeld）、安娜·弗洛伊德（Anna Freud）和维也纳精神分析学家奥古斯特·艾希霍恩（August Aichhorn）[1]都先后致力于对儿童心理的研究。

在"一战"后对教育的讨论中，"忽视"是常被使用的流行语。家庭的困苦引起了儿童和青少年心理上的并发症，他们变成了"难相处的孩子"。尽管教育咨询中心往往很简陋，但可以为孩子和父母提供谈话、咨询和建议的机会。中心工作人员使用的基本方式包括换位思考、诊断和治疗改善这三种。在此基础上，默许第四个要素，即对人的认识。咨询是公开进行的，公开的意思是每个人都可以亲眼看到治疗过程，从而掌握并传播这些方式。这招致了批评，但阿德勒进行了回击。他认为，正是治疗的公开性对孩子有积极影响，因为孩子能从中体验到自己并不孤独，而是和其他人联结在一起的。鲁道夫·德瑞克斯解释道："这表明团体有重要的鼓励

---

[1] 以上3位心理学家都属于精神分析学派，安娜·弗洛伊德是弗洛伊德的女儿。——译者注

作用，因为每个家长都看到，自己的困难是如何被在场的其他家长分担。一位母亲在与另一位母亲的交谈中学到的，比自己咨询学到的更多。"一开始，教育咨询中心是"教师"的咨询中心，参与者完全由教师组成，还有一些医生、学生、福利机构的社会工作者。用现代的词来形容，他们是"传播者"。通过和个体心理学的基本概念及工具相联系，这些教育咨询中心构成的体系，为个体心理学的普及、传播和招募新的追随者提供了可能。教育改革是渐进的，从内部开始，却不完全解构。这种形式的教育改革，符合奥地利社会民主党的反颠覆主张，将成为后来所有改革和变革的重点。由此，还产生了"治疗咨询中心"。

阿德勒从1919—1920年冬季学期开始，每周开设一次关于幼儿心理学的研讨会，并在接下来的两个冬季学期对孩子之后的教育阶段即学龄儿童和青春期，进行了研究。家长带着孩子去参加阿德勒的心理教育学研讨会，听众中母亲多于父亲。

1921年，第一批官方教育咨询中心在学校和社会主义"儿童之家"的教学楼里开设起来。1923年，维也纳有4个教育咨询中心，设立在奥塔克林人民之家的先由阿德勒领导，后来埃尔温·韦克斯贝格接替了他。在内城，位于安娜巷的"决心"社提供了大厅供开设中心；埃本多弗大街上的劳工商会在每周一和周五下午的5~7点提供一个房间；"儿童之友"团体在第二区的施博尔巷40号设立了一个咨询中心；在第二十区，有一个教师工作组轮流在两所学校提供咨询，这也由阿德勒负责；1925年3月起，该区新增一个由"儿童之友"团体建立的咨询中心。1926年夏,维也纳全市已有17个教育咨询中心,每周共开放26个小时;下半年又成立了4个。1929年时数量达到顶峰:当时维也纳第二区有4个咨询中心,第四、第五、第六、第七、第十、第十四、第十五、第十六、第十七、第十八和第二十一区各1个,第一、第三、第九和第二十区各3个,第十三区2个。在咨询中心的工作是义务的,每个中心由一名医生和一名教师或教育学家领导,他们和所有人一样,受过阿德勒为期两周的研讨会培训。咨询中心大多在晚上开放,有的会连续开放几个晚上,有的则按照一定时间间隔——每两周或每月开放一次。在这里,感兴趣的大众可以获得对个体心理学的现实印象。

明确的治疗流程确立起来了。如果父母同意,那么面向孩子的咨询会公开进行,整个过程由医生和医疗卫生教育学家或普通教师的团队主导。该流程的特殊之处在于没有任何准备。团队在没有查阅旧资料的情况下对孩子进行分析,并自发提出解决方案,重要的是直觉、同理心以及病人和医生之间的互动。与课程和讲座不一样,咨询是免费的。

随着咨询中心数量的增加,治疗师也越来越多,他们的水平自然有波动,所以愈来愈有必要引入标准,保证准备水平和治疗水平,包括咨询前的病例记录。面向治疗师的培训区域被划分为4个。针对医生的临床区域包括玛利亚希尔夫医院的阿德勒治疗室,在那里的综合门诊部或神经科门诊的门诊部内;为医疗卫生教育学家、教师和独立工作者提供的是一般和专门的课程。每个咨询中心在治疗时,都有接受培训的未来专业人员旁听。

1924—1934年,包括私人的在内,奥地利首都有超过100个教育咨询中心,它们为教育活动的进步提供了重要动力。索菲·拉扎斯菲尔德(Sofie Lazarsfeld)在不同的教育咨询中心和她自己的实践中收获经验,于1927年写下《说谎的孩子》(*Das lügenhafte Kind*)一书。两年后,她在新出版的《教育的技术》(*Technik der Erziehung*)一书关于"现代教育的基本概念"一章中,完善了在《说谎的孩子》中表达的立场。她的中心思想是,成年人应只向孩子提出孩子有能力完成的要求,也就是说,施教者应通过"能否句式"为孩子创造出自主行动的空间,以教育他们了解真实和集体。拉扎斯菲尔德认为,说谎的教育者不能满足这个要求,因为他们破坏了"人与人之间的信任",而"没有这种信任,任何社会结构都无法存在"。教育者至关重要的成就,在于以自己为榜样,"通过鼓励的方式为孩子进入集体铺设道路",并把孩子作为独立的人格来尊重。一对有影响力的个体心理学家夫妇爱丽丝·吕勒-格斯特尔(Alice Rühle-Gerstel)和奥托·吕勒(Otto Rühle),出版了系列书籍《难以教育的儿童:系列丛书》(*Schwer erziehbare Kinder. Eine Schriftenfolge*)。拉扎斯菲尔德则又出版了《正确生活指南:根据个体心理学原理对人进行教育的普及》(*Richtige Lebensführung. Volkstümliche Aufsätze zur Erziehung des Menschen nach den Grundsätzen der Individualpsychologie*)。

网格化的教育咨询中心体系很快被其他国家作为重要且有效的工具采纳。但由于世界经济危机和乌云笼罩的政治形势，维也纳的教育咨询中心数量逐渐下降。1932年登记在册的教育咨询中心有27个，到了1933年剩下10个，次年只剩下5~9个。

马内斯·施佩贝尔

如果不存在其他人，人就不能称"我"。

——马内斯·施佩贝尔

事情发生在一条街道的中央，那是一条繁忙嘈杂的大道，两旁一个个剧院和娱乐场所紧挨着。"即使是今天，我也能准确指出普拉特街上的那个地方。那里离卡尔剧院很近，那天晚上在那里，我被一种见解所侵蚀，之后我每天都会到普拉特街来，因为我还没有学会在幻想的废墟之上生活。我想知道，为什么带着幻觉生活和没有幻觉的生活一样困难。从那时起，我就一直没有停止追寻这个问题的答案。……我花了5年时间——直到1921年秋——才掌握这个答案的可能和艰难之处。我在不到16岁时，在人民之家的一堂课上遇到了阿尔弗雷德·阿德勒博士，当时他已经51岁了，远远走过了生命的一半历程。

"他的课多数时候在研讨课之后进行，而且总在晚上。我记得那是星期一晚上，在第二区马戏团巷（今天的46~48号）索菲亚高中的一间教室里。"

这个有着光滑皮肤和苗条身材的年轻人，当时看起来不到15岁，他就是马内斯·施佩贝尔。他疯狂阅读，眼里迸发出对教育的渴求。当时他来到维也纳不过5年，1916年夏，他和弟弟米洛及父母从加利西亚东部来到首都。"1916年7月27日，那时我正好10岁7个月，当我们在维也纳的弗朗茨·约瑟夫火车站下车时，我不会想到也没有预料到，我没有再离开这里；而且，我根本没有想过回去这件事，因为那时我被一种确定性所支配：我们现在真切地到达了那扇开着的巨型大门前，走过它后，我将进入一个献身未来的广阔世界。一切尽在我们面前。"

当时，奥匈帝国的前线已经在几次战斗后失守了扎博洛夫镇，此外敌人还进行了类似大屠杀的攻击。和该地区数以万计的人——主要是犹太人——一样，施佩贝尔一家逃往维也纳，在利奥波德城利林布伦巷找到一处被窃听的小公寓。为了生存，父母靠卷烟赚几分钱。

1917年，马内斯·施佩贝尔和犹太青年运动组织"青年卫士"取得联系，这个组织带有犹太复国主义和社会主义的意识形态，这种意识形态"是年轻移民无政府主义的边缘群体意识的表现，它一方面与知识分子的《塔木德》教育相关，另一方面则向英国童军运动看齐"。"青年卫士"为年轻移民提供了联结、集体和目标，因为对他们来说，他们对更好生活的梦想有可能破灭，还会遭遇拒绝、流放，以及反犹太主义的壁垒。施佩贝尔在"青年卫士"找到了原本的学校系统拒绝给他的东西——教育和提高。14岁时，他成为一个夸扎（Kwuzah）[1]的领队，1年后他进入了领导层。事实证明，施佩贝尔是一个有天赋的组织者和沟通者。1921年，施佩贝尔对抗了等级制度。

然后那个周一的晚上，在索菲亚高中的教室里，阿尔弗雷德·阿德勒——身材粗壮略胖，留着小胡子，戴着圆形无框眼镜，幽默风趣，目光犀利，言辞激昂，表现出强烈的教育天赋——问施佩贝尔来这里干什么？他说，来"学习，往小了说，来参加讨论，来表达质疑和抨击——因为我从远方来"。但他注意到了阿德勒的不同凡响之处，"他甚至给那些反对他的人灌输表达自我的勇气，同时也激发出他们的想法，让人想赞同演讲者，站到演讲者那一边"。不到8周，野心勃勃的施佩贝尔已经开始发表自己的论文，一篇关于大众心理学，另一篇关于革命的心理学。这两个主题都符合时代，并带有自传色彩。这个16岁少年热情地吸收民粹派书籍中的思想，这一派系的都是浪漫的无政府民族主义者，宣传集体农业和生产合作社的劳动形式。

阿德勒邀请施佩贝尔参加个体心理学家的聚会，并和他探讨他对自己理论的批评。那群个体心理学家当时在烟熏火燎的烟斗咖啡馆里聚会，施佩贝尔是迄今为止最年轻的参与者。参加聚会整整一年之后，施佩贝尔才拿起《神经症的特性》，尽管他无法完全理

---

[1] 夸扎是一种小型的犹太人集体社区。——译者注

解其中大部分的医学解释，但这本书还是令他印象深刻。当然，其间他也受到阿德勒人格魅力的影响；而阿德勒也在施佩贝尔身上发现了巨大的天赋和学识研究动力。在这样的情况下，施佩贝尔很快掌握了大量个体心理学的知识，于是阿德勒允许他开设入门课程，成为工作组的一部分；他还被允许实践初步的治疗。阿德勒也从施佩贝尔旺盛的精力中收获良多，这个年轻人发展出了新的自我价值感，并采取了一种发展方式，阿德勒在其中扮演了父亲的角色。施佩贝尔抱着极大的热情度过了个体心理学培训阶段，1926年夏，他以优秀的成绩取得毕业证书，从那时开始作为医疗卫生教育学家工作。那时他已经领导了一个个体心理学工作组很长时间，这个小组在贝格巷的一个小咖啡馆的密室里开会。施佩贝尔是那么急迫，充满传教般的热情，满怀雄心壮志，于是有人开玩笑说，个体心理学是一个鸟巢，一个由鹰（"阿德勒"在德语中也有鹰的意思）和雀鹰（"施佩贝尔"在德语中也有雀鹰的意思）这样的鸟类组成的社会。

此外，施佩贝尔开始给报纸写文章，同时他还在创作一本以1924年的维也纳为背景的小说。但阿德勒对此不满。他对这个年轻人说，如果他现在已经是一名作家，那他就永远不能成为一名优秀的心理学家。事实上，《查拉坦和他的时代》（*Charlatan und seine Zeit*）的手稿在之后80年里一直没有发表，直到2005年才出版，书中展现出施佩贝尔惊人的天分。施佩贝尔还作为工人顾问和大众教育家进行演讲，在人民之家带领夜习班和进修课程，谈论文学、政治和心理学。

在阿德勒的协会的议题清单中,个体心理方面的问题常常出现在劳动阶级和工人阶级的问题中。例如,施佩贝尔于1927年表明,社会主义立场不是绝对伴随着社会活动的。从前一年起,施佩贝尔就沉浸在马克思和恩格斯的著作中,他为马克思的文风和马克思对资产阶级优雅的批评而着迷,正如马克思的《路易·波拿巴的雾月十八日》(*Der achtzehnte Brumaire des Louis Napoleon*)所展现的。施佩贝尔毫无保留地宣布信奉历史唯物主义和无产阶级社会的理念。1926年,他发表了《阿尔弗雷德·阿德勒和他的学说》(*Alfred Adler. Der Mensch und seine Lehre*),用40页的篇幅概述阿德勒是一个令人钦佩的人;相比之下,他对那些严厉批评他传播个体心理学说的阿德勒批评者非常粗鲁。这部作品的目的在最后一句话中显而易见,这本书的一切都是为了总结出:"阿尔弗雷德·阿德勒是我们这个时代的社会天才。"这是一位21岁的年轻人冒失却令人印象深刻的成就,他确信阿德勒的青睐和保护,也了然别人针对他的批评、嫉妒和敌意。

是否让施佩贝尔作为他的首席组织者搬去柏林,阿德勒已经考虑了一段时间。施佩贝尔不了解德国首都,但他还是搬去了那里:"除了阿德勒希望我去,还有其他原因,包括政治原因;7月15日(维也纳司法宫火灾以及随后工人和警察之间的冲突)以来,这些都起到了决定性作用。"施佩贝尔决定前往柏林,他相信,只有在那里,人们才能成为革命者,在革命中发挥作用。但这对阿德勒的柏林计划来说是一个不幸的预兆，当时他身在美国，并且允许个体心理学协会内部存在左翼份子。

"群体"和"生活形态"

> 但一个原子是孤独的。
> 我更想成为一朵玫瑰；
> 它外表美丽，带给人们喜乐，
> 和其他植物一起生长在灌木丛中！
> ——阿尔弗雷德·阿德勒

第一次世界大战的最后一年，阿德勒在苏黎世举办了关于费奥多尔·陀思妥耶夫斯基的演讲。他选择在苏黎世音乐厅进行，这座宏伟的建筑于1895年10月19日由约翰内斯·勃拉姆斯（Johannes Brahms）主持落成典礼，他在典礼上指挥了第55号作品《凯旋之歌》。阿德勒自称学生时代曾在维也纳见过这位作曲家本人。此外，苏黎世音乐厅由哈布斯堡帝国时期无处不在的维也纳剧院建筑公司的费迪南德·费尔纳（Ferdinand Fellner）和赫尔曼·黑尔默（Hermann Helmer）设计。对于很少公开涉足文学的阿德勒来说，这座音乐厅有着辉煌的布景，他以大胆的开场白拉开演讲的序幕:"在地下深处,在西伯利亚的矿洞中,迪米特里·卡拉马佐夫(Dimitrij Karamasow)希望他的歌曲能歌唱永恒的和谐。有罪又获得宽恕的父背负起十字架,在平衡的和谐中找到救赎。"

1906年开始,逝世于1881年的小说家陀思妥耶夫斯基的作品逐渐出现在德语翻译圈中;阿德勒的苏黎世演讲一年后,陀思妥耶夫斯基的小说通过E.K.拉辛(E. K. Rahsin)的译本完整出版。阿德勒引用了《卡拉马佐夫兄弟》《白痴》《罪与罚》《少年》,他的主题是统一性、追求真理,以及如何用谎言找到真理。与此恰恰相反的是,反自由主义的泛斯拉夫主义者陀思妥耶夫斯基看到了西方国家实行着相反的原则——用真理达到谎言的目的。看着陀思妥耶夫斯基"拿破仑式的作品"中的主人公们冒险走向深渊边缘,阿德勒在其中找到了一种逆向思维的方案,这是一种交织着利己主义和权力的模式,努力争取统治权并克服这种倾向。"他(陀思妥耶夫斯基)刺伤他们(指作品中的主人公)的野心、虚荣和自爱,把他们逼到了摇摇欲坠的边缘,在他们耳畔萦绕复仇女神之歌,把他们驱赶回他认为的人类天性所赋予的极限,让他们在那里和谐地吟唱起赞歌。"

阿德勒的演讲中出现了一个对他来说至关重要的术语——群体感。他追溯了这位作家的人生历程,从孤立、自大、自爱到帮助他人、为民族奉献。根据阿德勒的观点,我们唯一无法完全了解但却可以感知的真实,就是群体感。从这方面来说,这位俄国人是现实主义者和伦理心理学家。阿德勒解释道,对生活的态度、对权力的追求、优越感、情绪疾病的苗头、专制主义倾向、讨论梦想,所有这些都可以在陀思妥耶夫斯基身上找到:"没有人的行动和思想不受到当下目的的影响。"

长期以来,研究阿德勒的文献中的主流观点认为,"群体感"一词是1918年突然出现在他的著作中的。当时他是否联想到了浪漫主义的理念,是否联想到了带有黑格尔色彩的社会主义的理想主义?最近的研究对此进行了回答:该词的第一颗种子可以追溯到1908年,从间接形式来看,甚至可以回溯到阿德勒1900年之前发表的社会医学论文。具体来说,他的社会和群体思想反映在自由精神分析研究协会的12条指导原则中,这些原则据说撰写于1913年,但直到1920年才公布。其中第11条指导原则指出,所有神经症症状都"自动指向群体感的发展",这种自动性以一种崇高的形式体现出对常识即常理(sensus communis)的威胁。

因此,神经质是一种个人感觉,是伊曼努尔·康德所指的疯狂。这一说法来自阿德勒"住在小巷的智慧"。现在,他交付给个体心理学一个高于一切的任务——平衡和补偿。

常识或良知(德语译为"实用的世俗智慧")、敏感性精神(esprit de finesse)和技巧(一种与果决、分寸、目的理性行为相结合的细致感觉),共同组成了17世纪和18世纪从夏夫兹博里(Shaftesbury)到康德的思想和教育理念。面对迷茫与错乱的人间喜剧,人们需要对人的了解。"人们创造戏剧,游乐于自己的虚构中。"阿德勒理解的心理治疗,是要向个体展示:是他自己的还原论逻辑将他禁锢了，让他与常识分离。对此，个体需要通过洞察自身缺陷来建立一种内在的群体感，并强化这种道德感觉。在这之中，人脑作为理性的引导、指导和协调器官，发挥着重要作用。作为中枢器官，人脑记录某个器官的弱点并提供补偿，或者在亏损不可逆转的情况下进行功能的再分配。事实证明，人脑集常识和补偿于一身。常识就是"现实感"。群体感是以自我为中心的神经症和虚构主义的反面，它是感性的、无意识的，或者说只有些微意识，却有极高的反射性。通过群体感，人们感受自己所感知的是什么，也感知自己所感受到的，这样的思考是直接的，因此，群体感不可能产生误解或出错。阿德勒在弗洛伊德的意识范畴中看到了虚假意识和不幸意识的灾难，所以认为从意识层面来进行纠正是傲慢、大胆甚至可能是错误的。于是，他瞄准了意识之下的层级——常识。对阿德勒来说，常识成为一种第六感，它"是凭直觉就能猜测如何合理行动的神奇能力，也就是说，'不过多'补偿。从个体心理学角度来看，一定要猜对的强迫症始于童年的最早期"。

　　常识这种神奇的能力形成于公平和忘我的阶段。忘记周围环境，人就能进入稳定、正确的平衡中，这样就能有目的地获得补偿。阿德勒有句话，"人知道的比他理解的多"。与常识相悖的、矛盾的、阻碍常识的，简而言之就是一切无法适应现实的，都被排除在理性理解之外，这就模糊了意识和无意识的边界。在阿德勒看来，无法用理智来理解的都属于无意识的层面。

　　"群体感"一词被阿德勒使用在文章《生活和神经症中的生

活谎言和责任》(*Lebenslüge und Verantwortlichkeit im Leben und in der Neurose*)中，这篇文章于1914年晚春发表于《个体心理学杂志》。这是一项关于忧郁的研究。忧郁这种情绪状态是让自己变得渺小的工具，它让人变得比实际上更小，陷入一种伪装和谎言的状态。对思考的限制、犹豫不决的言语行为，以及不修边幅的体态，都显示出有限的群体感。据说在1914年3月的个体心理学协会会议上，阿德勒就谈到了"理想的群体感"，以及"在此之上才应该建立起我们的生活"。这表明，群体感这一术语——或者卡尔·弗尔特米勒1912年的一篇文章中所说的"一种团结感，一种社会本能"——深刻影响着个体心理学的讨论。弗洛伊德认为爱主要是性行为，而阿德勒认为爱是一种群体感；他们一个强调性爱，一个强调友爱，即一种建立在相互认可上的爱——古老的前苏格拉底哲学早已意识到了这种爱，亚里士多德认为，友爱以最高级别的形式展现了一种最高尚的爱。阿德勒这位受过教育的马克思论著读者和（也许看得少一些的）达尔文读者，借用另一位革命理论家彼得·克鲁泡特金（Pjotr Kropotkin）的猜想，似乎并不牵强，因为克鲁泡特金创造了"互助"这个概念，这也正是阿德勒所说的群体感。群体感这个概念综合了超越个人的安全倾向，越来越强烈地从政治架构和工具化中抽象出来。

"一战"后阿德勒的第二个理论方法基于一组问题：只通过纠正紊乱（即通过心理功能的发展和调整，以及人格部分的重组），无法实现心理健康吗？"精神疾病"是因为病人的缺陷吗？

神经症是一种缺陷性疾病吗？

群体感作为基本的价值范畴，对人具有约束力且始终保持活力。这些价值永远不可逆转，也不是被绝对设定的，不适宜群体感的那部分努力注定会失败。理想的群体是终极目标。阿德勒于1922年在《神经症的特性》第三版序言中说道："我们个体心理学的观点要求无条件消除权力追求，发展群体感。"

大约到1922年，群体感已经发展成为个体心理学理论的核心概念。其他所有术语都像铁屑一样向这个词磁铁般的感应力靠近。阿德勒赋予这个词深入伦理和道德的贯彻能力："我们说一种性格是好的或者坏的，只能从群体的立场来判断。"具体的群体感成为"虚构的规则，成为区分神经症和正常状态、区分疾病和健康的范畴"。

不管在过去还是现在，群体感都是一个多形式的概念。正因为它是分散的，且阿德勒自己从来没有细致完整地定义过它，所以它需要一个哲学上的解释。阿德勒关于群体感的想法，是否如个体心理学家卡尔·海因茨·威特（Karl Heinz Witte）所建议的，是与超越（Transtendenz）相对的"顺从"（Ciszendenz）？就群体感是一种与行为转变同时进行的视角转变而言，可以把阿德勒的概念看成一种修正吗？在阿德勒看来，个体只有通过外界和他人的交互才能被理解，他很早就认识到，加入政治组织的行为是为了得到庇护——无论是社会主义还是基督教的。为了保护群体感这个概念不被片面化，阿德勒回避了将它具体化。此外，群体感不应该只是一个令人憧憬的、完美的理想主义状态，所以这种状态被描述为是对行动起决定性作用的，是可被感知和应用的。群体感会带来什么结果呢？答案是良好、健康的生活。在由此及彼的关系中，在互相成全的共融中，存在一种原始的经验，能让人感知到更好的生活的气息。在没有外界的情况下自主形成的真实自我，是错误的结果，因为自我的形成过程应该是循环论证的；想要适应和攀谈的自我，已经开始适应和谈论了。自我的内向性是对群体感纯粹的回应，而不是群体感的源头。为了获得真实且良好的发展，自我需要更大的群体感，只有这样才能得到完整的感觉，只有构建了关系和关联能力，个体才能得到精神上的优化。群体感是预先形成的，不需要额外的东西或自我意志，它作为一种情感，就像亲情和爱情，是一种"标准和校正"。

阿德勒不仅宣传群体，也生活在群体中。一则轶事显示：有一次，大家当着阿德勒的面聊起了灵魂转世。虽然阿德勒不相信，但他还是参与了这个话题，问和他谈话的人想转世成什么。一个人说，他想成为一个原子，对环境施加效力。"但一个原子是孤独的，"阿德勒说，"我更想成为一朵玫瑰；它外表美丽，带给人们喜乐，和其他植物一起生长在灌木丛中！"

虽然没有明确表示，但阿德勒是支持社会先验的。对他来说，群体感将情感转化为尘世的东西，即阿德勒笔下描述的面向社会的生活形态，群体感决定并贯穿着人类生活的全部领域，它是衡量一个人是否有能力成功进行社会交往的准则。阿德勒认为，群体感和与人为善，是成功生活的指导标准。

20世纪20年代中期以前，群体感是一个静态的概念。每个人都拥有这种天生的情感，教育的目的是持续促进这一情感，以防止个体追求权力。阿德勒随后扩展了其内容，同时松动了神经症和自卑感之间以悲观为底色的强迫关系，他对待神经症患者的口吻发生了变化，远离了带有歧视性的人群分类。随着基于器官自卑和补偿的基本原则——包括追求有效性——在实践中得到确认，其他学派对个体心理学的控诉逐渐消解。彼时，个体心理学成为一种运动，一种整体上的生命疗法，埃尔温·韦克斯贝格在其发表的《个体心理学手册》（*Handbuch der Individualpsychologie*）中强调了这一点。阿德勒为《个体心理学手册》这本基础性出版物书写了前言，其中强调了他的理论获得的广泛成功。

阿德勒后来把群体感的概念从英语"社会利益"（social interest）回译，并作为"社会利益"的同义词；"常识"（common sense）的概念作为健康标准之一也被他引入，不过我们仍然不知道，常识在多大程度上仍是常识？当常识等同于健康时，适应社会意味着什么？对现实群体的适应，是顺应潮流，还是将未来的理想群体定位为"唯一绝对真理"？引人注目的是，阿德勒的理论缺乏一个冲突模式，即当对正确路线有不同设想时，该如何做？当涉及的人的出身、经历和利益不同，彼此间发生冲突时，又该如何？

当时的评论圈对阿德勒进行了严厉的批评。个体心理学家奥托·吕勒称阿德勒的群体感概念是"威舍尔-瓦舍尔"[1]。吕勒用这一粗野的比喻，可能是想批评其过于乌托邦式的实现层面，作为反权威的马克思主义者，在他看来，这一理想能实现的物质基础太少了。1931—1932年，马内斯·施佩贝尔——当时还是马克思主义者——轻蔑地称群体感为"道德雾气"，但在1926年他曾称赞阿德勒为"西方的孔子"（最新研究显示，阿德勒的思想确实与佛教和道教有惊人的相似之处）和"我们这个时代的社会天才"——这个说法由英国的阿德勒主义者菲利普·梅雷（Philip Mairet）在英国和美国继续传播。我们不能完全否定这种类比，儒家思想的一个关键概念"仁"，正可以理解为对他人的情感，其语言根源是"人"和数字"二"的结合。群体感和"仁"这两个概念都与社会基本因素和自我赋能相关，都关于教育。

韦克斯贝格这样描述群体感的多层次概念：把自身放在一切之后，为集体付出，与生命、宇宙和艺术相联结，对自己负责。"一战"后，在个体心理学的概念演变过程中，把自身置于后位对所有人来说都是不易的。早在1918—1919年，群体感的概念就已经在阿德勒的圈子里引发了争议，一些人因此退出协会，但他们不愿离开科学心理学的地盘，不愿离开群体感的想法；而对其他人来说，群体感在道德方面存疑，不够明晰；还有一些人希望继续做医生，而不是成为哲学化的教育家。从这些也可以看出，群体之间是

---

[1] "威舍尔-瓦舍尔"（Wischel-Waschel）是德语童话故事中的角色，是一种非常小、拥有绿色头发的生物。吕勒借此表达嘲讽。——译者注

有界限的。

20世纪20年代,"群体"成为政治口号,用于煽动群众,这使它逐渐在文明社会中激进化。在学术界,"群体"的概念也受到审视。1924年,32岁的科隆大学编外讲师赫尔穆特·普列斯纳(Helmuth Plessner)从社会哲学的角度处理了这个问题。他跨越了"群体"的界限,为他的书找到了简洁明了的表达——《社会激进主义批判》(*Eine Kritik des sozialen Radikalismus*)。

普列斯纳的文风通俗易懂,谦逊地遵循尚福尔(Chamfort)或沃弗纳尔格(Vauvenargues)这样的18世纪的格言家的风格。他一开始就关注真正的问题:"这个时代的偶像是'群体'。仿佛是为了弥补我们生活中的困苦和呆板,这个概念凝聚起所有的甘甜,把一切温柔给予无力,用所有韧性对抗侮辱。"副标题中出现的"激进主义"因素作为魏玛共和国政治事件的特征,在其中发挥了作用。"激进主义是精神的政党,其思想竖起指向无限的路标,在各种情况下告诫人们对未来的良知。它蔑视条件、限制、小事、压抑、沉默、无意识,欣喜于伟大,虔诚于暴力,因纯粹而伪善,因原则而排挤他人,因热爱幻想而具有破坏性。"普列斯纳由此提问:在人类的理想共存中,暴力是否有可能被中和或消除?在人类"存在的物理空间"中,非暴力与强加给人类的攻击性之间有什么关系?如何在人际交往中坦诚相待?小小的谎言难道不是社会和情感的润滑剂吗?

普列斯纳在资本主义社会的背景中描绘了一幅乐观的反面图

景：在这个社会中，人类面临被自动化淘汰的危机，理性化的进程被不断推进。普列斯纳不容置疑地表示，对群体的需求是乌托邦式的，这样的理想状态只有移入"现实条件中"，由不同的机构从最小的个人、家庭、教会和"车间工人群体"来激发。

有一件事是普列斯纳这位哲学家不想隐瞒的：每一种群体共同生活都带有"彼此分离的种子"，所有事物完全统一或和谐一致的状态，既不可想象，也不可能；人类的存在有太多不可捉摸的方面，从而给精神生活带来刺激、氛围、光亮和生命的价值。在书中一些段落，普列斯纳这位社会学家听起来好像在背诵阿德勒的文章和讲座内容，他写道，尊严"总是关乎整个人，关于他内在与外在的和谐，也代表着每个人都追求的理想状态，却只有极少数人能达到。人的追求越高，就越难达到这种理想状态，因为片面地专注宏大的主题，只会撕开自身和雄心之间的鸿沟"。数页后，这种相似度更高了："个体出现在其中的形式及意义的重量，以补偿的方式生效在对他人的作用中；他人又反过来进入这种形式及意义。人只有在被他人承认的情况下才变得重要。"

鉴于这样的转变，基尔大学社会学主席、社会学经典著作《群体与社会》（*Gemeinschaft und Gesellschaft*）的作者斐迪南·滕尼斯（Ferdinand Tönnies）会这样认为也不奇怪：他说，《社会激进主义批判》这本"颇有见解的小册子"更应该被归入伦理学而不是社会学，这篇文章对教育学也有用处。滕尼斯指出的这一点是对的。普列斯纳想影响德国对自我的新理解的讨论，他从德国思想史和哲学史的武器库中装备自己，即唯心主义时代的席勒、谢林（Schelling）和黑格尔，以及格奥尔格·齐美尔、康德和马克斯·韦伯（Max Weber）；他观点的核心在于表达和不可表达之间无法克服的对立。此外，普列斯纳不想忽视人的肉体和灵魂的整体性，他强调理智的整体性。公共和私人的区别，机构的必要性及不可否认亦不可抵挡的异化的区别，都在书中得到了辩护。普列斯纳认为，群体可以从其对立面——社会——出发，用否定来最生动地描述。他认为，社会是公众、游戏、技巧、外交、距离、克制，以及暴力；亲密、直接、无保留、真诚、非暴力和真实，则被他归纳为群体。但是他也认为，真正的群体性和乌托邦式地过分抬高群体之间的分界线是模糊的。社会学家卡尔·奥托·洪德里希（Karl Otto Hondrich）在近80年后发出疑问："如果不可避免地具有冲突性和集体性的社会生活就是精神生活，那么界限和超越界限是如何产生的？我们该如何理解'群体边界'？是作为不可逾越的自然之物，还是人们不该触犯的规范？"有一点时至今日仍毋庸置疑，并融入阿德勒的群体生活旋律中：任何情况下，现代社会的群体一直是规范行为下变动着的背景音乐，无法停止演奏，也无法提前谱写。

在自我心理学的第二个同样重要的阶段，阿德勒引入了"生活形态"这个概念。1926年，阿德勒在为《个体心理学手册》所写的前言中首次使用了这个词。他用这个词语取代了这几个术语——

模范、准则、生活计划、私人逻辑。

生活形态是一种行为逻辑,爱好音乐的阿德勒有时称其为"生活旋律",在这一旋律中起主导作用的不仅是"从哪里来"和"为什么",还有"到哪里去"和"干什么"。运用"生活形态"这个词,阿德勒描述了在权力意志(即补偿)和破坏对称性的群体感之间的相互作用中,个体独特的目标设定:一个人如何生活,如何建立和塑造他的生活,如何处理挑战和冲突,如何失败,如何成功,他维护怎样的关系模式,这些都是构成性格的要素。在他设想的一个公式中,评估、个体加心理环境、物理环境、社会环境,与"安排和有倾向的建设"相关联,结果是带有优越性的人格理想状态。它与揭露和照亮目标相关,这关键性的照亮又引起了转换。鲁道夫·德瑞克斯说,没有人确切知道个体为什么会有这样的行为。当目标清晰时,用其他更好的方式让个人融入群体和社会所需的手段也就变得明朗了。"避免告诉病人他是什么或者他拥有什么,比如能力或弱点、品质或情结,是极其重要的。"

生活形态还是个集合概念,包括个体生命前5年中形成的特性,阿德勒称这种现象为"儿童的艺术作品"。总之,这些特性形成了个体充实的生活,或者产生以自我为中心的性格,渴望优越、控制和权力。但生活形态并不是僵化的,而是一种持续的辩证发展。按照阿德勒的观点,错乱的生活意味着为了躲避风险而停滞不前。阿德勒认为,想要了解一个人,就意味着掌握他的生活形态,因为从生活形态可以解释个体的动机和冲动,以及记忆和行动。性格是以实现生活形态为目标的训练结果，性格特征形成的准则是定位，性格是可理解的和动态的，因为它们通过一种秘密的运动法则实现，这个法则作为个体主要动机，在意识之下塑造所有生活中的关系。而且性格在今天仍有现实意义。"个体心理学涵盖的关于生活形态、关于主观心理状态和克服的关系、关于安排神经症患者做陈述的部分，可以用另一种术语概括为应对日常生活的技巧，指的是应对生活的主题，以及社会教育干预中在当事人的主观经历和客观生活事实之间的必要平衡。"

阿德勒把个体的生活形态看作建立一种构造的单位，且是不可破坏的单位，个体直到发现构造上的缺陷，才会进行重新构造。生活形态是精神的自我组织，是自主的，有自己的"运动法则"。"运动""行动"这样的词是阿德勒的最爱，因为它们代表着积极向上；其对立面则预示着静止和缩减，以及精神上的固化，即"自我封闭"和"缩减行进范围"（这里展现出阿德勒偶尔对军事比喻的偏好）。这些都是关于控制或是控制上的问题，继承于古希腊哲学家及他们关于饮食和正确良好的生活形态的观点。同样惊人的则是它与20世纪博弈论的相互关系，它就像一个"计划，根据游戏规则为当下的情况提供信息，他（玩家或人）需要在所有可能的情况下，对拥有的所有信息做出选择"。

从生活形态来说，个体心理学成为有目的的行动理论。生活就是落实"生活计划"的行动。错误的生活形态迟早会和现实尤其是和群体发生冲突，而正是在冲突中，生活形态连同其所需的安全感陷入危机，于是生活形态本身作为危机爆发，并从这个危机中得到认识，引起改变。如果这样的改变没有发生，那么人就会被他的神经症制服。生活会补偿任何情况下的错误，毕竟宇宙中本身就有一种补偿的秩序。"错误可以在群体互助中相互纠正；每个人都被给予充分的常识，而常识在任何时候都有再生的能力，能让精神作为一个整体重生，以便人们可以从精神灾难中有所收获，得到见解，帮助自己。同时，神经质的强迫比较让被忽视的感觉消失。所有这些都意味着一种宇宙观，一种'生命的意义'。"

借由生活形态这个想法，阿德勒构建出了与弗洛伊德的精神分析法对立的形象。弗洛伊德认为，人永远是受害者，人用行为替自己无法负责的情况开脱。而在个体心理学中，个体作为自我负责的行为者出现，其行动对整体来说很重要。作为一名治疗师，阿德勒从字面上接受了这一点——他移除了治疗室中病人原本必须躺上去的沙发，和他们面对面坐着，这样，他就可以看到对方身体方面的表现。此外，这样能让治疗师和患者在治疗工作中在视线上平等，能第一时间鼓励对方和放松自我，缓解因缺乏合作发展和群体感而导致的过度紧张。这种过度紧张会让人失去常态，受到惊吓，感觉不到社交也不再拥有社交能力，但又会力求通过补偿把弱势的情况转变为优势地位。

阿德勒的生活形态作为一种人格理论，几十年后才被纳入临床心理学。"生活形态"一词被收录到《临床心理学趋势》（*Trends in der Klinischen Psychologie*）系列的第三卷（"生活形态、心身适应和临床心理干预")。后来的心理学家用相似或相同的概念表达和"生活形态"一词相同的内容,例如美国人哈里·斯塔克·沙利文(Harry Stack Sullivan)提到的"自我系统";伊凡·P.巴甫洛夫(Iwan P. Pawlow)的"生活方式"指的是一种动态模式,行为主义者B.F.斯金纳(B. F. Skinner)的"规则管理行为"出于理性原则,其实和阿德勒的"生活形态"的词意都不无关联。

50余年后,法国社会学家皮埃尔·布尔迪厄(Pierre Bourdieu)跨越了生活形态的概念,称其为"惯习"(habitus),他认为,惯习是关于社会和社会评估的理论——在阿德勒看来,"评估"是主观的,是一种"带有倾向的感知"。布尔迪厄的观点包括:评估行为本身并不自由,而是受到框架条件、"内在因果"或"有限制的目的性"的限制,从来不是客观的;个人基本立场的框架条件包括气质、体质、性别、身体,这些条件形成了自我形象;经历取决于环境,包括环境中有生命的和无生命的东西,也包括教育环境和社会环境,这些取决于家庭、家庭氛围、家庭结构和兄弟姐妹的顺序;感性的经验凝结成知识储备,人们从这个知识库中汲取知识;评估依照个人意见而产生;这些一起构成认识世界和看待世界的模式。哲学家格奥尔格·威廉·莱布尼茨(Georg Wilhelm Leibniz)提出的"感知"(apperception)一词,来源于新拉丁语动词*adpercipere*,字面意思为"加入感受"。这个词虽然在奥地利的语言使用中非常少见,但在奥地利小说家海米托·冯·多德勒尔(Heimito von Doderer)的日记和书信中,"感知"及其反义词"拒绝感知"（apperception denial）各出现过约100次，但多德勒尔并没有提到过阿德勒。[多德勒尔的通信对象、画家兼作家爱尔伯特·帕里斯·居特斯洛（Albert Paris Gütersloh）认为，这一说法来源于反共和主义的德国宪法学家卡尔·施米特（Carl Schmitt）。]

布尔迪厄在他的生活形态分析中提出两大类别，一是行为作品或产物（opus operatum），二是行为方式（modus operandi）。

前者是惯习的"结构化结构"（strukturierte Struktur），由社会环境的基本生活条件决定，包括语言、服饰、饮食或营养、居住、体育活动及其他。行为作品或产物是外在的，非常明显地面向世界并进入世界。文化需求上的性格是由人的社会化决定的，所以对一个群体或一个社会阶级的归属感非常明确。生活形态与等级和社会地位相对应，而这正是阿德勒面向的领域。在布尔迪厄看来，行为方式是一种"结构化中的结构"（strukturierende Struktur），是"社会行为者的实践形式和行为策略的生成原则"。其中的评估和目标与阿德勒的理念更接近。布尔迪厄认为，社会主体具备一个生成结构的体系，通过这个体系，人们可以产出无穷的表达；而通过表达，人们能对所有可以想象出来的生活情景做出反应。

在布尔迪厄的思想中，品味（Geschmack）是起决定性作用的特征，它是阶级地位的象征性表达；惯习产生"命运之爱"（amor fati）——热爱所拥有的，拥有所热爱的；两性关系中存在"象征性的暴力"——一种微妙的、不可见的、柔和修饰过的权力支配模式；社会领域的运行离不开惯习，反过来，惯习是糅合了与不同社会领域的关系的结果，是一种相互作用。阿德勒着眼于单独的个体，而布尔迪厄以整个社会为目标。阿德勒从个体推演出整体，布尔迪厄则选择了相反的道路，但两人都明确表示，生活形态形成于童年早期。布尔迪厄是为了铲平并消除压迫的等级制度，而在阿德勒看来，自下而上的运动是一项基本法则，就像发电机一样，能让当下的关系往积极的方向改善；最终，群体感让心理健康和道德行为合二为一。

立陶宛裔法籍犹太哲学家伊曼努尔·列维纳斯（Emmanuel Lévinas）也提及了"运动"："被理解为超越另一边的无限时间的'运动'并不是以线性的方式进行的，它与有方向的射线所具备的直线性不同。运动的形式以死亡的神秘为标志，为了厘清这个形式，需要绕道而行，让它进入与他人关系的伦理中冒险。"在个体心理学的精神治疗中，运动始终意味着变化。因此，运动被理解为发展，总是与生活形态分析相关。生活形态分析是病人和心理治疗师之间的关系中固有的，两方紧密联系在一套精细的规则之中，都受到这套规则的制约。

1937年，《国际个体心理学杂志》（*Internationale Zeitschrift für Individualpsychologie*）1月刊发表了阿德勒的最后一篇文章《人类的进步可行吗？可能吗？不可能吗？确定吗？》（*Ist Fortschritt der Menschheit möglich? Wahrscheinlich? Unmöglich? Sicher?*）。他

在文中表示，发展和福利作为"衡量人类和种族的特殊变体"是至关重要的，他把这两点对应为群体感的程度和方式。"由于在傻瓜之外的所有人身上都能找到一定程度——通常极少——的群体感，甚至在动物身上也是如此，所以假设表现在生活中的群体感可能根植于生殖细胞中，是合理的。但群体感和所有人类形式与生俱来的可能性一样，遵循着由儿童从自己的创造力中觉醒的统一生活形态——他知道了如何看待世界，什么叫作成功，怎么发展自己。"

阿德勒没有把目光投向纯粹的存在，也没有投向结构的构成，他关注生命运动和目标导向中的应用，关注投入、展开和发展。他认为，成长——这一表达无疑和生物学相近——是在童年早期形成的；从克服自卑感和优越感的辩证关系，走向有群体感以及从群体感中发展出来的生活，实际上更像一种转换。认识到对自己的生活抱有错误看法，正代表着这一转换，这很了不起，否则治疗只能有很小的进步，不会有飞跃般的效果。在一次治疗工作结束时，对错误的地方有深刻的认识并进行彻底的纠正，阿德勒将此概括为主体的整体结构性转变。这一说法出现在他的晚期作品中，可以算作对近代关于自我和主体中心论的革命性超越。

个体心理学和社会主义"儿童之友"团体

> 谁为孩子建造宫殿,谁就在拆掉牢狱的墙。
>
> ——朱利叶斯·坦德勒

"家庭目前正面临分解,这是不可否认的事实。家庭具备的教育能力越少,国家就越需要干预。国家对此负有责任,因为家庭生活的损伤在很大程度上是由棘手的社会条件造成的。"奥地利的州议员弗朗茨·许贝尔(Franz Hueber)博士1911年在一份研究报告中如此说道。"受维也纳儿童保护和青少年福利中央办公室的委托",他对当时的儿童福利机构进行了评估,这让工业化、劳动力外流、贫民窟、无产阶级没有发展机会,以及包括身体暴力和性暴力在内的家庭原子化的后果进入人们的视野,像"无母亲之家的荒芜"和"道德沦丧"这样的流行语指向人们原本忽视的问题。这份报告意图拯救整代人。

像《工人日报》的编辑马克斯·温特(Max Winter)这样的媒体从业人员,让临时工、贫困者、被剥削者和被剥夺权利者组成的缄默世界有了发声的可能,他们开始揭露另一半人如何生活,在下水道、流浪者收容所、警察局、冰窖、暖房或者救护车——温特作为通讯员去了别人没去过的地方,伪装起来,融入完全不同的环境中。温特记述了首都的黑暗,他描写在弗洛里茨多夫和布里吉特瑙等郊区常见的因饥饿导致的小腹水肿。当他写到"金色维也纳之心"时,他的笔触变得苦涩:国家福利是零散的;国家认为救济弱势群体是一种困扰,把这项工作转交给私人组织,由他们组织慈善舞会和抽奖;"一战"之后对维也纳儿童的资助和供给都依靠美国贵格会。[1]

虽然国家在1914年之前就建立了福利机构,但它们只是作为托儿机构、男孩就业中心或"儿童暑假之家""储蓄和支持协会"提供儿童监护和看管,贵族们偶尔会给这些机构提供农庄等活动场所。

奥地利格拉茨的社会民主党人安东·阿弗里奇(Anton Afritsch)曾在1908—1909年受到这样一种思想的引导:帮助自救,支持自强的目标,从资产阶级的慈善仁爱中解放。阿弗里奇因此创立了"阿尔卑斯山儿童之友工人协会",以"帮助身为工人的父母履行教育职责"为指导原则,希望产生非常实际的效果,切实地改善儿童生活。1915年,"儿童之友"把一个位于海拔1000米的废弃小木屋改造成度假小屋,30个孩子在那里度过了人生中第一次假期。小屋中

---

[1] 贵格会是基督教新派的一个派别,主张和平主义和宗教自由。——译者注

可以烹饪健康的食物，一个卫生协会把格拉茨附近的一个农场捐赠给了阿弗里奇，这间小屋后来成为一家日托所。1918年3月4日，该组织大规模庆祝了成立10周年纪念日。阿弗里奇的组织取得如此大的成功，引起了维也纳人的关注。1910年，"儿童之友"的第一个地方团体在维也纳的弗洛里茨多夫成立。一年后，"该团体的总部迁往奥塔克林，很快在其他地区出现分部"。"儿童之友"致力于教育方面的进步和举办改革讲座，以及与当地的政治圈接触。阿弗里奇的组织飞快地站稳脚跟，带来的效果可以从一个贸易学徒的例子中看出来：他来自一个贫困的犹太家庭，和父母分开后接受了天主教洗礼，来到阿尔瑟格伦德的"儿童之友"地方团体，他叫奥托·费利克斯·卡尼茨（Otto Felix Kanitz）。他一开始被送到阿尔瑟格伦德的一家教会孤儿院，经历了与家人的分离和家族的衰落。"我叫奥托，不叫费利克斯，这个名字是不幸的"，卡尼茨后来这样说道。1918年秋，他通过自学补上了高中毕业考试，开始学习哲学和教育学，1922年获得博士学位。卡尼茨拥有极强的教育学天赋，早在1916年就以"儿童之友"的"教师"自居。随着战争的结束，卡尼茨开始了他丰富的活动。

维也纳"儿童之友"地方团体的设置和阿弗里奇的初衷其实不一样。1917年7月1日，维也纳市属的福利局和青少年福利局成立，这标志着青少年福利救济和弱势群体救济的分离。1918年5月，"维也纳市社会管理学会"成立。与此同时，青少年的食物供给和营养状况正在大规模恶化。因此，政府在两家幼儿园中设置了"给4~7岁儿童供餐的儿童战争厨房"。战争期间的冬天里，校园转变成了"儿童温室"。

当时，维也纳"儿童之友"组织正被革命的社会主义影响，这体现在语言和行动上：人们谈论着"新未来""新人类""无产阶级的救赎"。1916年末，该协会的杂志《儿童乐园》（*Kinderland*）写道："没有一个无产阶级的组织会是自救组织之外的其他形式，因为这种形式是从工人阶级的力量中诞生并成形的。"社会主义教育者工作组在1923—1934年有大约200名志愿者，他们在"儿童之友自由学校"协会内工作。1915年，工作组的下奥地利分部就要求建立具有社会主义意义的教育理论，其最初的动力来源于著名瑞士教育家爱伦·凯（Ellen Key）将理论追溯到了尼采。不过，其他影响也在"一战"之前不断占据上风：青年运动、教育改革初现端倪，带着人类解放的无穷悲情的文学表现主义的出现，当然，还有1917年俄国十月革命。

1918年11月底卡尔一世被废黜后，巨大的美泉宫空空如也。同年12月，"儿童之友"入驻宫殿右侧瓦莱丽楼的套房，卡尼茨在这里设立了一所教育者学校，该校于1919年11月12日即共和国成立1周年时开学，领导就是卡尼茨自己。"新人类"将在这里接受教育，他们将成为秉持公正、维护社会主义社会秩序的宝贵成员，就像卡尼茨的一本书的标题所说——成为"未来的战士"。

卡尼茨教授世界历史、社会主义教育和韵律练习，他用华尔兹为这种富有表现力的舞蹈伴奏。这所学校的教学覆盖所有领域，从书本知识到植物学，从速记到瑞典体操——物理治疗运动练习的前身。学生们去远足，去博物馆和图书馆考察，高年级学生还会在闲暇时去附近的儿童之家承担一些中小型任务。

1922—1923学年，有3位叫阿德勒的人在卡尼茨的教育者学校授课：马克斯·阿德勒教授开设了"马克思主义（社会学）入门"课程，他和阿尔弗雷德·阿德勒相识多年，都曾活跃在社会主义学生协会中；燕妮·阿德勒（Jenny Adler）博士教授卫生学；阿尔弗雷德·阿德勒教授心理学。该学校的第一批学生于1923年毕业，22名年轻的毕业生被派往各个地方团体担任教育者。

1922年，阿德勒参加了在萨尔茨堡附近的克莱斯海姆城堡举办的社会主义青年教育国际会议，之后又参加了其他世界青年会议。他向这些年轻的教育者介绍了个体心理学的基本原则，让他们作为个体心理学的中间传播者发挥作用。个体心理学的教育方法和见解因此流入社会主义教学理论和青年理论中。

几乎同一时间，阿尔弗雷德·阿德勒还参与构建了跨越国家和语言界限的国际共识，并且是具有社会主义基础的国际和平协会"光明"（Clarté）的维也纳分会的创始人之一。除了他的妻子拉伊莎，维也纳作家艾尔泽·费尔德曼（Else Feldmann）、记者兼电影评论家贝拉·巴拉兹（Béla Balazs），以及担任定居合作社和小花园协会秘书长的奥地利马克思主义国民经济学家奥图·纽拉特（Otto Neurath）都是工作委员会的成员。此外，个体心理学对和平主义者也很有吸引力，因此在接下来的几年里，经常有和平主义活动家参加个体心理学大会。1928年，阿德勒为文集《暴力和非暴力：积极和平主义手册》（*Gewalt und Gewaltlosigkeit. Handbuch des aktiven Paziismus*）撰写了《心理学与权力》（*Psychologie und Macht*）一文，其他在手册上发表文章的作者有罗曼·罗兰、斯蒂芬·茨威格、圣雄甘地（Mahatma Gandhi）和伯特兰·罗素（Bertrand Russell）。

在寄宿学校因资金短缺而于1923年初夏关闭后，卡尼茨加入了社会主义工人青年团组织。他的学校的毕业生后来成为维也纳几乎所有教育改革和学校实验的基础，他们出现在年轻的西格弗里德·贝恩菲尔德周围的圈子里——贝恩菲尔德为维也纳精神分析协会的教学机构设计教育研讨会。他们也出现在蒙台梭利学校[1]和为青少年组织的夏令营里。

1　蒙台梭利学校是实践意大利心理学家兼教育学家玛丽亚·蒙台梭利（Maria Montessori）提出的蒙台梭利教育法的学校。——译者注

德国和欧洲的个体心理学

> 只有当别人对我们来说是真实的时候,
> 我们才会认为自己是真实的。
> ——马丁·布伯(Martin Buber)

萨尔茨堡就像一块跳板,"儿童之友"和战后社会主义借由这块跳板的弹力,越过了萨尔察赫河畔的这座城市,而1918—1919年之后,奥地利人被禁止出国旅行,正如阿德勒1920年夏天给一位苏黎世的熟人写信说的,"暂时排除这个可能"。

早在1919年,阿德勒就想到了举办"国际会议",并与来自伯戈尔茨利的厄根·布洛伊勒写信对此进行了交流。他借此向美国那边发出了信号。美国马萨诸塞州伍斯特市克拉克大学心理学教授斯坦利·霍尔曾在1909年邀请弗洛伊德访问,但后来他似乎更倾向个体心理学而不是正统的精神分析;据说,霍尔于1914年为阿德勒提供了一个客座讲师的职位。1914年以前,阿德勒的部分著作已经被翻译成英文。1917年,在"一战"期间,《神经症的特性》被译为《神经质的体质：个体心理学和心理疗法的比较大纲》(*The Neurotic Constitution. Outlines of a Comparative Individualistic Psychology and Psychotherapy*) 在纽约出版，4年后该英译本又在伦敦出版。同一年，纽约的神经和精神疾病出版公司出版了《自卑感及其心理补偿研究：对临床医学的贡献》(*Inferiority Complex and Its Psychical Compensation. A Contribution to Clinical Medicine*)。因为战争，阿德勒没有任何稿费。阿德勒还为此联系了布洛伊勒，希望稿费能转到布洛伊勒手里，因为瑞士在经济上更安全。

参与"儿童之友"和社会主义活动，使阿德勒扩大了他的影响范围。他于1922年作为演讲者出现在克莱斯海姆城堡举办的国际会议上，这给了来自德国南部的个体心理学家一个值得欢呼的理由，前往当地旅行。虽然不被允许参加讲座，但他们在室外相互见面，不拘礼节，一如阿德勒的风格。

战争结束后，巴伐利亚州首府慕尼黑出现了一些心理学工作小组，这个伊萨尔河畔的城市在1914年之前一直是精神分析无法攻占的地方。当地第一个个体心理学地方团体由莱昂哈德·赛夫 (Leonhard Seif) 于1920年成立。塞夫住在施瓦宾格（慕尼黑北部区域）的皇后街20号，就在英国花园旁边。他起初帮忙建立了弗洛伊德的慕尼黑工作小组，然后投奔荣格，最后转投阿德勒。在1919年夏的慕尼黑，围绕着塞夫形成了一个"应用心理学协会"，因此精神分析学家很快离开了他。第一个德国教育咨询中心于1922年在慕尼黑马克斯沃施塔特的阿玛利恩学校成立，1923年又在施瓦宾格成立了两个；之后还有位于阿尔高的教育之家、假期课程和暑期学校。人们对这些机构的接受度逐渐提高。1922年教育咨询中心只有4次初步咨询，1926年已有39次，并成立了两个规模较大的工作组。其间，教育咨询中心与少年法庭和教育改革界的关系也变得更加密切。

塞夫生于1866年，皮肤苍白，谢顶，但他的组织才能与教育才能同样得天独厚。他在接下来几年里培养出了爱丽丝·吕勒-格斯特尔、马蒂亚斯·H.戈林（Matthias H. Göring）和弗里茨·肯克尔（Fritz Künkel）。1922年12月，第一届国际个体心理学大会在慕尼黑举行，大约有150~200人与会。大会的直接影响就是在纽伦堡、德累斯顿、莱茵河畔法兰克福，以及海德堡、汉堡和汉诺威出现了更多个体心理学团体。1927年，个体心理学协会在德国的分部数量达到9个，这一数字在随后5年里成倍增加，1932年时达到36个。事实上，直到20世纪50年代初，慕尼黑一直是个体心理学在德国最强大的支柱。并不对政治抱有希望的塞夫指出，这是因为个体心理学并不需要像维也纳那样的社会主义背景来产生效果，它可以适应任何制度——社会主义背景在不久之后使个体心理学遭到反对、抵制，甚至导致成员离会。

1923年起，《国际个体心理学杂志》从第二卷恢复出版。在由于资金问题引起的漫长暂停后，是时候重新开始了。考虑到未来发展，这本杂志需要一个出版平台作为战略和主题的策划者，连接各个地方分会，促进内部交流。当时，资金支持来自何处还不甚明朗，第一卷的两次出版已经是7年前和9年前的事了。最后，该杂志定为由个体心理学出版社出版，由维也纳著名的莫里茨·佩莱斯出版书店发行，国外的发行工作由伦敦的基根·保罗出版社接管，由此，阿德勒和这家英国科学书籍的出版商取得了直接联系，这家出版商在接下来几年里还把阿德勒的许多书翻译成了英文。这份恢复出版的公报宣布接受3种语言的文章，即英语、法语和德语，每篇文章附有第二语言的简短摘要。阿德勒担任编辑，同时作为所有者参与财务工作。当阿德勒不再待在欧洲时，该杂志被转移到德国莱比锡的希策尔出版社的项目中，在之后几年里，该出版社的计划中加入了不少个体心理学出版物。

同年即1923年，阿德勒的《个体心理学的实践与理论》（*Praxis und Theorie der Individualpsychologie*）一书被译成英文。在夏天的那次克莱斯海姆城堡会议上，阿德勒提出了"用于理解和治疗难以教育的儿童的个体心理学问卷草案"，反响很积极。稍作修改后的问卷被奥地利和德国的教育系统采用；甚至1945年之后，在已经被分成4个部分的奥地利，仍有学校使用这套问卷。稍早前的1923年7月底，阿德勒前往英国。他被邀请参加第七届国际心理学大会，因此前往牛津，那个被视为心理学禁区的地方——直到1936年，牛津才成立实验心理学研究所。会议语言为英语、法语和德语，共有5天，每天上午是一场学术交流会，下午是一系列报告。239名与会者大多数（60%）是英国人或美国人，法国人、荷兰人和德国人各占3%（奥地利人通常算作德国人），而阿德勒是少数讲德语的人之一。

维也纳个体心理学协会的规章制度被提议成为新生年轻德国地方分会的模板。新成员在加入协会时必须订阅《国际个体心理学杂志》，以增加订阅和工作人员的数量。

阿尔弗雷德·阿德勒花了整整1年时间进行旅行演讲，他在旅行途中参加了许多会议，行程从维也纳途经慕尼黑到柏林，再从柏林前往日内瓦，接着由巴黎前往阿姆斯特丹。他成为代表自己的演讲者，成为个体心理学的代言人、领导者、代表和首席发言人，以及最高组织者。通常，经验丰富的个体心理学家被从维也纳派往各个青年团体担任顾问。

很快，在16个国家共成立了33家个体心理学协会的分会组织。

1926年，莱昂哈德·赛夫、作家吉娜·考斯（Gina Kaus）和阿尔弗雷德·阿德勒组成了《个体与群体》（*Individuum und Gemeinschaft*）系列的三大发行人。爱丽丝·吕勒-格斯特尔和奥托·吕勒的《难以教育的儿童》也于同年出版。这一年的国际个体心理学大会在德国莱茵地区的杜塞尔多夫举行。

从法律上来说，维也纳国际个体心理学协会1926年才正式成立，协会注册的过程曲折又马虎。但1931年，协会名称中的"国际"一词再次被摘下，原因至今不明。成员名单不完整，只有维也纳和慕尼黑的名单被保留下来。1925年，维也纳协会有75名成员，慕尼黑协会一年后达到73名，非官方的计数大概是名单数量的两倍。

第二届国际个体心理学大会于1925年9月的第一个周末在柏林举行；此前已于5月底在克莱斯海姆城堡进行了一次预备会议。个体心理学想要收获认可、传播和回应，以及追随者，"征服"柏林必不可少。精神分析早在1908年就通过卡尔·亚伯拉罕在柏林组建起团体，并且随着1920年精神分析研究院的成立，帝国首都成为和维也纳一样重要的主要地点。因此，个体心理学协会在柏林立足非常重要，甚至非常紧迫。阿德勒早把目光投向了柏林，他经常前往那座城市，还因为他的长女在那里定居。柏林一共举行了两次个体心理学国际大会，第一次就在1925年，另一次在1930年。

在克莱斯海姆城堡5月的预备会议中，个体心理学在思想上要求的形象更加鲜明；并且，它从各种党派中解放了出来——个体心理学是非政治、非宗派的。第三点同样重要：坚持优质的专业化培训，以文凭为成功培训的标志。但是，禁止讨论意识形态问题将会在协会发展到中期时产生反面效果——争吵、阵营战，以及几年后的分裂、论战与反论战。

一个马克思主义派别在个体心理学内部形成。1924年，爱丽丝·吕勒-格斯特尔和格蕾特·范特尔（Grete Fantl）共同在德累斯顿成立了一个地方分会。范特尔在花园城市海勒劳经营着一个文学周日圈子，并参与犹太人的福利工作。1926年末，吕勒-格斯特尔、在萨克森州内政部负责福利事务的部级主管雨果·弗罗因德（Hugo Freund），以及后来改姓"罗姆"的保罗·普洛特克（Paul Plottke），在德累斯顿建立了第一个教育咨询中心。1927年，吕勒-格斯特尔和范特尔将自己从个体心理学家团体的名单中删除，成立了马克思主义工作小组和无产阶级教育协会。对她们来说，马克思主义和个体心理学是一体的："马克思主义和个体心理学都看到了人类历史上前后一致的进程。马克思认为这一进程的起点在于经济和社会，阿德勒认为在于心理学。"1927年，德累斯顿的个体心理学地方分会由雨果·弗罗因德重新建立。

3年前即1924年，阿尔弗雷德·阿德勒首次被邀请到荷兰担任演讲者和讲师。在接下来的10年内，他经常前往荷兰，并在那里与两个很重要的联系人相识并建立了友谊———一个是宝拉·阿尔迈尔（Paula Allmayer），1894年生于亚琛（Aachen），嫁给了一个商人，是两个孩子的母亲。在听了阿德勒的许多讲座、看了很多他的书之后，她于1925年左右在阿姆斯特丹开设了一个自己的咨询中心，以个体心理学演讲者的身份工作。另一个是银行家的妻子罗泽尔·弗罗克内希特（Rosel Frohknecht）。她第一次听说阿德勒是在1924年，也就是她的丈夫、阿姆斯特丹大陆银行的董事去世的那一年。夫妻俩都来自德国，她"非常喜欢他的思想，带着一个问题儿童给他治疗，阿德勒的成功治疗让她相信他理论的真实性。整个弗罗克内希特家族都参与了这份友谊，直到阿德勒去世"。这两位女士非常活跃，社会关系良好。个体心理学小组在阿姆斯特丹、海牙和乌得勒支建立起来，医生彼得·赫尔曼纳斯·龙格（Pieter Hermanus Ronge）将很快在这些地方发挥突出作用。

1926年底，阿德勒再次来到英国，这次访问也有所收获。他在伦敦为医学协会做了多次讲座，最早的听讲者之一莉莲·斯莱德（Lillian Slade）被阿德勒打动，于是她说服了她崇拜的哲学家迪米特里耶·米特里诺维奇（Dimitrije Mitrinović）陪她参加阿德勒的下一次演讲。米特里诺维奇1887年出生在哈布斯堡帝国的黑塞哥维那，他很快就与阿德勒建立了联系。"一战"前，米特里诺维奇在萨拉热窝发行过一本文学杂志，随后在慕尼黑学习艺术史，1914年前往英国。他致力于先锋派艺术，将印度史诗和罗马诗人维吉尔的作品翻译成塞尔维亚语，是一位充满魅力的导师，想象着一个新的乌托邦。他的艺术中掺入了很多东西，包括深奥的、怪诞的、古老欧洲的、哲学的。他将现代主义与神秘主义联系在一起，佐以激进主义和教育普及。和同时代的许多人一样，他想创造一套新的规则，治愈被视为病态的文明。他渴望新的时代，一个文明的、反极权的"新时代"——1933年希特勒夺取政权后，他给希特勒写了一封激昂的信，谴责他对权力的贪婪和残暴。

阿德勒和米特里诺维奇很合得来，双方进行了长时间的深入交谈。阿德勒总是对新的相识持开放态度，而米特里诺维奇拥有迷人的品格，因此在米特里诺维奇的周围形成了一个圈子。此外，两人在非暴力、和平主义和改善人类方面的兴趣是重合的。1927年，"高尔街个体心理学俱乐部"在伦敦高尔街成立，此事与米特里诺维奇关系密切，因为他从那时起担任英国和北爱尔兰的个体心理学分会负责人。

米特里诺维奇的圈子里还有1886年生的画家兼喜剧演员菲利普·梅雷,梅雷后来这样回忆道:"在阿德勒协会的鼎盛时期,无数杰出人士偶尔会出现在那里,呈现一场精彩的表演。有段时间约翰·斯特拉奇(John Strachey)[1]经常去,还有他的姐姐克拉夫·威廉姆斯-埃利斯(Clough Williams-Ellis),很长时间内他们都是阿德勒热情的追随者。之后,克鲁克香克博士[2]在托灵顿广场成立了另一个阿德勒协会,但他个人的悲剧(他自杀了)极大地破坏了这个协会……正是米特里诺维奇的口才、个人魅力和巨大的智慧光彩,使阿德勒的个体心理学在伦敦成为一种'运动'。否则,阿德勒的影响只会无组织地局限于少数医生,局限于与教育者偶尔的书信往来或碰面。"1928年,菲利普·梅雷出版了《阿德勒心理学基础》(ABC of Adler's Psychology)。他在20世纪30年代是《新英国周刊》(New English Weekly)的出品人,因此是阿德勒在出版英文书籍方面最早的合作者之一。阿德勒的合作者们相当容易地制作出手稿,随后得到阿德勒的授权,并以他的名义出版。

1927年,个体心理学在维也纳正处于发展和影响的高峰期。它大受欢迎,被广泛普及,出现在新闻界、法庭、甚至过度延伸到个体心理学的无数演讲中。在这种情况下,维也纳医生协会提出申

---

[1] 约翰·斯特拉奇(1901-1963),英国工党政治家、作家、马克思主义理论家。——作者注

[2] 指弗朗西斯·格雷厄姆·克鲁克香克(Francis Graham Crookshank, 1873-1933),英国医生,发表过关于精神分析的文章。——作者注

诉，主要对文凭的发放及其作为医疗培训证明的外观感到不满：个体心理学协会吸引那些庸医以不被允许的方式通过考试，这是对公众的欺骗。诉讼程序于1928年10月底结束，申诉被驳回。阿德勒以列举的方式提交证据，还在法庭上做了口头陈述：只有参加过学习的医者才会被授予文凭，非医者获得的是有明显标记的其他证明。

渐渐地，阿德勒的书籍中也逐渐加入了他的追随者的出版物。例如，埃尔温·韦克斯贝格在1926年出版了《个体心理学手册》（*Handbuch der Individualpsychologie*），通过这本全面的手册，他对阿德勒的学说进行了一次宏大的总结；同时，当时发展出来的新认知也被编入其中。

个体心理学关于忽视和犯罪的论文和工作，还受到了法学家的关注。这在柏林举行的第四次个体心理学大会上表现得非常明显——会议的重点是精神病与犯罪行为，演讲者包括来自维也纳、慕尼黑、柏林和萨克森州瓦尔德海姆的法学家（瓦尔德海姆拥有一座臭名昭著的大型监狱）。一位来自萨克森州的刑法专家谈到了刑事系统中福利工作者的关怀活动和自我认识。在下一次大会，即在柏林举行的第五次大会上，帝国内政部和劳动部的代表强调了个体心理学在青年司法者中的重要地位———位刑事辩护律师在会议中主张设立"鼓励机构"，而不是劳改所。

第二篇　阿德勒的时代

美国 I

> 在20世纪30年代，我领悟到了一个重要的道理……
> 为人们提供一种权力感，不仅仅是为穷人。
> 穷人没有什么特别高尚的地方，
> 每个人都是如此。
> 那段时间可能是我们最具创造性的时期。
> 那是一个参与的10年。现在是一个寒冷的世界，
> 那时是一个热的世界。
> ——索尔·阿林斯基（Saul Alinsky）

"鼓励"也是阿尔弗雷德·阿德勒在美利坚合众国开展个体心理的过程中必须要做的事情，因为没有一个国家像美国那样对精神分析的接受度如此之高。"当弗洛伊德1909年第一次踏上美国的土地时，精神疗法早已融入了美国文化和医疗体系中。"1909年，弗洛伊德在位于马萨诸塞州伍斯特市的克拉克大学演讲时，听众中不乏一些文化领域的精英。借助这些大学，弗洛伊德的理论获得了

"质量认证和学术合法性",他的学说得到了神经学、精神病学、哲学领域的教授的支持。由于弗洛伊德的著作措辞含糊不清,人人都能找到适合自己的内容,因此无论是极端分子还是哈佛大学这样的知名机构里的学者,都能接受弗洛伊德的理论。

1910年,纽约的一位心理治疗师首次将弗洛伊德的治疗方法应用于专业的心理治疗。纽约和波士顿分别于1911年和1914年成立了精神分析协会。美国精神分析协会(APA)成立于1911年,它成为精神分析学派的联络中心。在维也纳,接受弗洛伊德治疗的不是上层阶级就是富人。与此不同,在北美地区接受治疗的更多的是中产阶级。年轻的学术杂志进一步巩固了弗洛伊德学派的地位。美国精神分析协会推动专业化是有原因的:美国100年来一直是庸医、卖神药的商人和精神治疗师的天下,美国的弗洛伊德派自封为精神病学的一个分支。根据规定,只有医生有入会资格,美国精神分析协会各类会议的主要议题是研究案例。1917年,美国巴尔的摩的一位精神分析师建议同事在工作中使用长沙发,而在此之前,精神分析疗法一直是以坐姿进行的。

由于政治动荡和社会转型,第一次世界大战后,人们出现了身份认同问题。弗洛伊德的著作被当作关于"个体存在"(persönliches Leben)的理论。接受过精神分析师培训的医生亚伯拉罕·A.布里尔(Abraham A. Brill)格外致力于推广弗洛伊德理论。1909年,他曾在伍斯特市听过弗洛伊德的演讲;1911年,他在自家客厅成立了精神分析协会。布里尔忙于演讲和将弗洛伊德的著作翻译成英文，一刻不歇。1915年，《好管家》（*Good Housekeeping*）杂志发表了第一篇关于弗洛伊德的文章。威廉·A. 怀特（William A.White）也做出了同样重要的贡献。他于1903—1937年主管位于华盛顿特区的圣伊丽莎白医院，这是美国最大的联邦精神病院，有几千名病人。怀特在1911年写了美国第一本关于精神分析的教科书，两年后联合创办了《精神分析评论》（*The Psychoanalytic Review*）杂志；1931年，成立了精神分析研究院；同年在芝加哥成立了精神分析学会（Psychoanalytic Society）。

阿尔弗雷德·阿德勒于1922年首次受邀到国外演讲，地点是英国剑桥。因为英语不太流利，阿德勒给听众留下了深刻的印象——尽管演讲前他已经逐字逐句排练了英语演讲稿，进行了发音练习。演讲前，会议主持人向与会者表示，他必须坦诚一件事：因为会议邀请了一位"敌对的外国人"，活动受到了炸弹威胁。这番话引起了现场听众短暂的轰动，随后他们又平静下来，阿德勒开始了他的演讲。他的沉着冷静给所有人留下了深刻印象——全程面带温和的微笑，原因是他对主持人的讲话一个字都没有听懂。在此次演讲一年前的1921年，英国著名的科学出版社基根·保罗出版社出版了《神经质的体质》，采用的是1917年在美国出版的英译本。随后在1924年，该出版社又出版了《个体心理学的实践与理论》（*The Practice and Theory of Individual Psychology*）。

1926年阿尔弗雷德·阿德勒到访美国时，这个国家正在经历巨变、寻找自我并觉醒。这是一个想要了解自己和已经变化了的世界的国家。1923年，卡尔文·柯立芝（Calvin Coolidge）接任沃伦·G.哈定（Warren G.Harding）成为美国总统。这位传统的保守派在1924年的大选中使用了现代传播策略——宣传片、名人代言、歌颂他的歌曲以及广播讲话。1927年，曾在纽约市哥伦比亚大学任教的历史学家查尔斯·比尔德（Charles Beard）和妻子合著的《美国文明的兴起》（The Rise of American Civilization）出版了。这本1652页的长篇历史巨著成了当时的畅销书。当然，这也要归功于新成立的科普媒体《每月读书会》（Book of the Month Club）。同年，福特汽车公司停产了其长期畅销的T型车，该车型只有黑色一种颜色。古板的T型车由A型车取代，顾客可根据自身喜好选择不同的颜色。美国国民经济开始转入供给经济轨道，美国逐渐成了消费社会。

机器时代悄然来临，随之而来的是社会动荡、新的生活方式以及新的文化。1927年开始，"时尚""新潮"不再是专属于造型的形容词，人们开始用它们形容生活方式。机器文化的表达方式开始融入文化和日常生活，自动化和"全机械化"侵入并改变了私人领域。1929年成立的纽约现代艺术博物馆在其充满雄心壮志的年轻馆长艾尔弗雷德·H.巴尔（Alfred H. Barr）的带领下，于1934年春举办了一个关于机器艺术的大型展览。在展览目录的介绍中，巴尔写道：机器艺术的美在于抽象艺术，其优雅在于几何构造、线条管理和连续性。展品包括口述录音机、烤面包机、吸尘器、悬臂椅、收银机、打字机齿轮、螺旋桨、实验室配件、烹饪锅具和玻璃餐具。在20年前，这些物品还在大型邮购公司的产品目录中：1912年左右是烤面包机和熨斗，1917年是电动吸尘器，1930年是电饭煲，1932年是电冰箱。自动化机器是福特主义的具体体现，是计划、合理化和标准化时代的象征。人被机器管理的做法，本身就自相矛盾。第二次工业革命后的大众社会充斥着大宗商品，这反过来催生了对独特的个人生活方式的追求。尽管福特主义表面上看起来推崇物质至上，追求提升效率，但其核心推动力是对自由的渴望。"归根结底，福特主义试图将社会变成一个工厂，但这只能通过一种特殊手段来实现。必须达到这样一种状态：人们不再在工作领域寻找自我。"

有一个问题对美国的群体心理来说变得日益紧迫：如此众多的变化，将带来或应该催生出什么样的文化？它具有什么特征？这个国家该如何塑造这样一种文化，它的物质、精神、思想和心理基础又是什么？20世纪20年代末起，这些问题就一直困扰着美国的知识分子和中产阶级。物质生活水平的改善会对精神生活带来什么样的影响？这对生命有什么意义？生命的意义是什么？历史学家刘易斯·芒福德（Lewis Mumford）——其著作主要探讨文化和技术史——提出了关于技术时代人文主义生活方式的问题。20世纪20年代中期开始的人们对文化的追求，其实是人们探索意义模式、为有意义的生活寻找指导的表现。1930年左右，一场关于国家认同基础的公开讨论开始了。出生于美国肯塔基州的诗人爱伦·泰特（Allen Tate）采取了基督教保守派立场。他与南方各州其他知识分子一起，写了一份宣言，主张建立一个农业化的美国。这是一场危机的征兆。1929年的美国股市崩盘和全球经济海啸带来的影响，在接下来的几年内将达到顶峰。这场辩论围绕着危机、价值观的丧失、转型和传统展开。

美国社会学家罗伯特·林德（Robert Lynd）和海伦·梅里尔·林德（Helen Merrill Lynd）进行的一项长期社会学研究报告是这样开头的："这座城市叫米德尔敦[1]。这是一座人口只有3万的小城市。"1929年，他们将研究成果出版成书，书的副标题点出了这对学者的研究方向——《现代美国文化研究》（*A Study in Modern American Culture*）。文化变迁，悠久的传统逐渐消退，新兴事物不断涌现——这一切集中体现在美国印第安纳州的曼西，它可谓是美国的典型代表。在8年后的1937年，学术著作《变迁中的米德尔敦：文化冲突研究》（*Middletown in Transition. A Study in Cultural Conflicts*）同样揭示了这一现象。在"最新情况和反面教材"这一章中，标题向读者展示了符号资本、变化、冲突和矛盾、经济萧条的冲击这一系列问题。1926年开始，北美地区的中产阶级被一种能够吞噬一切的原始感觉所折磨：仿佛哪里出了什么问题。林德夫妇在其著作中引用了一位男士的问题："人们害怕某些东西，但是到底在害怕什么呢？"

应该如何利用危机？危机到底有没有任何利用价值？民主党

---

[1] 米德尔敦又译"中州镇"，位于美国康涅狄格州。——译者注

派的富兰克林·罗斯福（Franklin Roosevelt）之所以能在1932年的总统选举中获胜，部分原因是他发现恐惧是人民的主要问题，并提出了直接的解决方法，即罗斯福新政———一项政府就业和福利政策。

1926年11月，阿尔弗雷德·阿德勒在英国南安普敦登上了白星航运公司最大的船——庄严号（RMS Majestic），启程前往美国。此时，他已经是由奥地利联邦总统赞助的美国-奥地利协会（Amerikanisch-Österreichische Gesellschaft）的成员。1923年参加牛津的大会后，他潜心学习英语，尽管如此，他的英语也没有变得无懈可击，总是能听出奥地利口音。在纽约，他在纽约社区教会、纽约社会研究学院、哥伦比亚大学、一家医院、波士顿附近的剑桥学院，以及哈佛大学进行了演讲。在旅途中，阿德勒十分注重住得舒适甚至奢华，他在格拉梅西公园酒店租了一间优雅十足的套房。几周后，他接受了记者采访。1927年1月11日，他在位于纽约第五大道103街的纽约医学会新大楼里进行了演讲。此后，他在美国进行了一场巡回演讲，从费城到波士顿、芝加哥和底特律，以及东北部和中西部的小城市，所到之处，演讲大厅人满为患、座无虚席。对于他和他关于教育，促进和需求，解放和自我实现，自我发展和为更好的、面向群体的自我而工作的观点来说，这是一个合适的时机，所有这些观点都正符合美国中产阶级的需求，并得到了欢迎。此外，无论听众是接受过相关培训的专业人士，还是只知道一些心理学流行语的好奇的门外汉，阿德勒都表现自若，毫不羞怯。他面向不同的人群演讲,包括来自大都市的听众、小资产阶级,以及"美国革命之女"(Daughters of the American Revolution)——一个爱国主义妇女协会——这样的协会和组织的成员。阿德勒不怯于在教堂、学校、报告厅等场所演讲,有时他也在小型的私人场合露面。阿德勒的行程安排得非常紧凑,他一整天都忙于演讲、会谈、咨询和接待,还有结交新朋友。阿德勒以其友好、温暖、令人愉悦的态度,捕获了东道主和听众的心。与阿德勒同时代的人如此解释这位身高只有165厘米的心理学家是如何一开口就成为全场焦点的:他从不煽情,讲话没有多余的手势,声音温暖、悦耳,看起来对自己所说的话深信不疑。

他在美国一直待到1927年4月初,在美国期间,他的思绪经常飘回维也纳的老家,主要是因为他很少收到家人的消息。"亲爱的阿历,不知道为什么,我没有收到你们的消息。……等等!我刚刚收到了两封信,我没有听说任何关于协会中纠纷的消息。我的演讲非常受欢迎,我的一篇英文论文也是如此。……香烟还是那么火爆吗?R女士真不应该那么抠字眼,在婚姻中经常会有一些不能按照字面意思理解的言论……"

同时,他也想兼顾其他事情:"你知道兰克与弗洛伊德决裂了吗?"当时,"星期三协会"的会议记录员奥托·兰克刚刚背弃弗洛伊德学派。阿德勒还给他女儿、主要收件人亚历山德拉写了这样一封信:"亲爱的阿历,我正仿佛呼吸着欧洲的空气。我会给你带一件漂亮的和服和一双长筒袜。我在位于纽约麦迪逊大街的'信托公司'银行还有1300美元。我还有8场演讲，应该能带来大约500美元的收入。扣除旅费，我会电汇或者带回家大约1500美元。加上7400美元，总共约9000美元（相当于2019年的约12.9万美元，或约11.25万欧元），也就是63000先令。我写这封信给你，是为了让你心里有个数。加上银行里的900美元，现在大约有10000美元了。你们应该已经收到电汇的1500美元了。我很好，我们所到之处都获得了成功。"

1927年2月末，他回到纽约，下榻位于第68号街的剑桥酒店。在那里，他心满意足地对新结识的朋友伊良·S.维尔德（Ira S. Wilde）宣布："个体心理学在这儿也受到了热烈欢迎。"伊良·S.维尔德是一位儿科医生，自1919年就职于纽约西奈山医院并成立了儿童咨询门诊。1927年4月，莱昂哈德·赛夫来到美国，受邀进行一场持续到7月的巡回演讲，《国际个体心理学杂志》骄傲地为此次巡演登出了宣传广告，阿德勒也为此马不停蹄地联系了新老朋友。他事先联系了从维也纳移民到美国的女学生，这些学生帮忙介绍和宣传演讲，并解释说明个体心理学的方法。我们可以根据《国际个体心理学杂志》的广告得出这样的结论："在美国，汹涌的野心凌驾于一切，而这不仅限于体育赛场……相互竞争和追求声望被看作一种美德。人人都想争第一。"

1927年4月17日，阿德勒乘坐豪华客轮利维坦号回到了维也纳。回国几天后，他退出了1904年从犹太教改信加入的新教教会，随后又关闭了诊所。在此之前，他在每个工作日都严格遵守日程安排：早上在诊室接待病人一直到上午11点左右；然后，他在办公桌前与同事、朋友和学生讨论过去一天发生的事情，从教学法聊到政治；午饭后，下午4点他又开始接待病人，他的病人中外国人变得越来越多，给的报酬也多，但是他收的咨询费还是比弗洛伊德少；晚上，他在西勒咖啡馆参加协会会议，并参与长时间的讨论。

阿德勒已做出决定：从现在起周游各国，推广个体心理学。他的讲学地点主要是西方世界，特别是美国。同时，他也接待病人，并通过新闻媒体为他和他的理论做宣传推广。他在美国的《哈珀斯月刊》（*Harper's Monthly*）6月刊发表了一篇关于天赋与个性的文章，提出美国才是未来。当时的奥地利刚经历完政治动荡，而美国可以提供更多机会，包括不菲的收入。此外，本来就不喜欢长途旅游的弗洛伊德自当年初就身体欠佳。弗洛伊德脾气暴躁又反美，1909年他在美国期间曾戏称自己的消化不良症状是"美国式消化不良"，还嘲笑美国的理发师不称职。在弗洛伊德家族看来，"真正的美国人"都肤浅且没有品位。不难猜出，弗洛伊德写出他那篇充满恶意的关于"美元叔叔"——不属于高级人类的新世界野蛮人——的杂文，是出于嫉妒心。1924年，弗洛伊德写信给正在准备前往美国的奥托·兰克表示："我认为，精神分析非常适合美国人，正如白衬衫衬托黑天鹅一般。"他知道荣格在瑞士大获成功，并收获了许多富有的美国资助者和病人。

与弗洛伊德相反，此时的阿德勒在维也纳公开讨论新兴起并刚步入正轨的美国心理卫生运动，介绍美国的社会福利制度。阿德勒认为，与依靠私人民间社会组织的维也纳相比，美国的社会福利制度更为宏大。此外，他形容美国各个大学的院系都对教学创新持开放态度。在诊所关闭后的几个月里，阿德勒不知疲倦地奔走于奥地利及欧洲各地，也取得了比以往更大的成就。但另一方面，除了由于与他本人意见不一致造成的紧张氛围，个体心理学流派内部也开始因意识形态差异出现严重的分歧，这些都让阿德勒头痛不已。

1927年9月17日，第四届国际个体心理学大会在维也纳召开，会议持续了几天。1928年2月，阿德勒回到纽约，再次住进了剑桥酒店。此时的他已成为畅销书作者，回到纽约做的第一件事就是在他的酒店套房里举行一场新闻发布会。在3个月前，他的著作《认识人性》（Understanding Human Nature）的英译本出版了，译者是著名的瓦尔特·贝朗·沃尔夫（Walter Béran Wolfe）[1]。《认识人性》由格林伯格出版公司出版。这家成立于1924年的出版社问世后就迅速成了高盈利出版社，其所有者杰·W.格林伯格（Jae W. Greenberg）也是一位十分活跃的人物。1928年，《认识人性》在英国出版并成了阿德勒在英美地区出版的第一本科普书。仅在出版的头6个月内，《认识人性》就再版了两次，并成了长销书，销量超过100万册。据记载，该书还被学校用作世俗伦理学的教科书。有趣的是，弗洛伊德的《梦的解析》英译本在1920—1932年间总共

---

[1] 沃尔夫担任精神科医生并翻译阿德勒的著作，一直到他在1935年于35岁意外死亡。他还著有《如何成为快乐的人》（How to Be Happy Though Human）和《安抚你的情绪》（Calm Your Nerves）等书。——作者注

卖出了11000册，而在1910—1919年间只卖出了5250册。格林伯格出版公司决定乘胜追击，于1928年2月中旬和阿德勒签下了受众更广的两本新书的合同，约定两年内交付书稿。

接下来，阿德勒在纽约的社会研究新学院获得了一个讲师职位，这是他在美国第一次担任学术讲师，尽管只有一个学期。阿德勒的案例演示非常受欢迎，他的课排在周三和周四，每次90分钟。在这段时间里，他每天都要公开进行几次教育咨询，咨询前他拒绝做任何准备。教育咨询在当时的美国很少见，但在维也纳，个体心理学教育咨询机构却已经非常普遍。阿德勒通常能在与家长和孩子进行第一次谈话时，就以敏锐的洞察力找出核心问题，并将其转化成中立且不带有性别特征的语言。

他还在哥伦比亚大学进行了一轮演讲，随后又开始了新一轮的巡回演讲，到访了俄亥俄州的克利夫兰、辛辛那提和斯普林菲尔德等地，并在俄亥俄州被授予荣誉博士学位。著作取得的成功和媒体的后续宣传为他铺平了道路。接着，他第一次到访了加利福尼亚。1928年2月，他开始在加利福尼亚州立大学洛杉矶分校演讲，此前他已在加州大学伯克利分校进行过演讲。他的成功要归功于个体心理学的可及性、简单易懂的演讲风格和他的语言魅力。正如一份校园报纸所写的那样：他没有偏见，使用的都是具体的例子，教学方式引人入胜。

阿德勒收入不菲，但开销也不小。他在洛杉矶入住的是芝加哥西部最大、最豪华的比尔特莫尔酒店。他在给女儿阿历的信里写道:"我的经济状况一如往常。我在这个月内赚了大约2500美元,但也花了很多。大约14天前,我向维也纳银行电汇了700美元,这样你们就不用为生活发愁了。"

这段时间里,弗洛伊德则忙于细化他的精神分析理论。他的治疗要持续很长时间,且治疗方法复杂,外行需要具备很好的条件才能完全理解。除此之外,与阿德勒完全不同的是,弗洛伊德很少公开露面。参加阿德勒讲座的有一位20多岁的男子——卡尔·罗杰斯(Carl Rogers)。他先前曾在纽约学习神学,后来转到了教育学。他在1927—1928年冬听了阿德勒的演讲,演讲给他留下了深刻的印象。后来,他成了芝加哥大学的心理学教授,并在1947年当选为美国心理学会主席。他是人本主义心理学的代表人物之一,人本主义心理学走的是介于行为主义和精神分析之间的"第三条道路",强调个体的独特性和乐观态度,并相信人性本善,这也正是罗杰斯和阿德勒的理论的共同点。罗杰斯的代表作之一是《人与人》(Person to Person,1967年)。

然而,北美地区的专业圈子一直抵触个体心理学并偏爱精神分析,各方对个体心理学积极的赞美也没能改变这一点。这是因为弗洛伊德的理论进入学术领域的时间更长,在学术界的根基更深,并且看起来更加严苛。关于人们对个体心理学的看法,哥伦比亚大学颇具影响力的心理学家S.丹尼尔·豪斯(S. Daniel House)表示:"阿德勒的哲学有着尼采的智慧,同时又以人性为基础。这表现在他非常尊重崇高的合作原则,而不是盛行的由竞争驱动的批评……群体、对儿童的关爱、与儿童建立真诚谦逊的平等关系、尊重儿童的精神生活，这些令人印象深刻的信条构成了阿德勒理解人性的基础。"

1928年春，阿德勒回到了奥地利。在接下来的几年里，他都保持着这样的工作节奏：6~7个月在美国，其余几个月在维也纳或欧洲其他地方。1928年起，他在于1904年成立的位于维也纳的维也纳美国医学协会授课，1921—1938年，有11800名美国医科学生参加了在这里举办的研究生研讨会。在长达3年的时间里，阿德勒为学生提供了报酬丰厚的实习机会和课程，有些实习和课程持续时间分别长达4周和6周多，每天都有日程安排，在这期间，阿德勒带学生去教育咨询中心和个体心理学门诊实习。

1929年回到维也纳后，阿德勒迈出了移民的决定性步伐。此时，个体心理学在欧洲已触碰到天花板，并开始出现分歧，在维也纳，协会内部也时有口角发生。而在德国，信奉马克思主义的个体心理学家们的名声变得越来越大，虽然柏林的情况似乎好一些。在纽约，阿德勒认识了他重要的资助人查尔斯·亨利·戴维斯（Charles Henry Davis）。戴维斯出生于1865年，是一名建筑承包商、企业家，也是千万富豪。他通过他的游说组织"国家公路协会"，游说建设了美国发达的主干道和高速公路，尽管有传言说他与公路建设公司的业务联系非常密切。戴维斯居住在纽约31大街和派克大街拐角处的一座都市别墅中（1927年时，美国大约有1.5万名百万富翁，其中3000多人生活在纽约）。戴维斯6个女儿中的长女患上抑郁症,接受了阿德勒的心理治疗并痊愈,此后,她就成了个体心理学坚定的拥护者,她的父亲则成了阿德勒最重要的资助者。在亲身体会过阿德勒个体心理学的效果后,这对父女计划为他争取讲师职位,并在大学里设置个体心理学课程。为此,戴维斯联系了他的母校纽约哥伦比亚大学。1929年,阿德勒在美国开了40场讲座,进行了40次临床示范,并接受了哥伦比亚大学医学院内外科学院的访问教授职位。阿德勒的课从周一排到周六,每天下午4点到6点,他在A号报告厅报告他的临床工作,报告厅里经常座无虚席。他还为研究生开了30场心理学讲座。此外,他在位于哥伦比亚大学晨边高地校区的麦克米林剧院(McMillin Theater)——该剧场于1988年改名为米勒剧院(Miller Theater)——开设了一系列讲座,上午7场,下午14场。他还面向大众进行以犯罪、爱情和婚姻为主题的演讲。戴维斯忠实地记录了阿德勒在美国的所有活动。据他表示,阿德勒在哥伦比亚大学的行程就已经非常繁忙了。尽管如此,他每天晚上还在社区教会和犹太教改革派教会演讲。

1930年2月,他几乎一整个月都在美国密歇根州,密歇根州"两千万儿童基金会"资助了他的本次巡演。他每天都在不同的讲堂进行四五次演讲,听众常常满座。他在医院主持演示和咨询工作,还能抽出时间治疗私人病人。阿德勒引起了公众极大的兴趣,得到了他们积极的反馈。8年后,一位接受过阿德勒培训的女性心理学家会发现,阿德勒的理论对她在底特律的实践非常有建设性。

阿德勒在密歇根州巡演的这段时间,哥伦比亚大学神经学和神经解剖学教授弗雷德里克·蒂尔尼（Frederick Tilney）为他申请了教授席位，但不幸遭到学校拒绝。这是否如传言那般，是因为精神分析学派对他的恶意，至今仍是个谜题。阿德勒回去后才得知申请遭到拒绝的消息，随后他立刻停止了教学工作，关闭了从属于医学院的诊所，并解散了由瓦尔特·贝朗·沃尔夫领导、与社区教会对接的"个体心理学咨询委员会"。对阿德勒来说，这些做法可能是对当年维也纳大学和瓦格纳-尧雷格对他的拒绝怀有强烈不满情绪的表现。其实还有另一个原因：阿德勒在高校就业市场不太有优势。埃尔温·韦克斯贝格认为，阿德勒不被接纳，可能是因为"他不愿意使用得到科学普遍认可的一些方法，如统计学、详细的病例报告等"，因此，批评家们很容易忽视他的研究成果。同样，这一毫无创意的理由也被用来批判精神分析学。大多数北美地区的心理学家都进行临床和实证研究，还做实验，他们试图将心理学发展成一门严格的科学；强调直觉、个人经验和主观感受，只会起到反作用。同时，这些心理学家也坚决反对将自我分析作为心理学入门方法的呼吁。

　　阿德勒在美国得到了公众的拥戴，同时，他出版的大批著作又进一步提升了他的知名度。这些著作在短短几年内陆续被翻译成英语出版。1928年，菲利普·梅雷与基根·保罗出版社合作出版了《阿德勒心理学基础》。1929年，《R女士的案例：对一个人生故事的解读》（*The Case of Miss R. The Interpretation of a Life Story*）由伦敦的乔治·艾伦与昂温出版社出版，同年基根·保罗出版社出版了《神经症的问题：一本个案史书》(*Problems of Neurosis. A Book of Case-Histories*)，由菲利普·梅雷担任编辑。1930年，基根·保罗出版社在3个月内出版了《性格的塑造：美国儿童个案史》(*The Pattern of Life. Case-Histories of American Children*)。同年，格林伯格出版公司和乔治·艾伦与昂温出版社同时出版了3本书：菲利普·梅雷作序版的《理解生命》(*The Science of Living*)、阿德勒与其同事合著的《引导儿童：论个体心理学的原则》(*Guiding the Child. On the Principles of Individual Psychology*)和《儿童教育》(*The Education of Children*)。同年出版的还有阿德勒等人合著的选集《1930年的心理学》(*Psychologies of 1930*)。1931年，伦敦的C.W.丹尼尔出版社出版了《A先生的案例：对一种生活方式的诊断》(*The Case of Mrs. A. The Diagnosis of a Life-Style*)；波士顿的利特尔和布朗图书公司由艾伦·波特（Alan Porter）担任编辑，出版了《自卑与超越》(*What Life Should Mean to You*)，该书一年后在伦敦出版。1938年，英国大型出版社费伯和费伯出版社出版了《这样和世界相处》(*Social Interest. A Challenge to Mankind*)的英译本（德语原版书名*Der Sinn des Lebens*）。

这些书是以一种特殊的方式完成的。阿德勒非常繁忙，除了偶尔去电影院看电影（他喜欢看查理·卓别林和马克斯兄弟的喜剧），他几乎不休息。同时，他也不是个一丝不苟的文字工作者，他借助助手、外聘编辑和沃尔夫这样的翻译兼编辑。阿德勒提供讲义、讲座笔记、工作笔记或者准备一些关键词，供他们整理成可阅读、可理解的文字。在这过程中，书籍的深度和复杂性必然会受到损害。通过这种不连贯的作品来满足市场需求，是个糟糕的决定，但也得到了出版商的支持。不过，部分作品相互妨碍，争抢市场；更致命的问题是，重复的内容多到了一个可笑的程度，连善意的评论家也无法忽视它们，更不用说还有格式上的疏忽和分析错误。

阿德勒如此高频率地出书是为了什么呢？经济因素可能是次要的。《认识人性》之后出版的著作虽然销量不差，但也谈不上很好。而且对阿德勒来说，在写作方面得到认可远没有演讲和面对面交谈重要。也许，菲莉丝·博顿记录下来的阿德勒的一句话可以解释这一点："我花了40年时间来让我的心理学理论变得简单易懂。"据说，阿德勒用这句话来反驳一些人反对过度大众化和迎合公众的观点，但也有可能阿德勒根本没有说过这样的话。总之，为了影响他在北美地区的受众并让他们产生更加乐观的态度，他必须简化他的理论，使其朗朗上口，容易记忆。

现在，阿德勒学派的重心发生了变化。他强调成长、群体感和进步，这可能也是他减少对科学准确性的关注，选择一种迎合新世界自助理想主义（Self-Help-Idealismus）的引人注目的实用主义的原因。1939年弗洛伊德离世后，美国精神分析学派在发展过程中也经历了同样的变化。有人批评阿德勒，认为群体的概念让个体心理学成了顺应社会、保守且诉诸伦理的学派，这一批评可谓正中要害。不过，阿德勒想要的可能就是这种效果。

此外，阿德勒意识到，几乎一切都取决于他自己。当时，德国正上演一场致命的分离主义辩论；而在奥地利已没有了对个体心理学的正统信仰。归功于米特里诺维奇，个体心理学在英国的发展一开始就陷入了混乱，米特里诺维奇投入了毫无条理的泛民族主义的怀抱。与此同时，关于反犹太主义和世界阴谋论的言论越来越多。而在比利时和荷兰，个体心理学的发展主要由一群门外汉主导。

不久后，阿德勒也开始进行关于刑法中的犯罪学和犯人改造的演讲。在这些问题上，阿德勒和戴维斯兴趣相投，戴维斯多年来一直致力于刑法改革。现在，阿德勒的目标是通过《警察杂志》（*The Police Journal*）等相关媒体来推广个体心理学的观点，并扩大其理论的关注范围。这些话题也带动了新行业的兴起，越来越多新的职业开始涌现：人际关系专家、社会工作者、社会教育工作者、婚姻咨询师、性教育专家、少年法庭咨询师和心理治疗师。

20世纪20年代,阿德勒一家人在维也纳

> 请您告诉所有人,柏林的情况还没有维也纳糟糕。
> 但是我们会想办法做些什么。
> ——库尔特·图霍尔斯基(Kurt Tucholsky),1920年

那是个风和日丽的夏天,有华尔兹做伴。突然间,穿过隔开城堡花园和环城大道的栅栏——栅栏本是为了阻挡噪声而建——飘来一串不和谐的音符,打乱了一切。

每年夏天,城堡花园都会举办音乐会。根据8月5日基督教社会党派的《帝国邮报》(*Reichspost*)收到的一封读者来信,1925年7月的最后一个星期六晚上,在城堡花园演奏的本是"可爱的施特劳斯的华尔兹"。但是当人们"虔诚地听着"时,"成群结队"的人在环城大道上走过,他们大喊大叫,令人难以忍受。这群人是社会主义"自然之友",通过演唱"反希特勒"歌曲来庆祝他们成立25周年。信里愤怒地写道:"随后斯波尔大师'不得不'放下指挥棒。这群年轻的'自然之友'演唱'反希特勒'歌曲的声音压

过了维也纳森林的故事,并使其陷入了沉默。这难道不说明问题吗?"

写信者给反动报刊的抗议信,表达了其对美好和虔诚地聆听音乐的渴望,也淡化了国内紧张的政治局势和矛盾,以及政治阵营的僵化。这确实说明了一个问题:资产阶级和工人阶级、城市和农村、进步派和反动派之间的对立变得越来越明显,越来越激烈。准军事组织逐渐崛起,并得到了国家的支持。在奥地利,除了面积较小的布尔根兰州,各州政府都成立了自卫协会。1922年,阿尔卑斯山的右翼民族主义国家自卫队"家园卫士"的兵力为11万人,与社会民主党"保卫共和联盟"兵力相同。

战后的苦难伴随着高通货膨胀率和令人震惊的货币贬值,击垮了经济。1922年,克朗的币值跌到了战前的万分之一,手工业者、商人、自由职业者和公务员失去积蓄,变得一贫如洗,许多公务员被开除了。1924年,预算调整和全球经济局势上升带来了经济转机,后者起到的作用更大。1926年,伊格纳茨·塞佩尔再次当选为总理,国民经济回升,奥地利以4.8%的经济增长率超越了其他欧洲国家。但是,此时的奥地利正在酝酿一场内部争斗。为了赢得选举,塞佩尔领导的基督教社会党容忍了极端的反犹太主义利奥波德·昆沙克(Leopold Kunschak)这样的右翼分子,但是这一举动并没有为其在1927年4月的选举中拉到选票。在国民议会选举中,塞佩尔的政党与大德意志人民党联合竞选,希望削弱社会民主党的力量,结果适得其反,基督教社会党失去了9个席位,在三党组成的政府中只能勉强自保。不久后，出现了最大的危机。在《帝国邮报》收到读者关于城堡花园发生的音乐会骚乱事件充满愤怒的信整整两年后，奥地利第一共和国发生了一场激烈的冲突。这场冲突在给社会和政治带来重大转变的同时，在接下来的几年里让整个国家在政治上更加分裂，更导致了后来司法宫被烧毁。

"谋杀工人的罪犯被无罪释放。沙滕多夫的血腥暴力事件罪魁祸首未得到惩罚。"这是《工人报》1927年7月15日的头条新闻标题。在这条新闻的旁边，报纸主编评论道："资产阶级总是警告内战。但是，轻易无罪释放谋杀工人的罪犯这种令人愤怒的事件，本身不就是内战吗？我们警告你们所有人，像昨天这样播撒不公正的种子，将在未来收获更严重的悲剧的果实。"当天早上6点，报贩准时上街售卖报纸，报上对无罪释放"工人谋杀犯"的声讨得到了群众的呼应。8点，一些城区的工人罢工；1小时后，电车无法正常运行，电话和电线都被电力工人切断了。

这一切都始于大约6个月前的1月30日位于布尔根兰州的小镇沙滕多夫发生的一起暴力事件。两名"家园卫士"士兵通过窗户向一家酒馆内的一队"保卫共和联盟"成员开火，导致两人死亡：一名伤残军人被射杀，一个无辜的8岁男孩被子弹击中而死。根据尸检报告，两具尸体体内都发现了霰弹弹丸，死去的老兵被射中了后脑勺。资产阶级报刊宣称，此事应由"保卫共和联盟"承担责任，因为他们激怒了"家园卫士"成员。在维也纳司法宫，陪审团审判了这些士兵。被告的律师、一个纳粹分子为他们辩护称，这是士兵意识不清晰和冲动导致的。7月14日,这些人被无罪释放,原因是判定有罪需要2/3的赞成票数,而陪审团连这起事件是否构成防卫过当都无法达成一致。

7月15日早上8点开始,数千人的游行队伍向奥也纳市中心行进,他们的目的地是司法宫。社会民主党官员没有启用"保卫共和联盟"维持秩序。《奥地利晨报》(*Der Morgen*)的新闻记者如此报道:"9点半左右,一群人躺在摆在帝国议会街和施梅尔林广场拐角处的一个脚手架上以形成壁垒,阻挡骑兵。此时,在大学前的斜坡上,煤气工人和大学生开始短兵相接。10点,几名警卫开始在司法宫前执勤。"警察总部早已将该法院列为下属机构。此时,施梅尔林广场挤满了人,他们高喊:"打倒工人谋杀犯!""攻占纳粹党徒的城塞!"据当天早上读了《帝国邮报》的埃利亚斯·卡内蒂(Elias Canetti)说,司法宫代表着阶级司法。越来越多的石头砸向斜坡上的10名官员,后来出现枪击声。一名骑兵赶来,试图驱散暴动的人群。示威者捡起木材,拿起倒下的脚手架上的钢筋等零件武装自己。在其他地方,人们堆起了路障,警察总部陷入一片混乱。此时已经是11点,据《克朗报》(*Kronen Zeitung*)报道:"一波又一波人群不断冲向警卫警戒线,一开始被击退,后来变得越来越强大、有力和凶猛。"警卫队被击退后就被召回并配备了军用步枪,几乎同时,游行的人群涌向利希滕费尔斯大街,烧毁了最近的警卫处和司法宫。很快,局面失控,让人触目惊心。人群入侵了司法宫,将桌椅、箱子扔出窗外,随后卷宗、笔记、镜子、打字机也被抛出。入侵的人用梯子爬到二楼窗户,将火把扔进了室内,很快火焰开始喷出窗外。市消防队收到了司法宫着火的消息,但是消防车无法使用,连接消防栓的软管已被砍断,消防队只能用细水流灭火。14点,大量手持曼利夏步枪、配备达姆弹的警察被投入了行动,排炮声响起,引发了恐慌。有的人尖叫着死去,有的人被捕,还有一些人继续反抗,拒绝被捕。这场暴力对峙一直持续到了17点。与此同时,大火吞噬着司法宫。到了18点,火焰已爬上司法宫屋顶。随着激烈的爆炸声,火苗穿透了穹顶,然后司法宫就坍塌了。大火直到第二天早上才被扑灭。7月15日晚共89人死亡,包括84名示威者和5名警察,其中一些人的尸体面目全非;1000多人受伤,1300多人被捕;许多商店、派出所和报刊编辑部遭到了破坏,其中包括《帝国邮报》的编辑部,该报后来在报道"家园卫士"的自卫行动时将他们描写成英雄,而奥地利副总理以轻蔑的态度称此次事件为"野兔捕猎"行动。在半个世纪以后,卡内蒂如此写道:"这是我亲身经历的最接近革命的事件。从那时起,我就清楚地知道,我不需要通过阅读来了解巴士底狱被攻破时发生了什么。"社会分裂变得更加严重,在政治领域和街上不再有竞争者和对手,只有斗士和敌人。按照同情法西斯意大利的奥地利联邦总理塞佩尔的说法:在接下来的几年内,"伤痕累累的共和国"奥地利的政治将充斥着战壕战。社会民主党选择像1918年11月时那样,通过议会解决问题,因此陷入了被动防守状态。悲情取代了行动,"红色维也纳"的权力基础被高估了。

1929年10月7日，维也纳的奥地利博登综合信贷公司倒闭。作为解决方案，政府强迫运行良好的工商信贷公司与博登综合信贷公司合并。此后，政府发起了一项与德意志帝国建立关税同盟的倡议，这一决定后来演变成了国际上的一场灾难。位于海牙的国际法庭判定，这种关税同盟违反了1922年的日内瓦议定书，而国际联盟正是根据该议定书向奥地利发放资金的，因此，法国撤回了在奥地利投资的短期资本。1931年银行连续倒闭事件的第一个受害者是罗斯柴尔德家族的信贷公司。奥地利的国民经济陷入困境，货币受到压力。英格兰银行向奥地利国家银行预付了1.5亿先令，政府努力通过削减开支和与欧洲隔离的政策来防止国家破产，但这些措施加剧了经济危机。1932—1933年的冬天，有40万奥地利人失业。在几个州的州级和市级选举中，迄今为止被边缘化的纳粹分子获得了巨大的支持。1930年，"家园卫士"领导人在各联邦州做的"努力"得到了"回报"。在科尔纳堡，他们采取共同的原则，并进行所谓的科尔纳堡宣誓，要求推翻议会制度和"专制"的国家。在此期间，他们变得如此强大，以至于推翻了与他们敌对的时任联邦总理绍贝尔（Johann Schober）。反马克思主义者卡尔·沃戈因（Carl Vaugoin）接替绍贝尔成了联邦总理，并与恩斯特·吕迪格·斯塔亨伯格（Ernst Rüdiger Starhemberg）结成了联盟——他是"家园卫士"的最高领导人，以"帝国元首"自居。议会多数制不再存在，新一轮选举只带来新一轮的僵局。只有脆弱的妥协是出路。经济停止增长，上升的势头也已消退；外贸额减半，国家陷入了危机。此时，人们却沉浸在昔日温馨的娱乐活动中。对此，卡尔·克劳斯愤怒地表示："如果说君主制的最后几十年由在巴特伊施尔[1]和避暑地中享乐的日常生活构成，而奥地利人的面孔显示出皇帝的胡须和词作家的诗的那种不可能的结合——那么令人同情的是，所有这一切不曾改变，甚至变本加厉且受到了名人的恶劣影响，这一切就叫作共和国。"

19世纪20年代，拉伊莎·阿德勒投身极端左翼政治活动。1921年，她与朱利叶斯·坦德勒和个体心理学家玛格丽特·希尔弗丁一起成立了"国际工人救济会"奥地利分会管理委员会，后来又加入了保护受政治迫害者的组织"红色援助会"。最终，她加入了共产党，同时辞去了维也纳犹太社区的职务。此时她的女儿瓦伦丁娜早已是共产党员，她的老熟人阿道夫·越飞也已回到维也纳担任苏联驻奥地利大使。但因为在位于维也纳的奢华私人诊所德布林格疗养院接受治疗，后来这位大使的任期被缩短。

19世纪20年代，阿德勒的4个孩子已经各奔东西。此时，拉伊莎正在主持位于赫伦巷的750平方米的绅士咖啡馆内进行的一场例会，而只有两栋房子之隔的中央咖啡馆则不欢迎举办这类活动的妇女。这也是许多作家、记者和知识分子更喜欢成立于1928年的绅士咖啡馆的原因之一，绅士咖啡馆甚至曾引发咖啡馆分裂。安东·库

---

[1] 巴特伊施尔是奥地利著名的温泉度假胜地。——译者注

（Anton Kuh）道出了其中的差别："赞助人不再是魏宁格，而是弗洛伊德博士；阿尔滕贝格（Altenberg）让位给了克尔恺郭尔；报纸代替了期刊；精神分析代替了心理学；布拉格的风暴替代了维也纳的微风。"

这家咖啡馆非常宽敞。"穿过那扇轻轻拨动的旋转门时，人们会不自觉地放慢匆匆的脚步。进入室内，首先引人注目的是室内长条形的空间布局。从它宽敞的窗户可以看到矗立在赫伦巷的宏伟宫殿，这些宫殿是与皇室亲近的高级贵族的住所。扶手椅舒适的椅套、墙壁的木质镶板、桌板和吊灯都是用珍贵的材料制成的，散发出高贵又庄严的气息。"在咖啡馆中央摆放着许多桌椅，沿着墙壁也有几个可容纳五六人的包厢。据记者米兰·杜布罗维奇（Milan Dubrovic）的报道，每个人都有一个精神领袖。这些包厢中的一个由文采飞扬的恩斯特·波拉克（Ernst Polak）领导，他的正职工作是奥地利银行的银行代理人。波拉克领导的包厢成员有安东·库、弗朗茨·韦尔弗、背叛了"星期三协会"的古斯塔夫·格吕纳，以及阿德勒的朋友、诗人阿尔贝特·埃伦施泰因。弗兰茨·布莱（Franz Blei）、罗伯特·穆齐尔和赫尔曼·布罗赫（Hermann Broch）也不时参加活动（阿德勒曾为赫尔曼·布罗赫的子女进行心理治疗）。另一个包厢由小说家兼保险精算师利奥·佩鲁茨（Leo Perutz）领导，成员还有时事评论员瓦尔特·罗德（Walther Rode）、旅行记者阿诺德·霍利格尔（Arnold Höllriegel）、正居维也纳的约瑟夫·罗特（Joseph Roth）和阿尔弗雷德·波尔加。其中一个包厢被称为"阿德勒之屋",拉伊莎·阿德勒每天都来这里。她把左派和马克思主义个体心理学家都收归麾下。如果阿德勒在维也纳,并在最喜欢的西勒咖啡馆里,一些既想和阿尔弗雷德·阿德勒又想和拉伊莎·阿德勒交谈的人,就不得不在这两家咖啡馆之间来回跑。据说,马内斯·施佩贝尔有时一晚上就要来回跑好几趟。

拉伊莎·阿德勒是奥地利共产党内部的秘密组织"党内小组"的成员。20世纪20年代,该组织在组织架构和纲领目标上都和苏联共产党高度相似,且极度反对右翼、调和派以及托洛茨基主义思潮。艾莎·施特拉塞尔(Isa Strasser)是一名革命家,拉伊莎对她肯定有所耳闻,因为这位革命家曾是《红旗报》(Rote Fahne)编辑部的成员,此外,施特拉塞尔夫妇1914年就结交了托洛茨基,还在位于德布灵的弗里德尔大街居住过。在艾莎·施特拉塞尔宣布其支持托洛茨基主义的坚定立场后,她先是被党报编辑部开除,1929年7月又被开除了奥地利共产党党籍。施特拉塞尔经常与托洛茨基通信,并就党的现况和行动交换意见,认为那是"无望的宗派圈子"。拉伊莎·阿德勒也与托洛茨这位被排挤的世界革命家保持着书信往来,因此引起了思想警察的注意。1929年8月1日反战日,处于弱势的奥地利共产党呼吁进行"罢工和大规模的群众游行"。对此,托洛茨基反对派行动组织以一封公开信回应:"我们呼吁结束悲剧性的强权政治!"党内高层领导则以持续开展反"托洛茨基叛变主义"运动的命令作为回应,并声称反对派"得到了警察的资助"。拉伊莎当时也被卷入，被视作反对派。1930年1月，她大发雷霆，为自己辩护并反驳了所有半真半假和不真实的流言。她给奥地利共产党中央委员会政治局写信道："我收到的这封信并不是出自一个革命组织，而是一个毫无头脑的官僚机构。……最近，组织所做的这些决议向世界吹响了号角，称奥地利当前局势极具革命性，苏维埃政权即将成立，每个反对者都被辱骂成机会主义者。但突然间，组织又意识到先前对局势的判断以及要成立苏维埃政权的口号是错误的。那么，到底谁才是机会主义者？第十次全体会议的决议又是怎么回事？该决议的立场到底是支持建立苏维埃政权还是反对？……我比较倾向相信，我们的党尤其是中央委员会，能够从托洛茨基的著作特别是他关于'奥地利危机'的手册中学到很多。而'攻击'损害党，让党向群众妥协（原文如此），削弱了党并使党成为一个被动的工人组织，这难道不更有害吗？不正是中央委员会用它的苏维埃口号和社会法西斯主义理论让党走到了这一步吗？重要的不是处理最迫切的问题吗？比如，奥地利共产党为什么发展不起来？……是的，同志们，我赞成在党内自上而下清除一切机会主义和官僚主义分子。因为我是认真的，所以我完全投身于左翼反对派，因为只有它能够带领共产国际走出机会主义的腐朽沼泽，走上为无产阶级革命而斗争的伟大历史道路。"

1931年，她又发表了一篇关于苏联儿童教育的演讲，由于这次演讲完全没有批判性，她受到了一些谴责。从这段记录可以推断出，拉伊莎可能参加了一次有组织的苏联之行。在德国，这类活动通常由"红色援助会"的活跃成员、共产主义报业大亨维利·明岑贝格（Willi Münzenberg）组织。

这些年，阿德勒家的全体家庭成员或者部分成员去了奥地利的萨尔茨卡默古特、瑞士和波罗的海、德国的吕根岛、意大利等地度假，但其中只有一次拉伊莎和阿尔弗雷德·阿德勒是以夫妻身份旅行的。1930年2月，在阿德勒60岁生日之际，他带着拉伊莎进行了一次穿越欧洲的旅行。当然，这次旅行途中也安排了许多场演讲。尽管如此，这对夫妻之间的关系还是没能得到修复。后来阿德勒表示，她在这段时间里让他完全不得安宁。他们在思想上也有分歧，拉伊莎丝毫不掩饰她对阿德勒理论疏远的评判。另外，她在之前几年里为《个体心理学杂志》写过几篇评论。1926年，她为赫尔穆特·冯·布拉肯（Helmut von Brackens）关于体罚的书写了一篇评论。文章开头写道："反对和支持体罚的书有很多，但这本书不仅首次从教育学，而且从社会学角度来探讨这个问题。"紧接着，她从意识形态上将体罚定位为"统治阶级维护其权力的工具"。她的结论支持了布拉肯关于废除体罚的呼吁——"团结被扼杀，公共精神被窒息"。最后的赞誉是，经验性的描述证实了阿德勒的个体心理学。1930年，她评论了年轻的弗里德里希·托尔贝格（Friedrich Torberg）的小说《学生格贝尔毕业了》（*Der Schüler Gerber hat absolvier*）。

拉伊莎·阿德勒的4个孩子踏上了完全不同的道路。

"我于1898年出生在维也纳。我在这里上了小学、文理中学和大学。1921年，我从维也纳大学政治学系毕业。"瓦伦丁娜·阿德勒于1934年4月写下的履历是这样开头的，"在文理中学期间，我就对社会主义运动产生了兴趣，并参加了社会民主党工人青年团的晚间聚会。1917—1918年，我在社会民主党工人青年团工作，并举办了教育文化活动。1918年，我作为一名学生加入了'社会主义学生自由协会'，后来该协会部分成员加入了奥地利共产党。大学期间，我积极参与了该学生组织的各项工作，同时也是委员会成员。"

"1918年，我正式加入社会民主党青年团，成了奥地利社会民主党成员。但是不久后我便离开了社会民主党青年团，于1919年加入了奥地利共产党。这段时间，我主要在青年团工作，举办了许多场讲座，参与当时青年杂志的工作，做学术报告，并积极参与共产主义学生运动。"1921年，她从大学毕业。举办毕业典礼，发放毕业文凭时，阿德勒不在维也纳。他从远方发来贺信："昨晚我在酒店收到了你的电报。我多么希望此时能够在你身边，和你一起笑，一起唱歌，一起安排夏日计划，一起畅想未来。但是，我们会在某个时刻以某种方式弥补这一遗憾！从此刻开始，你是完全自由的，你必须根据自己的意愿构建自己的未来。现在你不再受条条框框的限制，有许多值得遵循的道路供你选择。你也知道，重要的不是做什么，而是如果实践你做出的选择，你想做到什么水平。在此之前，你只需要面对日常生活中的困难和要求，只要你不因偏见和迷信而胆怯气馁，就几乎无须为此忧虑。但是从现在起，你必须面对你自己的理想对你的要求，不能滥用它作为借口和托词来逃避现实。如果你想知道，除了学识和能力，能够让你为自己感到骄傲的是什么，那么回顾过去的人生，你能否说，你从未伤害任何人？这就是你值得骄傲的地方。我希望你试着和我们亲爱的阿历还有我们的小伙子建立良好的关系，因为你可以做到。你欣喜若狂的爸爸给你无数的祝福和亲吻。"

从这封信的最后一段可以看出，瓦伦丁娜和比她小3岁的亚历山德拉、比她小6岁的弟弟还有她的母亲之间，存在家庭内部竞争、嫉妒和矛盾。在外人看来，她弟弟和蔼可亲、善良友好——后来他成了家里的和事佬。就瓦伦丁娜和她母亲的关系来看，政治观念上的和谐可能超过了情感分歧。但维也纳和奥地利共产党都太小了，而且正在走向宗派主义，因此瓦伦丁娜·阿德勒离开了奥地利。"大学毕业后，我搬到了柏林（1921年）并加入了德国共产党。我在国际妇女秘书处担任政策干事，该秘书处当时由克拉拉·蔡特金（Clara Zetkin）领导。我的工作包括收集和评估有关国际妇女运动的材料、发表相关文章等。当时，我的党名是迪娜·施赖伯（Dina Schreiber）。后来出于我自己的意愿，我开始在共产党出版社工作，负责出版弗兰茨·梅林（Franz Mehring）的作品。完成这项工作后，我成了共产党档案馆的馆长，当时档案馆在柏林对外使用的名字是'社会科学档案馆'。1924年，档案馆被警方解散。1924—1925年，我以自由作家的身份生活在柏林，发表文章。我主要为多种德语和俄语党报撰写经济方面的文章。1926年我加入苏联商务代办处，担任经济图书馆馆长；1930年成为苏联驻柏林贸易代表团的经济师。"1925年，她与德语口语和写作水平都很高的匈牙利记者久洛·萨斯[Gyula Sas，原名尤利乌斯·施皮茨（Julius Spitz），在"马扎尔化"的过程中他自称"萨斯"（德语中意为"鹰"）]结婚。久洛·萨斯是一名共产主义者和职业革命家。这是瓦伦丁娜的第一段婚姻，萨斯则是第二次结婚。他们定居在柏林大街5号新坦佩尔霍夫，即今天坦佩尔霍夫机场旁边的坦佩尔霍夫大街。为了他们的婚姻，阿德勒写了一封"女儿结婚之际给她的一封信"，以提供建立合作关系的方案，并表达一位满怀爱意的父亲的关怀：

亲爱的瓦利和久洛：

  我向你们致以最诚挚的问候，拥抱你们，并衷心祝贺你们！我时刻想念你们。别忘了，婚姻需要两人带着喜悦共同努力。请记住，一夫一妻制的生活方式只是性文化最美丽的花朵之一。

  我希望你们勇敢地下定决心，为对方着想多于为自己着想，并始终努力以这样的方式生活，使对方的生活更轻松、更美好。

  不要允许一方从属于另一方，没有人能容忍这种情况。不要让其他人影响你们的婚姻状态，请只和同时喜欢你们两人的人交朋友……

瓦利，你将来会需要更多钱，到时候给我写信，告知我需要多少钱，应该寄到哪里。如果没有护照方面的困难，可以尝试在那里申请公民身份。

如果你还有我的工商银行授权书，可以使用它直接取钱。如果没有，请立即给我写信。

你在上一封信中提到，你们不去格蒙登（奥地利北部城市）了，那我们在柏林再见。也许你想邀请你妈妈和奈莉去波罗的海。

身高1.55米的亚历山德拉·阿德勒从小就被称为阿历。她在位于第一区黑格尔街的小学和市立中学上学，然后在位于拉格街的继续工程教育协会私立女子文理高中学习，高中毕业后在维也纳学医。"我4岁时就决定成为一名医生，并告诉了每个问我将来想做什么的人。我记得，每当有人问我为什么想成为一名医生时，我都回答'因为我的父亲是一名医生'。"

1926年获得博士学位后，她专攻神经症学和精神病学。她在位于巴黎第14区的精神病院圣安娜医院工作了一年，回到维也纳后，在大学精神病学和神经疾病诊所的妇女精神病科工作。后来，瓦格纳-尧雷格任命她为神经科的助理医师。当她表示鉴于她的家族历史和他众所周知的反对心理分析和个体心理学的态度，她无法接受这个决定时，这位教授回答说：是你运气不好。

1928年，她发表了在神经精神病学领域的第一篇科学研究报告。在接下来的3年内，她陆续发表了一些重要论文，包括1931年发表的25页的社会医学论文《论反复发生工业事故的局限性》（*Bedingtheit der Häufung gewerblicher Unfälle*）。但在升职提拔预选阶段，瓦格纳-尧雷格完全没有考虑她，直到后来她被分配给了对她相对友好的教授，才摆脱了本来要面临的职业瓶颈。1927年，她在维也纳成立了由个体心理学医生组成的工作小组，这个小组致力于解决神经官能症和精神病治疗的理论和实践问题。20世纪30年代初，精神病学家鲁道夫·德瑞克斯从阿德勒手中接过了个体心理学协会主席职位。1929年，亚历山德拉·阿德勒在《国际个体心理学杂志》上发表了一篇关于教育咨询方法的文章。1931—1933年，住在第九区拉扎雷特街14号的亚历山德拉·阿德勒作为工作小组成员举办了4场讲座。

高中毕业后，库尔特·阿德勒决定学习理论物理学。库尔特身材瘦长，戴眼镜，排行老三，他认为维也纳有两名阿德勒家族的医生已经足够了。他很早就与青梅竹马勒妮·莉莉·埃尔特伯根（Renée Lili Eltbogen）结了婚，但1930年婚姻破裂，1934年正式离婚了。库尔特的大学学习生涯持续了很久，部分原因是他花了很长时间与一位朋友一起研究一项发明。但当他们向维也纳专利局申请专利时，被告知这项发明已经在美国获得了专利。他于1935年获得博士学位。

阿德勒的小女儿奈莉·阿德勒则很早就下定决心不上大学，她想成为演员。为此，她的父亲动用人际关系，联系了

1923年起在欧洲大受欢迎的女演员伊丽莎白·伯格纳（Elisabeth Bergner）——这位女演员还曾与阿尔伯特·爱因斯坦有过一段暧昧关系。1928年3月，优雅的奈莉在维也纳德意志人民剧院得到了她的第一个角色——在弗兰克·魏德金（Frank Wedekind）的《春的苏醒》（*Frühlings Erwachen*）中扮演伊尔丝。随后，她在柏林和慕尼黑的大型剧院表演中还担任了其他配角。但令她懊恼的是，她从未扮演过主角。阿德勒写信贴心地安慰了她。后来，她遇到了法律系学生海因茨·施特恩贝格（Heinz Sternberg）并与之相爱，海因茨的父亲在内城区经营一家大型律师事务所。他们结婚了。

阿德勒在国际上的成功为他带来了金钱。由于奥地利和欧洲的货币和经济已经稳定下来，阿德勒在萨尔曼斯多夫——萨尔曼斯多夫于1892年被并入维也纳的韦灵区——购置了一栋别墅，现地址是德赖马克施泰因大街12号。他们把房子布置得很有品位，在客厅摆放了一架大型三角钢琴。阿德勒的所有女儿都会弹钢琴，会在阿德勒唱舒伯特的歌时为他伴奏。房子后面是大花园，有树木、玫瑰花丛、菜地及一个温室。"萨尔曼斯多夫是阿德勒的梦想，但和许多梦想一样，它会为日常生活带来不便。这所房子离维也纳太远、太大、太孤独了。但是有大量访客时，这儿也就不再孤独了。阿德勒家的厨娘苏菲（这位女管家在阿德勒家工作了大约30年）曾跟阿德勒说：'阿德勒先生，对于有工作的人来说，这间房子离市区太远了，我就是其中一个。对于游客来说，这里不过是一个美丽的景点！'对此，阿德勒反驳说：'我们不都是这个世界上的游客吗？'访客络绎不绝地来到这里，坐在花园里，在大音乐室里弹唱，在附近的山上漫游。拉伊莎也喜欢萨尔曼斯多夫，这里最接近她对广阔天空下的俄罗斯玉米田的幻想。也许，她希望在这里和阿德勒一起经营一个适合自己和孩子们的家。在这儿，苏菲也能为她减轻沉重的家务负担。但是，她的丈夫无休止地工作，于是她只能一个人走进田野和森林，因为那些将她丈夫从她身边夺走的访客让她不得安宁。她无法逃避他们，但也没有耐心忍受他们铺天盖地的问题。阿德勒的一位美国熟人曾讲述她访问萨尔曼斯多夫的经历，这次访问永远留在她的记忆中：阿德勒蹑手蹑脚地把她带进阳光明媚的客厅，指给她看一个架子，上面摆满了他从美国带回的仙人掌。然后他把手指放在嘴唇上，轻声说：'嘘！它们以为自己还在得克萨斯！'"

在这里，阿德勒能充分释放他对植物的热情。他每次出国都会带回植物或花种，有时是不太适合在萨尔曼斯多夫种植的异国植物。他为花园雇了一名园丁——这是一个德国人，从奥地利监狱获释后被阿德勒雇用。他们偶尔会就捐款是否有意义发生激烈的争论。在休闲的夏日时光里，阿德勒随意地穿着亚麻布长裤和简单的衬衫，也不在意自己是否被拍到——这对弗洛伊德来说是不可想象的。

1930年，阿德勒买了一辆大汽车——阿历在1928年10月考取了驾照；3年后，阿德勒在60岁时也通过了驾驶员考试。阿历自豪地声称，阿德勒是维也纳第一批用自己的车出行的医生之一。阿德勒开着车去参加在德国、波兰或捷克斯洛伐克的讲座；1932年，这辆车被出售。

所有这些都需要花钱。能支付这些费用，是因为阿德勒几乎一直在路上，在欧洲和美国，他不间断地工作、写作、演讲和接诊。有一次，阿德勒抱怨说他必须养活17个人，他把所有的兄弟姐妹、女管家、园丁、司机和家里的牧羊犬——阿德勒非常喜欢动物——都算作家庭的一部分。

认识人性

情感？哪儿写着启蒙必须是不带感情色彩的？

在我看来，事实恰恰相反。

启蒙运动只有带着激情进行，才能公正地完成任务。

——让·埃默里（Jean Améry）

首先是艺术，后来是名字。直到17世纪最后1/3的时间里，人们才有了"对人性的了解"（Menschenkenntnis）这一说法。法国医生马兰·屈罗·德拉尚布尔（Marin Cureau de La Chambre）在1669年写了一本关于认识人性的书《了解人的艺术》（*L'art de connoistre les hommes*）。1692年，早期启蒙哲学家克里斯蒂安·托马修斯（Christian Thomasius）发表了著作《关于他人思想的知识》（*Wissenschat anderer Menschen Gemüther erkennen zu lernen*）。托马修斯宣称他"新发明了一门最必要的科学"。

虽然解释学的谈话疗法第一次得到发展，但是这种"科学"并不是第一次出现的。自16世纪中叶以来，一个关于人性、人类学、心理学和灵魂测量的知识的名词——心理学——就已在人文主义学者的著作中出现。这个词有将近2000年的历史，可以追溯到公元前5世纪，追溯到悲剧家和哲学家，他们阐释了伦理学，并希望传播启蒙思想，照亮灵魂，清洗灵魂，从而改变生活。

在托马修斯之后的1个世纪里，来自柯尼斯堡的伊曼纽尔·康德对感觉和性格的本质进行了思考。在他看来，人类学是抽象的学说，"但是，拥有卓越的品格意味着主体的意志有将自己约束在某些实际原则之中的特性，而这些原则是主体通过自己的理性坚定地为自己规定的。尽管这些原则有时可能是错误的、有欠缺的，但一般来说，意志按照固定原则行事（而不是像一群蚊子一样跳来跳去）的严肃性，本身就很有价值且值得钦佩，同时这种品质也是罕见的"。

1853年，浪漫的普遍主义者、医生、头骨研究者和画家——来自德累斯顿的卡尔·古斯塔夫·卡鲁斯，出版了《人类形态的象征意义：认识人性的手册》（*Symbolik der Gestalt. Ein Handbuch zur Menschenkenntnis*），这是一本基于歌德、体感学、医学生理学和生物学的形态学综合著作。它的影响力持续了很长时间，并于1925年在哲学家西奥多·莱辛（Theodor Lessing）的推动下再版了。同一年，比他年轻20岁的赫尔穆特·普列斯纳写了论文《关于群体边界》（*Grenzen der Gemeinschaft*）。

在这30多年里，面相和对人性的认识已经成为相学思想的指导原则。它们的分支是犯罪人类学和笔相学，以及一门表达科学。

这些学科包罗万象，涉及美学、法医学、心理学等。1910年之后，奥斯瓦尔德·斯宾格勒（Oswald Spengler）在1918年出版的《西方的衰落》（*Der Untergang des Abendlandes*）中论述了面相、相貌和对人性的认识；汉斯·F.K.金特（Hans F. K. Günther）在其1922年的种族主义著作《德意志种族研究》（*Rassenkunde des deutschen Volkes*）中也论述了这些话题；1925年，哲学家埃德蒙德·胡塞尔的学生路德维希·费迪南德·克劳斯（Ludwig Ferdinand Clauß）则在他的著作《种族与灵魂：对人体形态意义的介绍》（*Rasse und Seele. Eine Einführung in den Sinn der leiblichen Gestalt*）中开拓了一个新视角。1918年后，人类学被当作指明和解释发展方向的词典，被当作政治工具，对人的了解变成了对种族的了解：一边是雅利安人的类型，另一边是闪米特人的"反类型"，根据超民族主义伪科学家的说法，这种"反类型"应该被消灭。

这一时期作品中呈现的面貌由那些年的"成见"（idée fixe）构成。相学作为"万能钥匙"，让人狂热，且能引起狂人的兴趣。1929年，摄影师奥古斯特·桑德（August Sander）出版了系列作品《时代的面孔》（*Antlitz der Zeit*）；1930年，独立学者布罗德尔·克里斯蒂安森（Broder Christiansen）的作品《我们时代的面貌》（*Das Gesicht unserer Zeit*）问世；同一年出版的还有恩斯特·荣格尔（Ernst Jünger）的《世界大战的面孔》（*Das Antlitz des Weltkrieges*）、艺术作家洛塔尔·布里格（Lothar Brieger）的《当代女性的面貌》（*Das Frauengesicht der Gegenwart*）和埃里克·雷茨拉夫（Erich Retz）的《老年人的面孔》（Antlitz des Alters）；1932年，埃尔娜·伦德沃伊-迪克森（Erna Lendvai-Dircksen）的《德意志民族的面孔》（Das deutsche Volksgesicht）和鲁道夫·卡斯纳（Rudolf Kassner）的《相学》（Physiognomik）相继问世；1933年，维利·海尔帕赫（Willy Helpach）的《面孔的民族构成》（Der völkische Aufbau des Antlitzes）出版。一代人之后，奈杰尔·丹尼斯（Nigel Dennis）回忆起阿尔弗雷德·阿德勒的一句话："他（阿尔弗雷德·阿德勒）经常告诉他的学生：'如果我们想了解一个人，我们必须闭上耳朵，只用眼睛看。这样一来，我们就能像看哑剧一样，认识整个人。'他把凝结成固定形式的过程称为相术；他认为，让病人躺在沙发上是个可怕的错误。因为这样，治疗师只能听到病人'不真实'的话语。"

《认识人性》（Menschenkenntnis）这本书的封面很简单。标题很短，用大写字母印刷的标题位于封面上边缘，标题下面用大写字母写着"阿尔弗雷德·阿德勒 著"。这本亚麻布面装订本在封面底部印有出版年份，即1927年，年份下方隔着一条分割线，印有"由莱比锡·S.希策尔出版社出版"。全书共243页，其中236页用阿拉伯数字标序，7页用罗马数字标序。

希策尔出版社成立于1853年，是一家著名的科学出版物出版商，同时也是当时最早出版个体心理学著作的出版商。该出版社的作者中包括马克斯·普朗克（Max Planck），当时他是与爱因斯坦齐名的德国最著名的自然科学家。希策尔出版社虽然主要出版物理学著作，但也出版了格林德语词典——第一卷在1854年，最后一卷在1961年。

《认识人性》是一部演讲集，是对个体心理学的总结。阿德勒前一年在维也纳进行的演讲被整理并编辑成书，他把自己的理论建立在人类学基础上，从而形成了一种社会哲学。他在群体感这一概念的基础上增加了一些相互支撑的新元素。阿德勒并没有走上崇高的形而上学之路，也没有屈尊去讲道德课。他认为，认识人性的基本前提之一，是对儿童精神生活的了解——生命早期的印象、经验和态度习得与以后的发展密切相关——而阿德勒的反对者却认为是消除个体的孤立性。精神生活的所有个别现象共同形成了一个不可分割的整体，一条动线，一个"生活模板"，其目标在生命过程中几乎没有改变，即使改变了也不易察觉。根据阿德勒的说法，个体对自己所犯错误的反应通常是微妙的——是防御性甚至攻击性的。所以特别是在谴责他人时，应该采取谨小慎微的态度。在这本书里，阿德勒与以往的严厉论调保持了距离，他的书写风格变得更加友好，他开始使用更多的日常用语，不再谈论"神经质的人"而是谈论"犯错者"——后者只需要多一点自知之明和群体感来调节世界观，就能做出改变。

《认识人性》的第一章是以一个非常有趣的句子开始的——"灵魂和运动密不可分"。攻击、逃跑或躲避的可能性——对僵硬局面的积极反应——使灵魂生活成为必要。灵魂也同样具有流动性，它的功能是作为一个保护性器官来对抗环境。流动性意味着这样一个目标，即精神生活是可以改变的，但这种改变无一例外都是内在导致的。人可以自由选择自己的目标，拥有自由的意志。但人也有一项义务，即追随目标。

精神生活被不断流动的社会生活的任务限制，而社会生活有一套固有的规则，阿德勒将其描述为"绝对真理"，它包括经济框架条件和"意识形态的上层建筑"、国家组织和法律、文化和宗教规范，以及科学知识。自卑感提供了一种持续的动力：为了克服不安全感并适应环境，行为必须得到纠正、修正并最终永久适应环境。毕竟，生活条件和生活环境是不断变化的。适应、预防和安全，是心理活动中最重要的3个组成要素，它们在排斥、拒绝和接受的过程中，与世界和社会产生反应。如果根据一个人对社会做出的贡献的价值和其对社会带来的好处进行分类，那么个人的价值就会一目了然。

书的第三章围绕儿童在社会中的作用展开。这一章讲述的是如何发展自己的优势并同时展示自己的弱点，以此来获取别人的帮助。在儿童身上可以观察到与生俱来的群体感的初步迹象："它贯穿着人的一生，会发生细微的变化，会受到限制或得到发展，并在理想的情况下超越家庭成员，延伸到氏族、民族和整个人类。它甚至可以超越这些限制，延伸到动物、植物和其他无生命体，最后延伸到整个宇宙。"这种全然超脱的感觉不仅具有人文主义色彩，还涉及普遍主义。

阿德勒谈到，人类学中有两种基本的情感：不足感和对世界的敌对情绪。这两种情感会导向以权力和优越性为目标。知觉，即统觉方式，是有选择性的，个体只处理对其有用的东西来实现其目标。对"生活环境的印象"的接受，是通过预先稳定的模式进行的，这些模式导向一个伟大目标："在人类文化中，这个目标是一个有效的目标。它几乎从未停留在中立的目标上，因为人类的共同生活伴随着对自己的不断衡量，由此对优越性的渴望和对在竞争中获得胜利的渴望应运而生。因此不难理解我们在儿童的幻想中发现的那些预测形式，通常是对权力的想象。"

在接下来的三章里，阿德勒将话题延伸到了群体感，这在儿童的想象中也是非常重要的，例如对英雄或救世主的认同感。群体感的一个特征是"同理心"，即与众生产生共鸣的"同理性"，由此会产生同情和多视角的能力。同理心也是一种"与宇宙合为一体的感觉"，是"宇宙万物都有联系的表现"，即超越个人的存在。阿德勒认为，人有未来导向性，在这个未来里——至少在其终端——个体所有的愿望和欲望都将得到满足。

在第七章里，阿德勒深入探讨了人类共同生活、两性关系和两性分工问题。在这个意义上，阿德勒是女性主义者，他认为分工问题是绕不开的、必要的，且能提高生产效率，根据个体在工作分工环节中的定位，可判断其对整体的价值。没有分工，一切都将分崩离析。阿德勒建议建立两性间的"同志关系"，实行男女同校制度，他认为"整体人类的幸福和生活乐趣"都取决于公平公正。

在结语部分，阿德勒探讨了个体发展中社会需求和个人需求之间的矛盾。性格在获得优越性的个人目标和超越个人的群体感融合的过程中形成。性格的形成和世俗的智慧——不是在理论上，而是在个体生活的人类世界中——在常识和康德关于自我完善的人类学的意义上，是一脉相承的。阿德勒认为："通过这些研究，我们探究关于人性的知识，这是一门几乎没有被人以其他方式发展过的科学。但在我们看来，它是一项最重要的、对各阶层人群都必不可少的活动。"

《认识人性》的重点被调整过一次，它原本是从神经质目标和对未来的目标来了解个体的理论，但几乎完全被修改了，"神经症"一词甚至没有被提及。阿德勒只提到过几次"紧张的"（nervös）和"紧张感"（Nervosität）之类的字眼。现在，他强调无意识是精神生活中最有力的因素，而这一概念从前从来没有得到过重视。在这本书里，生物—生理学的论点只出现在概要部分：对权力的神经质追求被认为是渴望征服他人的表现，是群体感的反面。两年后，阿德勒会更多地使用"努力克服""追求完美"这样的词，生活方式被认为是"性格的结晶"。从此，他区分了两种立场，一种是进攻，另一种是犹豫和坚守。面对主动和被动之间的选择，阿德勒主张采取行动。如果说补偿行为一般是为调节平衡做出的努力，那么现在阿德勒则强调，过度补偿是一种超越了纯粹补偿的过度行为，导致这种行为的是伴随着过大野心和压迫性的敌对态度的自卑感。在阿德勒的论证中，缺乏群体感作为一种新的范畴出现。健康的发展只有通过对群体的贡献才得以实现，因而它是关于社会心理的,而不是内心的;对权力的追求必须被掩饰,以避免危及群体。阿德勒为对权力的想象创造了一个相反的想象:它基于理性、洞察和承认现实,它就是群体。这两种功能的共存和兼容性,是心理健康的标志。一旦发生过度补偿,这种平衡就会被破坏。

《认识人性》这本书写得通俗易懂,卖得很好。早在1928年就稍作修改后再版了一次,1929年再版了第二次,两年后再版了第三次。该书很快被翻译成了英文,在美国也大获成功。据说,这本书在美国几年内就售出了近100万册,学校还将其选作世俗伦理学的教材。这本书在美国获得成功的原因是什么呢?

在那个年代,获得成功的思想都必须满足3个条件:首先,必须以"某种方式"符合社会结构。也就是说,这些成功的思想必须能解释行为者的社会经历,如经济动荡、人口发展、人口流动、衰退性社会变动、阶级焦虑等。其次,它们必须能够为社会行为中充满不确定和冲突的领域提供方向,如性、爱、追求财富。最后,它们必须能够在社会网络中流通起来。《认识人性》满足了这些条件。它是时代相学中的探索性文学,它提供了方向。如今,比起对人性的认识,心理学界在学术框架下更多地谈论个体心理学,而在非学术领域则更多地提及"情商"。

施佩贝尔、马克思主义、柏林、分裂

> 爱的社会主义
> ——如今首先是一个词、一个希望、一个发展目标。
> 但我们（最亲爱的人）事先经历了
> 其造福的所有奇迹。"
> ——《妇女的社会化》（*Die Sozialisierung der Frau*，1922年）中
> 爱丽丝·吕勒-格斯特尔给奥托·吕勒的献词

人们能在多大程度上忽视那个戴着贝雷帽走下火车的精致的年轻人呢？

1927年11月，马内斯·施佩贝尔踏上了柏林之旅，其目的是追随阿尔弗雷德·阿德勒的愿望扩大柏林的个体心理学群体，并进行一场改革。柏林个体心理学协会的精神领袖、医生弗里茨·肯克尔是一位牧师，也是一位保守派，长期以来是阿德勒的眼中钉、肉中刺。他对阿德勒来说更像是障碍，而不是起积极作用的伙伴。肯克尔的不少出版物和他关于个体心理学的"异端邪说"早已引起

了争论。此外，施佩贝尔还计划在柏林建立一个培训机构。途中，施佩贝尔到访了德累斯顿，并拜访了爱丽丝·吕勒-格斯特尔和奥托·吕勒——他们是个体心理学派的马克思主义核心人物，也是所有官方党派路线的叛徒。吕勒比施佩贝尔年长一辈，终生拒绝一切等级制度，他劝施佩贝尔不要加入组织僵化的德国共产党，因为它拒绝个人自主。施佩贝尔前往柏林的其中一个原因，正是这对夫妻。

两年半前，在德累斯顿。"4月17日和18日，来自德国北部、中部和西部，以及捷克斯洛伐克和奥地利的马克思主义者在德累斯顿-诺伊施塔特火车站举行了会议。会议议程只有一项任务：讨论马克思主义和个体心理学。"那是1925年，个体心理学内部成立了一个马克思主义工作小组。参加会议的有马内斯·施佩贝尔、奥托·考斯（Otto Kaus），以及爱丽丝·吕勒-格斯特尔和奥托·吕勒夫妇。他们认为，阿尔弗雷德·阿德勒的群体感——这一概念在1925年发展成了和平主义和元政治心理学——彻底是政治的。爱丽丝·吕勒-格斯特尔表示："据我们了解，个体心理学就是适用于个体的马克思主义。"

对于吕勒夫妇来说，政治就是教育学，教育学就是政治，是阶级斗争和工人阶级解放的政治。"社会主义就是群体。"吕勒夫妇在他们的杂志《在彼岸》（*Am andern Ufer*）中写道，"这意味着彻底消灭对人的统治和凌驾于人的权力。社会主义需要群体的人民。"

教育工作者、心理学家、讲师、历史学家、文化理论家、帝国议会议员、革命理论家、党内评论家、社会学家、出版商——所有这些都是奥托·吕勒的标签。从他的作品中可以看出他本人的倾向和他寻找、探索和实验的时期。他的作品提供了连接不同学科的桥梁,尤其是与个体心理学。吕勒于1874年出生于萨克森州,是一个小公务员的儿子。他从小体弱多病,不得不长期卧床,也因此躲过了父亲的拳脚交加。他先在师范学院求学,后来加入社会民主党,并开始做报告和讲座。他曾成立马克思主义教育青年俱乐部,并因此失去了教师职位,成了巡回教师。吕勒身材魁梧,长着一颗又大又秃的脑袋,有着发达的颧骨和棱角分明的下巴,是一位受欢迎的演讲者。1907年起,他开始宣扬社会民主党的理念,并成了该党的先驱和思想家。他的写作范围广泛,写得最多的是教育学相关的。《儿童性别启蒙教育》(*Die Aufklärung der Kinder über geschlechtliche Dinge*)、《爱提问的孩子》(*Das fragende Kind*)、《爱玩的孩子》(*Das spielende Kind*)和《工作的孩子》(*Das erwerbstätige Kind*)都是他出版的小册子的标题,这些小册子的标价为15~30芬尼[1]。1911年,他又出版了《无产阶级的孩子》(*Das proletarische Kind*)。在这本书中,他探索了几乎从未有人涉足的领域。这本书引起了轰动,他被赞誉为"德国的裴斯泰洛

---

[1] 芬尼是一种旧德国货币,1马克等于100芬尼。——译者注

齐[1]"。一年后,他被选为德意志帝国议会议员,但这对他的工作没有产生什么影响。不过这一局面在1914年8月3日发生了变化:在一场关于军事公债的投票中,他是14个投反对票中的一个,这些反对者也包括卡尔·李卜克内西(Karl Liebknecht)——他们在1915年都对帝国预算投了反对票。1916年1月,社民党开除了李卜克内西的党籍,吕勒也归还了党证。1918年10月,吕勒呼吁建立一个"以社会主义革命为基础的共和国"。"一战"后,他对政党和议会制度完全失去了信心,在德累斯顿成了一个工人和士兵委员会的主席,不久后成了德国共产党选举会议的代表。他呼吁人们不要参加战后的第一次投票:"这条路是我们赢得的最伟大的看台。"在第二次党代表大会上,吕勒和他的反议会党人被迫离开德国共产党。吕勒攻击列宁统治的俄国是一个"党的独裁政权",一年后他在访问俄国后对此进行了更加严厉的批评,指责布尔什维克政权是官僚主义和令人失望的。1920年,他的妻子去世,同一年晚些时候,他遇到了爱丽丝·格斯特尔。

爱丽丝·格斯特尔比他小20岁,是布拉格一位富有的家具制造商的长女,曾在德国女子中学读书,并在1912年在女子师范学院通过了国家音乐考试。在她的家庭中,母亲占主导地位。这种特权地位有悖爱丽丝的正义感,而文学为她提供了避风港。她认识了年轻作家弗朗茨·韦尔弗、埃贡·艾尔温·基希和维利·哈斯

---

1 指约翰·亨利赫·裴斯泰洛齐(Johann Heinrich Pestalozzi),19世纪瑞士卓越的民主主义教育家。——译者注

（Willy Haas）。在第一次世界大战初期，她做了一名护士。她从1916年起在布拉格学习文学和哲学，1918年继续在慕尼黑求学，当时她是一名坚定的社会主义者。1919—1920年，她开始接触个体心理学。她接受了莱昂哈德·赛夫的建议，在埃尔温·韦克斯贝格身边继续从事研究工作，并成为一名治疗师。1921年，她获得了博士学位，结婚，并最终离开了她讨厌的父母家。婚后她采用双重的姓——吕勒-格斯特尔，这在当时是不寻常的。

他们的关系由付出和收获构成。奥托·吕勒把卡尔·马克思的作品介绍给爱丽丝，爱丽丝把阿德勒的作品介绍给奥托。对奥托·吕勒来说，这些作品是对社会主义革命失败的初步解释——被训练得服从和相信权威的工人自信心不足的势头，解释了他们的行动缺乏自主性的关键原因。在第一次世界大战之前，奥托就已开始思考个人和社会的二元论，现在他将这些思想与他的社会革命教育理论结合了起来。亨利·雅各比（Henry Jacoby）曾参加过吕勒关于马克思主义和心理学的课程，他记得这些关键问题：为什么群众会失败？为什么他们的领导人不能令人满意？为什么工人运动中存在着代际和性别冲突？性格在社会斗争中起什么作用？——"答案就在阿尔弗雷德·阿德勒提出的心理学见解中。"

爱丽丝·吕赫-格斯特尔对文化有着浓厚的兴趣，她会讲7种语言，与法国小说家乔治·杜哈曼（Georges Duhamel）和阿尔诺·施诺考瓦（Arno Schirokauer）等作家通信——阿尔诺·施诺考瓦在1928年写过一本关于拉萨尔的书。在他们看来，资本主义代表了人类历史上人们的生活退化成经济生活,情感、语言、概念成为商品的片段。

1924年,爱丽丝·吕勒-格斯特尔献给莱昂哈德·赛夫的《弗洛伊德和阿德勒:精神分析和个体心理学初级入门》(*Freud und Adler. Elementare Einführung in die Psychoanalyse und Individualpsychologie*)作为吕勒出版社的第一种出版物问世,这是吕勒夫妇为数不多的预期收入来源之一,目标群体是心理学门外汉。根据她的分析,弗洛伊德强调因果关系,而阿德勒强调目的;前者关注起点,而后者则关注心理活动的目的;弗洛伊德关注"个案",忽略了社会和社会学层面,而阿德勒将"个案"与其社会环境当作整体。因此在发展后期,个体心理学走向了民主化,而在她看来,"民主"是"社会主义"的同义词。阿德勒将神经症理解为脱离常识进入"私人逻辑"的现象。如果私有财产不受保护,精神病人如何能从顽固中解脱出来? 这是马克思主义个体心理学家关心的一个问题。爱丽丝·吕勒-格斯特在《通向我们的道路》(*Der Weg zum Wir*)中也试图将马克思主义与个体心理学联系起来,把对国家的描述和批评结合起来。她的论点最终成了马克思主义和阿德勒理论的结合,社会化的人成为以群体为目标的合成运动的唯一对象。虽然马克思主义和个体心理学在目的性、因果条件的评价和思维的辩证结构等方面有相似之处,但是具有颠覆性的经济社会哲学和神经症治疗其实没有什么交集。这只是一个明显的巧合,但相当勉强。马克思可能完全想不到,工作中的异化现象在他去世80多年后成了心理学研究的对象:"在一个休闲社会中,个人从工作和业绩中获得自我价值,却失去了这些'自我的延伸',从而产生异化。"

马内斯·施佩贝尔写道:"阿德勒和爱丽丝非常熟。阿德勒欣赏她,并鼓励和欢迎她为传播他的学说所做的一切。正如《通向我们的道路》的副标题——"将马克思主义与个体心理学结合的尝试"(*Versuch einer Verbindung von Marxismus und Individualpsychologie*)——那样,这是一本寻找马克思主义和个体心理学之间联系的书。阿德勒向爱丽丝保证,他不反对这种联系。"1927年,在维也纳举行的第二届社会主义个体心理学大会上,施佩贝尔见过爱丽丝:"她并不漂亮,但当她以一种迷人的少女情怀和明朗的态度分析非常复杂的事实时,她似乎变得漂亮了。"

在维也纳大会的6个月前,索菲耶·拉扎斯菲尔德(Sofie Lazarsfeld)的儿子、一名中学教师、在心理研究所为比勒夫妇当助手的罗伯特·拉扎斯菲尔德(Robert Lazarsfe),参加了在德累斯顿召开的德国马克思主义个体心理学家大会。应这次会议的提议,1927年5月成立了"维也纳社会主义个体心理学家中央办公室"。个体心理学家在卡尼茨、韦克斯贝格和雨果·卢卡奇(Hugo Lukacs)的领导下,在位于维也纳第一区克利布拉特大街的隶属于公立儿童医院的门诊室里见面。对于这些心理学家来说,个体心理学在方法论上是马克思主义"科学"的延伸,将为他们提供"支撑"。

无论是在社会民主党的组织还是在共产党的机构里，都能找到个体心理学成员的身影，他们由拉伊莎·阿德勒和玛格丽特·希尔弗丁领导。尽管不少激进的左翼派很快就不再愿意参与个体心理学协会的会议，他们的内部也没有出现分裂。相反，极端化带来的是纯粹的纲领性学说。埃尔温·韦克斯贝格和亚历山大·诺伊尔制定了一个纯粹的教义，这同时也成了识别异端的指南。另一方面，这导致了1925年从事临床工作的医生和心理学家之间的分裂，包括鲁道夫·阿勒斯（Rudolf Allers）、奥斯瓦尔德·施瓦茨（Oswald Schwarz）和年轻的维克多·弗兰克尔——前两者都是天主教教徒。阿德勒解雇了他们，选择了野心勃勃的马内斯·施佩贝尔。阿德勒的自由主义已发展到极限，无法容纳相反或反对的世界观。在过去10年里，个体心理学的框架条件早已改变，对海外最新理念的整合恰逢中欧地区阵营形成的时期。

此时，爱丽丝·吕勒-格斯特尔正在探索一个截然不同的问题：妇女的首要身份是妇女还是人？她想用个体心理学的方法来揭示妇女的命运，并解释女性的自卑感。实证调查显示，工人阶级妇女的生活条件有时是非常悲惨的。在《当代妇女问题》（*Das Frauenproblem der Gegenwart*）中，她探讨了强加于妇女身上的自相矛盾的角色。20多年后，西蒙·德·波伏娃（Simone de Beauvoir）通过《第二性》（*Das andere Geschlecht*）间接跟进了这一研究。

吕勒关于个体心理学和马克思主义、心理学和社会政治学的综合性研究的核心议题，是社会起源。他的研究主题包括向社会弱势儿童灌输自卑感的情况，即对群体感的干扰，以及性别等级制下的家庭秩序。除此之外，许多大都市都有"马克思主义和个体心理学工作小组"，其成员将自卑感和对群体的敌意解读为资本主义权力结构和父权制影响的症候群，认为只有实现团结、性别民主和生产资料的公正分配，才能有效解决这些问题。

1925年底，奥托·吕勒说，政治形势正朝着这样一个方向发展：要在社会主义和未来，以及野蛮和毁灭之间做出决定。他认为独裁者的崛起是资本主义时代不可避免的产物，竞争、竞争思维和对权力的争取，反映在情感关系中。吕勒说："权力是金钱、权威、知识和优越感。无力感是贫穷、被迫工作、忠诚、无知和自卑感。"对资产阶级的生活方式和取向，人类必须在生活的各个领域加以克服，人类必须"整体"做出改变，不是通过社会主义业余大学，而是像他说的那样通过马克思主义和社会主义的结合。奥托·吕勒为自由思想家、工人运动员、工会及"儿童之友"举办过许多讲座，同时，他和爱丽丝·吕勒-格斯特不停地写作。1920年，他曾提出过一个共产主义教育方案，后来又在其中纳入了个体心理学思想。他的前提是：儿童在成人的文化中是受到压抑的，教育是压抑儿童的工具，对于无产阶级儿童来说更是如此，他们对世界的体验通常是敌对的；教师扮演的是严厉的驯服者的角色；沉迷于权威的机构是消极的，很容易被击垮。这些理念对于青少年福利局这样的进步机构来说都太过极端了，吕勒对个人应对策略——个人应对策略结合了环境影响、体质、家族组成、经济框架条件等一系列因素——的深入研究太过激进。

1925年，为了产生实际效果，他和爱丽丝成立了教育协会"无产阶级儿童"，目的是唤醒和促进群体精神，但重点是示范性地为社会主义教育奠定心理学基础。一年后，他们推出了一份配套的杂志。他们认为教育对改变社会、两性关系及人际关系至关重要，这一点也体现在爱丽丝·吕勒-格斯特尔于1927年出版的小册子《被忽视的孩子》（*Das verwahrloste Kind*）里。1927年9月14日和15日，在第四届国际个体心理学大会间隙，社会主义个体心理学大会在维也纳旧市政厅举行。会议大受欢迎，仅仅第一天，参加会议的付费观众就有400多名，人群挤到了大厅走廊上。爱丽丝简要介绍了《被忽视的孩子》。她认为，教育中最重要的是成年人要向孩子提出具体要求——提出孩子能够实现的要求。在维也纳逗留期间，爱丽丝访问了她最好的朋友艾琳·弗尔特米勒——她在维也纳政治圈里发展得很好。除了个体心理学，两人都热爱文学、语言和音乐，都弹得一手好钢琴，艾琳是一名训练有素的音乐会钢琴家。她们能够从事各自的事业，是因为她们长年雇用女管家。在弗尔特米勒家，女管家担起照顾孩子的责任；而在爱丽丝家，女管家照顾她的两只宠物——一只德国牧羊犬和一只猫。

在吕勒-格斯特尔看来，有意识地不给孩子加重负担、不施加压力，意味着应该通过"你可以……""你能够……"这样的句子鼓励孩子，给孩子独立行动的空间，以训练其真诚度、群体意识和群体技能。撒谎的教育者会让一切努力白费。教育者应该起到榜样作用，强化孩子的行为并鼓励孩子。

1927年，吕勒出版了第一本从个体心理学角度撰写的卡尔·马克思传记；萨克森州社民党还委托他编写了3卷关于欧洲革命史的书。于是3年后，他的《无产阶级文化与形势图解》（*Illustrierte Kultur- und Sittengeschichte des Proletariats*）出版。1931年，吕勒以卡尔·斯陶尔曼（Carl Steuermann）的名义在费舍尔出版社出版了《世界危机—世界的毁灭：国家资本主义课程》（*Weltkrise - Weltende. Kurs auf den Staatskapitalismus*）。在书中，他设想要么进行革命，要么爆发新的世界大战。1932年，他又以卡尔·斯陶尔曼的名义出版了《逃离的人》（*Der Mensch auf der Flucht*），这是一本时间分析和心理学方面的著作。他在书中探讨了在逻辑和关系撕裂的背景下的当代神经质的人，以及恐慌性的权力崛起："非理性成为一种癖好，不合逻辑的被当作启示，黑暗势力取得合法地位并接管权力。"他认为，性格类型——他将性格类型分为地位的人、组织的人和传统的人——都是毫无根据的，无产阶级将投入法西斯主义的怀抱。这也是他在德国出版的最后一本书。1932年，吕勒夫妇搬到了布拉格。

1927年11月的第一个星期，施佩贝尔来到了柏林安哈尔特火车站。尽管下着雨，车站前的广场照样挤满了人。柏林是一座拥有近420万居民、有多个市中心的大都市,维也纳无法与之相比。前一年9月3日,位于诺伦道夫广场的皮斯卡托剧院已经开放,1927年1月10日放映了当年第一部万众瞩目的电影——弗里茨·朗(Fritz Lang)的《大都会》(*Metropolis*);同年9月,沃尔特·鲁特曼(Walter Ruttmann)的蒙太奇电影《城市交响曲》(*Sinfonie der Großstadt*)上映。第二年春天,马丁·海德格尔(Martin Heidegger)的《存在与时间》(*Sein und Zeit*)第一版在书店上架;与此同时,摄影师阿尔伯特·伦格-帕茨奇(Albert Renger-Patzsch)正忙于为他的摄影集《世界是美丽的》(*Die Welt ist schön*)拍摄。1927年5月,柏林迎来了"黑色星期五",柏林证券交易所的平均股价从204美元暴跌到139美元;11月8日,卡尔·冯·奥西茨基(Carl von Ossietzky)在《世界报》(*Weltbühne*)上写道:"如今到处都有一种与1923—1924年冬天相似的情绪。系统再次陷入停滞,而新的系统还未被建立。因此,失望无处不在;妥协、衰退替代了进步。总而言之,要做出反应。"

根据施佩贝尔自己的陈述,他抵达柏林后立即加入了德国共产党,并投身于"起草文化特别是心理教育学的'纲领'"中。当时德国共产党的成员数量逐渐减少,稳定的经济局势为社会民主党带来了支持率。1924年,斯大林提出"社会民主是大敌"的口号。自1925年以来,在恩斯特·台尔曼(Ernst Thälmann)担任德国共产党党主席期间,"极左的异议人士"遭到排挤,后来"右翼共产主义者"也被视作敌人。1928年起，包括施佩贝尔在内的一群德国共产党人开始走极左路线。莫斯科方面加强了领导和中央集权，这个由群众组成的党被改造成一个拒绝辩论的职能机构。从中期效果来看，这导致了核心选民变得顺从和漠不关心；而从短期来看，投票结果还算令人满意。在1930年的帝国议会选举中，德国共产党获得了27.3%的席位，自1924年以来增加了约40%。但这个支持率与其他党派比仍然少得可怜。1930年，另一个政党——民族社会主义德国工人党——的议员席位从12名增加到了107名，增长了约8倍。

一直到1928年，马内斯·施佩贝尔还经常去奥地利。他的女朋友米丽娅姆·赖特尔（Mirjam Reiter）生活在维也纳，他们在1928年8月1日成婚。直到此时，他才重新注册回了柏林的地址。这对夫妇对外用的地址是柏林W30，路德大街（现马丁路德金大道）3号。这里离维滕贝格广场不远。但据说这是形式上的地址，这里其实是《个体心理学与心理卫生》（*Zeitschrift für Individualpsychologische Pädagogik und Psychohygiene*）杂志的编辑部。施佩贝尔寻找住所的情况持续了很长时间，尽管阿德勒尽量为他介绍演讲机会，但是他的收入微薄，也不稳定。

1927年11月施佩贝尔在柏林下火车时，他携带的最重要的物品是阿德勒的推荐信。信中写道，这位年轻人是"个体心理学的最佳诠释者"，享有他"完全的信任"。比施佩贝尔大16岁的弗里茨·肯克尔是个善于交际和乐于助人的人，他将自己位于吕德斯海默广场的练习室借给施佩贝尔使用,并推荐他担任课程讲师。在接下来的几年里,他们一起参加了小组讨论并举办了研讨会。不过,由于他们的政治观点截然不同,最终,他们从同事关系发展成了竞争关系。

柏林的个体心理学协会成立于1924年。瓦伦丁娜·阿德勒自1921年以来一直住在柏林,担任图书馆管理员。柏林协会的总部先是设在肯克尔位于夏洛滕堡康德大街的公寓里,后来搬到了位于达勒姆的佛奥肯瑞德12号。然而,肯克尔代表了个体心理学的异端这一事实很快明朗了。肯克尔曾在柏林担任神经症学和心理治疗的执业专科医生,最初他是阿德勒忠诚的追随者,但从20世纪20年代中期开始,他脱离了阿德勒的学说。1928年,他出版了《应用性格学》(*Angewandte Charakterkunde*)第一卷,并称自己的理论为应用性格学。1931—1935年,他陆续出版了5本续作。《生命的辩证法》(*Vitale Dialektik*)于1929年出版,《危机的书信:经济危机和性格危机之间的联系》(*Krisenbriefe. Über den Zusammenhang von Wirtschafts- und Charakterkrise*)于1932年在魏玛共和国最后的关键阶段出版。

柏林协会当时有许多工作组、倡议和提议组,从"精神病患者咨询"到音乐和身体教育学治疗圈及讨论小组等。这个群体肯定是相当庞大的,但没有对成员的准确记录。如同在维也纳和其他地方一样,个体心理学没有严密的组织,除了少数地方,没有官方正式注册的协会或地方分会。因此,柏林地方法院的协会登记册上并没有"柏林个体心理学协会"的相关记录。1925年9月初,在柏林举办的第二届国际个体心理学大会上,柏林显现出了其重要性。该会议由与儿科医生成婚的赫塔·奥格勒(Hertha Orgler)和丈夫是柏林-科鲁兹堡市长的埃尔泽·赫尔兹(Else Herz)组织,阿德勒借此机会在他的演讲中驳斥了弗洛伊德和他的悲观主义。阿德勒的意见与让-雅克·卢梭对托马斯·霍布斯(Thomas Hobbes)的斥责不谋而合——后者认为人类在自然状态下是残忍、暴力和利己主义的,而卢梭则认为人类的本质是善良、合作和渴求他人认可的。

1926年1月,由阿达·拜尔(Ada Beil)编辑的月刊《群体》(Die Gemeinschaft)正式发行,它发布了关于讲座、项目和目前8个工作小组工作计划的信息。同一年,一所特殊的儿童教育之家成立,并作为儿童和青少年治疗机构获得了良好的声誉。1927年12月底,阿德勒写信给施佩贝尔称,如果由施佩贝尔接管《群体》的话,它的管理和协调将得到改善。1928年1月,时机已到,施佩贝尔代替了拜尔,她被迫离开。阿德勒赞同对杂志进行改良,第一项措施是改名,月刊名称从《群体》改为《个体心理学与心理卫生》。同年2月28日,阿德勒从芝加哥给出指示:调动所有工作小组,收集他们的反馈意见。他还给出了战略性建议:招揽一家出版社作为杂志销售合作伙伴。4月,他称赞了第一批期刊,说它们看起来非常好。协会的培训和咨询机构被合并成了一家个体心理学研究院,研究院内部分为研讨会、公共咨询和执业个体心理学教育者专业小组等。

在此期间,施佩贝尔奔波于德国各地,通过文学—哲学主题讲座来吸引资金。汉斯·迈尔（Hans Mayer）——后来成了著名的日耳曼学者——于1928年在科隆的艺术协会见过他。施佩贝尔在那里做了一场关于"战胜悲剧：陀思妥耶夫斯基和尼采"的讲座。50多年后，迈尔回忆道，施佩贝尔让人印象十分深刻，不仅因为他谈论的主题，也不仅因为他的乐观主义，而是因为这位时年23岁的年轻人散发的魅力。

施佩贝尔上任后的头6个月里，月刊得到了蓬勃发展。施佩贝尔曾将一个专门阅读爱丽丝·吕勒-格斯特尔的《通向我们的道路》的读书会改成了马克思主义工作小组，并满怀热情地投入到了这项工作中。比他大3个月的海因茨·雅各比（Heinz Jacoby）曾说："虽然他实际上与我们同岁，但我们把他当作长辈，主要是因为他在我们面前有一点保护者的姿态。另一方面，也是因为我们感到他和他周围的人都属于一种知识分子阶层，他们的工作成果对我们有益，但他们生活在一个不同的圈子里。"另外，因为施佩贝尔年轻，外表也有些稚嫩，有一些人轻视他。在他告诉奥托·吕勒，作为德国共产党党员，他不能再与这位德国共产党的批评者为伍之后，吕勒高傲地冷笑道："大人物施佩贝尔与我断绝关系了。"

该杂志在内容上经历了全面改革，但随后出现了第一个摩擦，这导致了争端。意见分歧一直存在，而现在，离心力变得更强。1928年，杂志内部开始出现意见分歧，导致了混乱，尽管这种分歧一开始不是针对个人的。1928年末，在发行了10期后，杂志停刊了。肯克尔太保守而施佩贝尔太激进，在与阿德勒有分歧时，几人之间甚至还出现了选择性结盟关系。但是第二年，柏林协会还是分裂了。保守派的肯克尔和他的党内支持者，与马克思主义者斯佩尔和他的同志之间的分歧再也无法弥合。阿德勒派他的得力助手到柏林，本是为了在这个德国个体心理学最重要的城市巩固个体心理学协会的地位，但最终却得到了相反的结果——协会分裂。肯克尔成立了"新柏林个体心理学协会"，从此这里出现了两个工作小组、两个协会、两个代表处。第一个协会（小组1：施佩贝尔）位于兴登堡大街（现人民公园），另一个在肯克尔位于珀梅士大街的公寓里。《国际个体心理学杂志》的"纪事"栏目以冷静的口吻报道了协会分离成两个小组的事实。此时，在纽约的阿德勒只能写了一封闷闷不乐的信，试图寻找平衡：

亲爱的施佩贝尔：

我希望你不要指望我表明立场。我不怀疑你管理好个体心理学协会的良好意愿，协会管理工作也的确交给你了。但你失误了，我只想说明这一点。你没有努力避免你的组织跟政治扯上关系，而你本应该预料到这一点。如果我当时在场，我会想方设法让肯克尔当选。在其他方面相当笨拙的肯克尔，这次是更好的战术家。现在，他作为无党派人士的领袖走到了前面。在他的主持下，你本可以更好地发挥你的影响力。

另外还有这样的话：

我想不到任何办法来阻止任何人成立第二协会、第三协会甚至第四协会。我认为我们还根本没有一个国际协会，谁都无须在意"裁判员"的一纸声明。

你想得到我的建议吗？选拔你和你的小组本是为了给协会带来和平，但没能成功。我的建议是，宣布你先前的立场是错误的，罢免你的候选人，召回已经退出的成员，并以以下主题举办新一场选举：确保协会的和平，拒绝政治表态。

这封信的语调是严厉的，施佩贝尔失去了阿德勒的偏爱和信任。他让阿德勒失望，无论是策略、组织能力还是在性格上。让人意外的是，导致分裂的政治冲突和根深蒂固的分歧似乎既没有引起阿德勒的兴趣，也没有影响他，他的主要谴责对象是施佩贝尔，而后者实际上承担了很多工作。1930年，施佩贝尔作为心理学专家，在工人和社会教育学院、福利院、青少年活动中心和少年罪犯教养院讲课，每天还要进行6个小时的心理治疗；他定期前往维也纳举办研讨会，也在国外推广个体心理学，例如1929年春天开始，他在萨格勒布（克罗地亚首都）推广个体心理学，不久之后在那里成立了第一个个体心理学工作小组。1931年，阿德勒也在萨格勒布举行了8场讲座。

很久之后，施佩贝尔通过转租住进了位于保罗斯伯勒讷大街的一所房子里，这所房子显然为他提供了足够的空间，让他在这里举办讲座和研讨会。前来参加活动的有赫尔穆特·詹姆斯·冯·毛奇伯爵（Helmuth James Graf von Moltke）、汉娜·阿伦特（Hannah Arendt）和赫德·艾斯勒（Hede Eisler）——她是作曲家汉斯·艾斯勒（Hanns Eisler）的哥哥、共产党员格哈特·艾斯勒（Gerhart Eisler）的前妻。据说，艾斯勒还曾带理查德·佐尔格（Richard Sorge）去过施佩贝尔家，佐尔格后来以双重间谍的身份而出名。除了所有这些活动，马内斯·施佩贝尔仍然抽出时间写作。他写了许多专业论文和文章——以现在惯用的口述方式——1930年夏天，他在6个星期内写完了《文化是媒介，不是目的》（*Kultur ist Mittel, kein Zweck*）这本书，这本书直到80年后才出版。

  1930年9月的最后一个星期，第五届国际个体心理学大会在柏林举行。这是否是和解和重建的良机？会上，两个协会以"柏林协会"的名字"联盟"。在20世纪20年代末，阿德勒的学说已在社会工作者中传播并获得了认可，本次以神经官能症和生命意义为主题的大会的荣誉委员会成员，包括了国家和城市代表，以及社会工作者中的主要代表。此次大会于9月26日至28日（星期五至星期日）在舍恩贝格市政厅举行，这可能是受众最广、最受欢迎的一次大会，参会者数量估计在2000人左右。阿德勒于24日抵达，下榻安哈尔特火车站旁的一家大酒店。第二天，他做了两场同一个主题的讲座，早上一场，晚上一场，一场用德语，一场用英语。讲座主题是"生命的意义"。晚上的讲座大受欢迎，以至于他临时加了一场。

许多人是第一次参加阿德勒的讲座,保罗·罗默(Paul Rom)如此记载道:"像其他许多听说过这位名人的人一样,我对他朴素的外表和简洁的言语感到惊讶。这位当时60岁的老人个子不高,但身材结实,他在众人面前落落大方、非常自然,让人想起萧伯纳。"此次会议的近10年前,阿德勒在《个体心理学的实践与理论》的导言中写道:"人类共存真正需要的是爱、工作和同伴关系。面对这些坚不可摧的事实,追求个人权力的人要么暴跳如雷,要么试图狡猾地绕过它们。然而,对群体感的认识就是在这种不间断的斗争中被揭示出来的。"而此次针对西格蒙德·弗洛伊德的最新著作,他再次强调了这一点。在当时新出版的《文明及其缺憾》(*Das Unbehagen in der Kultur*)和《一个幻觉的未来》(*Die Zukunft einer Illusion*)中,弗洛伊德无疑是一个厌世者,他对人类的失望已经变成了对厄运的嘲讽。读完这两本书,阿德勒无比震惊。最后一场会议结束后,阿德勒在当时很受欢迎的剧作家汉斯·若泽·雷菲施(Hans José Rehisch)家中举行了最后的记者招待会。在那里,阿德勒遇到了又一位诺贝尔奖获得者——阿尔伯特·爱因斯坦,他邀请阿德勒去他在卡普特(位于柏林郊外)的家。1926年底,爱因斯坦热衷于精神分析,并在柏林见到了西格蒙德·弗洛伊德,两人关系肯定很好。尽管后来在1936年发生过小摩擦,爱因斯坦还是影响了阿德勒一家的命运。

1931年秋天,阿德勒再次提出了一个长期以来的愿望——一个4年来他一再向施佩贝尔提出的想法——写一篇反对弗洛伊德和精神分析学的文章，但施佩贝尔再次拒绝了阿德勒。阿德勒、弗里茨·肯克尔和施佩贝尔在柏林凯宾斯基酒店进行的最后一次和解会谈失败了，对此，后来施佩贝尔如此写道："这是真的，我们的最后一次谈话……是政治性的。阿德勒坚持政治中立，尽管这有悖于他曾经教导我们的观点，即保持中立是不可能的。"

分歧不是一夜之间产生的，这是信任逐渐消耗殆尽的结果。早在1920年，两人就在一位交付给施佩贝尔的病人的治疗进展问题上产生过分歧。施佩贝尔认为，他作为心理治疗师已经达到了生理极限，从此，自我怀疑就没有离开过他。同时，他也受到了医学专家的批评。施佩贝尔对与弗洛伊德相关的工作也从一开始就感到不满，因为他被阿德勒当作了对付敌人的棋子。施佩贝尔预感，就像弗洛伊德和阿德勒一样，阿德勒有一天也会和其他人决裂，而这也变成了现实。柏林这座个体心理学的城市变得静悄悄——阿德勒和肯克尔也闹翻了。这次大会后发生了翻天覆地的变化。20世纪30年代初，阿德勒曾多次到访柏林，仅1931年就来了4次，其中一次从1月底到3月底一连待了8周，随后1932年2月和3月各一次。他在莱辛学院、迪斯特尔韦格师范学院、科鲁兹堡医院和乌尔班医院讲课，甚至在他下榻的豪华酒店里——包括位于法萨嫩街街角的萨沃伊康德酒店和位于安哈尔特火车站旁的埃克塞尔西奥酒店——给他的小圈子授课，在这个过程中，他称肯克尔为"不合格的"变异者、有缺陷的剽窃者。

关系破裂后，施佩贝尔挣脱了束缚。他开始剖析个体心理学。1932年,在他参与编辑的社会主义柏林辩证唯物主义心理学专业小组的文集中,他将个体心理学诋毁为"社会法西斯主义"。自1931年夏天以来,施佩贝尔进入了与德国共产党分离的第二阶段。

生命的意义

> 关于常识如此廉价地嘲笑的"存在"这个词的无意义，
> 　　我们不能归咎于思考太少或不负责任的胡乱思考。
> 　　　　　　——西奥多·W.阿多诺（Theodor W. Adorno）

心理学因为错失了时机，只能维持生存，一度被认为已经过时。它被认为是只能解释灵魂的判断，在无法改变人之后变成了理性的悲观主义，而改变是心理治疗的方法。患者不会因为觉得被幸福包围而来接受心理治疗；相反，患者感到痛苦。"患者"（Patient）一词在拉丁语中的原意是"遭受苦难者"，所以，在心理治疗中探讨幸福问题是不是很荒谬呢？这个问题也关系到心理学的意义，对生命的意义的探寻也是如此。这超越了世俗的意义，超出了"操作手册"的范围。

对意义的探索是哲学思考的动力，从古代到20世纪甚至21世纪，都是如此。对意义的探索作为意义赋予过程，是一种形而上学，是所有宗教的核心。佛教和个体心理学有一些相似的观点，这些观点都集中在世界观。西藏高僧更敦群培说:"我们向外看,会看到问题。佛法教导我们,应该换个视角向内看,看到我们的精神世界发生了什么。"阿尔弗雷德·阿德勒也曾说:"通过个体心理学……我们观察灵魂本身,即精神本身;我们审核个体带给世界和自己的意义、个体的目标、努力的方向,以及应对人生问题的方式。"心灵应该成为一面完美抛光的镜子,所有的知识都在其中清晰地闪耀,同时心灵应该像空间一样变得空旷和宽广,这样,冥想者才能释放本性。阿尔弗雷德·阿德勒的观点是:"灵魂本身不是力量,但它能支配力量。"他还反对唯物主义的决定论,说:"如果想要深入了解这种观点,就必须回答这几个问题:谁在寻找、谁在回答、谁在处理印象?人是口述录音机吗?还是一台机器?一定有别的东西在起作用!"

1933年,阿德勒用一整本书讨论了机器和人、文字记录器和寻求感官的灵魂之间的矛盾,他给这本书起名为《生命的意义》(*Der Sinn des Lebens*),由维也纳的罗尔夫·帕塞尔博士出版社出版——看名字就能知道这是一家成立不久的出版社。这家出版社由汉斯·艾珀斯坦(Hans Epstein)于1927年创立,但艾珀斯坦1932年意外去世,此时出版社正处于困难时期。有限责任合伙人罗尔夫·帕塞尔(Rolf Passer)接手后,营业额和收益才逐渐增加。由于这家出版社直到1933年11月17日才在维也纳商业登记处登记更名为帕塞尔出版社,可以推断这本书肯定是在该日期之后交付出版的。这本书并不符合这家出版社当时的出版风格,它主要出版的是艺术和文化类书籍及城市指南。1933—1934年，它扩展了出版范围，开始出版关于作曲家的书籍。

早在20世纪20年代中期，阿德勒就有了出版一本名叫"生命的意义"的书的想法。1925年，他发表了文章《关于生命意义的重要思考》（*Kritische Erwägungen über den Sinn des Lebens*），6年后发表了论文《生命的意义》（*Der Sinn des Lebens*）；同一年在美国出版《自卑与超越》。1930年，弗洛伊德在《文明及其缺憾》中表示："我认为，人类的命运问题是人类文化能否以及能在何种程度上战胜人类的侵略和自我毁灭本能对共存的干扰。也许，这方面在当代尤其需要关注……现在可以预期的是，两个'天国的力量'中的一个——永恒的爱神，将努力在与同样不朽的对手的斗争中保持自己的地位。但谁能预测结果呢？"这就是弗洛伊德和阿德勒的思想分歧所在。前者认为寻找生命的意义是精神错乱的表现；而后者认为这是关乎人类生存的基本问题，心理学家和教育学家应该共同解决这一问题。

"神秘主义者和精神分析学派的客户提到的一个共同问题是：什么能满足我的生活？这指的是我们的经验情况，在这种情况下，我们的感觉和行为是非自愿的，或者我们充满了幸福的感觉：是的，这就是我真正想要的。"阿德勒认为，生命的意义是一个真实、客观、超越个人的、适用于整个人类的生命意义。他在1933年提出，自卑感是一个基本的人类学事实，"是不会停止的刺痛感"。因此，他比以往更强烈地强调群体感的重要性，并把这个概念推到了超越个人的高度。现在，阿德勒的重点在于最重大、后果最严重的教育失误——溺爱。可以从几乎所有患者的病历中看出，他们在童年时期被溺爱。令人惊讶的是，在这本书里，阿德勒以如此尖锐的态度反对实际的或想象中的对儿童溺爱的态度。

"适应"意味着努力实现未来的天堂般的状态。阿德勒认为，很难更详细地定义"理想的群体"，他列出了它不应该具备的特质，问题是，生命的个体意义与生命的客观意义是否相容，拥有自我意志的个人是否能被置于更大的形而上学的背景中。阿德勒确信：只有完善自我的人才能对社会有用。进化及宇宙层面的观点在书中被更多地强调。另外，他认为心理失衡是错误的生活方式导致的，可以通过非人格化地投入群体来重获平衡。每个人在任何时候都有可能获得重生，个体有能力变得积极——积极地从精神困境中学习，积极获得洞察力，从陷入生活困境的'扫罗'（Saulus）变成个体心理化的'保罗'（Paulus）。这同样适用于因为忽视人类进化的任务而无法走向理想的群体形式、并遵循着错误生活方式的较大群体。"像斯多葛派一样，阿德勒强调逻辑结论的决定性特征，无论它是对还是错。逻辑判断是一种决定，因此，它也是人对生命意义的基本看法，是对自己及对世界的看法。"

人类作为肉体和精神的整体，在行动和反应上都有自己的病症。人格不是一个稳定、统一的构造。整体性是次要的、被动的，它是一个结果，而不是一个起点。神经症是个体创造的结果，通过这种结果，个体可以逃脱，至少是暂时逃脱主观上有问题的情绪组合或过度消耗自我的情绪组合。这可以表明一个超越个体的宇宙论，即生命的意义。这种意义是形成性、扩展性和超越自我世界的。然而，意义首先是一种方向，是对情感、实用性和认知行为的平衡。心理学成了一个"超级理论"，所有的流派、潮流和方法都在其中融合。

通过以上《生命的意义》中的论述，阿德勒摆脱了经验主义的科学范式。他的观点源于将自然进化过程的事实转移到人类历史中的推测性思维。追求更高发展和追求完美，成了"宇宙法则"。在这一阶段，阿德勒讨论的不再是特定的社会，也不是具体的个体，一切都是在永恒的层面（sub specie aeternitatis）进行的，宇宙的秩序是平衡。阿德勒让个体心理学成了"价值心理学"，在完善进程的尽头，将是人类的更高发展和自我优化。如果个体偏离了这条自我完善的进化道路，神经官能症就会出现。

有人提出了合理的疑问：阿德勒从何知道，我又如何知道，人类发展的终点是一个乌托邦式的社会？在这个社会里，群体感就像"呼吸"一般自然。阿德勒认为，生命的意义在于高度发展的群体意识，这给予人们更强的生存安全感，并保证人类的生存。个体、群体或民族选择的生命的意义正确与否，最终取决于他们能否生存下来。

自1930年以来，进化的概念是阿德勒思想的一个特点，整体论（Holismus）和完整性（Ganzheit）被列为核心概念、中心目标和中心思想。这种整体论基于身体和灵魂统一的观点。在个体生命的所有表现中都可以看到这一点，所有器官的运行都符合整体论，都有其意义和目的，所有的部分都为一个更大的整体而工作，并体现出维持整体的生存的愿望。

1930年，阿德勒偶然间看到南非人扬·克里斯蒂安·史末资（Jan Christiaan Smuts）的《整体论与进化论》（*Holism and Evolution*），并满怀热情地阅读了这本书。1931年初，他给史末资写了一封信："阅读您的《整体论与进化论》一书时，您所有的论述都深深地触动了我。我可以非常清楚地看到，我们的科学的关键是什么。不仅是您在其他方面的贡献，我还非常欣赏您对我们称为统一性和一致性的那些相关看法。我将非常乐意向我所有的学生和追随者推荐您的书作为个体心理学的必备读物。"

鲁道夫·德瑞克斯说："我们只能在自己的行为中展现自我，我们通过工作实现自我或者以失败收场。人不能同时是行为者和观察者，只有忘却自我者才能找到自我。我们的任务是对生命做出贡献。只有那些忘却自我而不是对自己的成败感兴趣的人，才能找到内心的平静，认识到自己的强项。而通过认识强项，个体可以找到自己能够且应该做什么。正如我们理解的那样，生命的意义在于实现自我价值，将所拥有的能量都献给人类的福祉。能够做到这一点的人，会对自己的内在力量感到吃惊。只需经过适当的调整，他们就可以利用这些力量。"

美国 II

> 世界逐渐变得一团糟。维也纳这座轻松欢快的城市可以说变得无望,但也说得过去。我也如此。
>
> ——阿尔弗雷德·阿德勒,1932年4月

"无望,但也说得过去"——鉴于他说这段话不久前的4月24日在奥地利举行的州议会选举和地方选举及其结果,这肯定是在讽刺。德国国家社会主义工人党(纳粹党)在维也纳州议会选举和地方选举中的支持率提升至17.4%;在下奥地利州议会选举中,它的支持率从0.5%飙升至14.1%;在萨尔茨堡从11.5%近乎翻倍增长到了20.8%。就在同一天,德国巴伐利亚自由州选出了新的州议会,基督教保守派的巴伐利亚人民党仅以0.03%的优势领先纳粹党(32.55%对32.52%),而在1928年的选举中,纳粹党仅获得了6.1%的票数。

在奥地利,"家园卫士"在过去5年中合并了各个地区的自卫组织。他们用拳头、棍棒和指节套环一路拼杀,赢得了对街道的控

制。作为一种挑衅，他们在布鲁克、林茨及维也纳等工人城镇游行。年复一年，这个同情墨索里尼统治下法西斯意大利的组织不断发起暴力事件。1930年4月19日，"家园卫士"制定了一份法西斯方案，其中写道："我们反对西方议会和政党国家……我们反对马克思主义阶级斗争分裂我国人民。"1931年9月13日，"家园卫士"发动了一场准备不足的政变。政变以失败告终，但它揭示了政变者与执政者之间的勾结。由于严重的经济衰退，奥地利的失业率达到了令人瞠目结舌的比例——在17%至24%之间徘徊。平均每天有12人自尽。1932年5月，在阿德勒如前文所述评论世界局势后，自前一年3月以来一直担任奥地利农业部部长的恩格尔伯特·陶尔斐斯（Engelbert Dollfuß）被任命组建新政府。这位律师、奥地利下议院农业局前局长和奥地利联邦铁路局前主席，是一位反马克思主义者和虔诚的天主教徒，身高只有1.51米。他的内阁由基督教社会党、祖国党和乡村同盟组成，以仅仅一票的优势获胜。陶尔斐斯给"家园卫士"当了挡箭牌，维也纳自卫队联盟领导人进入内阁担任国务秘书，他的职责是主管警察和宪兵。从1933年3月起，陶尔斐斯取消国民议会，开启了他的独裁统治。为了消除国民议会中最大的反对党的阻力，他于3月31日禁止了"保卫共和联盟"；左翼于4月1日进行的传统游行也被禁止，4月底不少人被捕。4月30日，拉伊莎·阿德勒也受到了影响，被警察带走，亚历山德拉·阿德勒在维也纳花了几个小时试图找出母亲被带到了哪个监狱；阿尔弗雷德·阿德勒当时也在维也纳。两天后，这家人设法保释出了拉伊莎。出狱时，她忍不住将包在两张纸中的两只碾碎的臭虫交给狱卒，作为告别礼物。据说，狱卒嘟囔着说她可能是自己把这些害虫带来的。

希特勒在德国掌权，以及2月末柏林国会大厦大火后德国民主权利的瓦解——在这两件事的衬托下，维也纳市民觉得"家园卫士"的暴行似乎只是小恶。弗洛伊德在给他儿子恩斯特的一封信中表达了立场："未来是未知的。等待我们的不是奥地利法西斯，就是德国法西斯。后一种情况下，我们必须逃跑。而面对奥地利法西斯，我们无论如何都可以忍受，因为他们不会像他们的德国表亲那样凶残地对待我们。有法西斯的日子不会好过，但是在国外同样也不好过。这一点不需要我来告诉你们，你们应对得还可以。我们与奥地利未来的两种政治走向的关系，只能引用《罗密欧与朱丽叶》中莫枯修的感叹'你们两个都将大难临头'。"

1933年9月18日，陶尔斐斯合并基督教社会党和"家园卫士"，成立了统一党"祖国阵线"。他于9月11日在一次讲话中宣布了资本主义—自由主义经济秩序和马克思主义在人民中的传播的结束，他宣布成立一个基督教专制国家——共产党早在4月26日便被强制解散。1934年对"二月起义"的血腥镇压，让形势进一步恶化。此后，陶尔斐斯只活了几个月。7月25日，纳粹分子发动政变，一部分闯进了位于巴尔豪斯广场的总理官邸，另一部分进入了广播电台大楼。枪击和争斗持续了5天，最后，政府方面有107人死亡，包括陶尔斐斯。153名政变者死于枪杀或处决。这次事件的直接后果是对言论和新闻自由的彻底限制；等级制国家甚至体现在乡村风格的洛登时尚中；天主教会重新获得了直接走进学校的机会；有传言说哈布斯堡王朝要复辟，有人暗中组织了一场共产主义抵抗，德国民族主义者变得越来越喜欢纳粹主义。

　　与政治学家不同的是，美国历史学家更多地将这一时期称为"米老鼠时代"——华特·迪士尼（Walt Disney）创造的一个卡通人物——而不是"富兰克林·D.罗斯福时期"。迪士尼这个加利福尼亚人创造的宇宙，一开始是一个荒谬的、令人恐惧的地方：无生命的东西被赋予了生命，人变成了自动装置，物理学定律失去效力，家庭被撕裂。他的世界是一个既定模式失去作用的世界。但最后，这个动画片半球似乎不是由恐惧和同情构成的噩梦，喜剧比悲剧更胜一筹，乐趣和幻想占了上风，所有愿望的终点都是传统价值观的加强。迪士尼成功地将荒诞的噩梦转化为童话和令人愉快的梦想，从恐惧和羞辱中为每个美国人——只要他是有工作的白人男性——创造了一个舒适、圆满的世界。那些年好莱坞制作的广播喜剧节目和螺旋式喜剧也是如此。弗兰克·卡普拉（Frank Capra）的电影都是成功故事，最初跌跌撞撞、灰心丧气的主角最后都取得了胜利。这些作品讲述的都是自我赋权、乐观主义和运气，就和关于科学家和发明家的电视人物传记一样，它们最后都是以成功结尾的。科学知识，关于私人生活、感情生活及儿童教育和伴侣关系方面的生活指南，迅速产生了社会影响力，专业人士以社会工程学来支撑美国的生活方式,以拯救个人、家庭以及整个群体。这在20世纪40年代有了具体的表现:当时,社会心理学家库尔特·勒温(Kurt Lewin)受美国政府委托,根据最新的科学发现为国民制定饮食指南。

思想历史学家沃伦·萨斯曼(Warren Susman)认为:"如果允许文化历史学家打一个比方的话,把这一时期看作'阿尔弗雷德·阿德勒时代'会很有益处。"阿德勒的气质、活力和他的思想方向,反映了那些年美国社会文化发展的情况,它们符合大型新闻媒体辩论的要求。沟通培训师和修辞学教师戴尔·卡耐基(Dale Carnegie)1936年写的自助指南《人性的弱点》(*How to Win Friends and Influence People*)成了卖出数百万册的畅销书,也是因为与那些年的情况吻合。成功的衡量标准不再是积累的财富或拥有的地位,而是融入社会的程度、获得的好感和友谊,以及团队合作能力。"因此,如果我们把这一时代看作阿德勒时代,我们就可以确定这样一个背景,在这个背景下,我们可以理解大部分人对生活方式的追求,以及对大众宗教、家庭、学校和群体的再次确认。尽管这可能是对阿德勒更准确的科学定义的过度延伸,但富兰克林·罗斯福因此成了阿德勒式的英雄:一个有'器官劣势'但'补偿'了这一劣势的人——自从1921年患小儿麻痹症以来,罗斯福一直依赖轮椅,短距离行走时需要使用辅助工具。"从罗斯福的第一个任期开始,当他推出经济政策"罗斯福新政"时,贪婪地寻找朗朗上口的标题的各家报纸,就用个体心理学中的教育术语,将新政称为"儿童新政"。

当美国于1941年12月加入第二次世界大战时,"士气"成了普遍现象。"因此,社会科学和社会规划与阿德勒的愿景融合,即重构美国人和美国文化。而美国人则试图为自己开辟一种原始文化,并在其中扮演自己想要的角色。"1942年,弗洛伦斯·C.宾厄姆(Florence C. Bingham)为美国"全国家长和教师大会"编写了论文集《民主社会中的群体生活》(Community Life in a Democracy)。经历了过去10年的经济危机和战争时期,似乎这是一个有望在美国建立一个真正的集体民主的时期。社会学家路易斯·沃思(Louis Worth)称,"像集体生活中的其他危机一样,战争为促进群体内部团结、相互支持提供了新的动力,而这在战后可以用来建立一个新的民主秩序,这将比我们自'美国边疆时期'(指19世纪美国西部大开发)以来经历的更好。"

1931年1月上旬,阿尔弗雷德·阿德勒在伦敦度过了10天。当时英国在儿童教育和特殊教育领域处于落后状态,1929年,伦敦经济学院才成为不列颠群岛上第一个为社会工作者提供心理学课程的机构。阿德勒在皇家医师学院发表了关于个体心理学的演讲。1931年1月,阿德勒于在《柳叶刀》(The Lancet)——至今领先的医学杂志——上发表了3篇论文,包括他在皇家医师学院发表的演讲稿。阿德勒最终不再支持"高尔街个体心理学俱乐部",因为它变得"过于政治化"。现在,他信任的是他于1926年结识的医生弗朗西斯·格雷厄姆·克鲁克香,该吸收严肃的成员了。克鲁克香克还很有演说才能。长期以来都是阿德勒个体心理学世界架构中一个盲区的伦敦,终于不再只是"施工现场"了——至少看起来是这样的。阿德勒在这里开启了他的巡回演讲,这次的巡演又前往了斯堪的纳维亚、荷兰和瑞士。阿德勒说:"我总是很忙碌,但有时候也去看电影。"有时,他也能从紧凑的日程中找到值得调侃的一些事情。他在从哥本哈根写给拉伊莎的信中写道:"亲爱的拉伊莎,今天早上6点我到了哥本哈根。现在是上午10点,我已经吃了两顿早饭,接受了三次采访,被拍了一次照片,被画了一次漫画。现在,我要去看看这个城市。"在丹麦首都大学的讲座上,他还结识了物理学家尼尔斯·玻尔(Niels Bohr),正如他自豪地宣布的那样——"这是我认识的第四位诺贝尔奖获得者"。

1931—1932年冬季学期,阿德勒回到了纽约格拉梅西公园酒店的套房里。他在社会研究新学院做了一轮讲座,并资助了一位与他一起演讲的维也纳个体心理学家。1932年,查尔斯·戴维斯终于获得了成功:1932年9月1日,阿德勒获得了位于纽约布鲁克林亨利街350号的长岛医学院(现位于纽约布鲁克林克拉克森大道450号的纽约州立大学下城医学中心)被戴维斯资助的教席。同时,阿德勒还在纽约开设了一个心理治疗诊所和一个教育咨询中心。在接下来的5年里,阿德勒一直在培训个体心理学毕业班学生。刚开始他有一名助理,1936年起又增加了一名。当时,阿德勒的年薪为8500美元,相当于2018年的16万美元或14.1万欧元。1932年10月底,他还很高兴地给关心他的奈莉写信:"生活成本降低了不少,过去完全无法和现在比。我的两个房间过去每月花费300美元，现在只需要110美元。我的日常消费过去每天约8美元，现在几乎降到了1美元。这还包含了看电影的开销。我有足够的钱给你送去你需要的一切。"

阿德勒获得的是医学心理学教授席位，这是该领域全世界第一个教授席位。长岛医学院是一所拥有教学医院的医学院，它于1930年从战后状况越来越差的长岛学院医院中分离出来。布鲁克林也有一些医院从属于该学院。《时代》（Time）周刊评论"本次任命为期5年，将为长岛带来加粗的'我'"。这篇题为《"我"在长岛》的文章，将阿德勒描绘成一个"自我的科学家"："62岁的阿德勒博士面色灰暗，但充满活力。上课时，他在台上来回踱步，还皱着鼻子，皱得他的眼镜晃动。他的英语有奥地利口音，他的面容有些孩子气，他闪亮的眼睛和讽刺的笑容匆匆掩盖了一些东西。"1932年深秋，他在国王郡医学会的资助下为医科学生举办了一系列讲座。同年冬季，阿德勒为临床前阶段的医学生举办讲座，戴维斯家族的别墅是他的固定讲座地点。据说，如果在与他交谈时提及"戴维斯"这个名字，阿德勒的脸上就会浮现充满感激之情的光芒。

成为阿德勒第二名资助者的是爱德华·艾尔伯特·法林（Edward Albert Filene）。法林爱抽烟斗，中等身材，蓄着大髭须，是一个德国犹太裔移民的儿子，比阿德勒大10岁，因童年时的一次事故，走路一瘸一拐。足智多谋的法林在美国靠经营百货商场发了家；在政治方面，法林是个进步人士；他也是发放小型和微型贷款的社区借贷和银行系统信用社的说客。作为支持"罗斯福新政"的少数几个千万富翁之一，他在白宫是一个有价值的对话者，尤其因为他关于信用社的专业知识意见于1935年（两年后法林去世）成为法律专家。在与阿德勒的交往过程中，他对阿德勒的教育学、教育方面的观点以及理论产生了兴趣。1933年，鲁道夫·德瑞克斯的著作《个体心理学的基本概念》（*Grundbegriffe der Individualpsychologie*）在莱比锡通过希策尔出版社出版，阿德勒为此书写了序言。和阿德勒自己的书一样，这本书在1933年5月成为纳粹分子焚书运动的受害者，当时书的第一版还没有卖完。两年后，伦敦的基根·保罗-特伦奇-特鲁布纳公司出版了该书的英文版。1937年，该书的捷克语、荷兰语（由乌得勒支的个体心理学家彼得·赫尔曼纳斯·龙格作序）和希腊语译本几乎同时出版。但直到1969年，该书略加修改后的德语版本才在德意志联邦共和国重新出版，此时德瑞克斯已因育儿指南闻名。

1934年，也就是阿德勒的《认识人性》出版后仅6年，他的术语已经渗透到了美国的各个地方。美国一本关于高中生和大学生心理卫生的读物中写道，一名学生因为她的成长经历而产生了"自卑情结"。同时，艾伯特·爱德华·魏格恩（Albert Edward Wiggam）——一位广受欢迎的自助和建议类书籍的作者——在这一时期也向他的读者热烈推荐阿德勒的著作。戴尔·卡耐基在他被广泛阅读的人生建议书《人性的弱点》和《人性的优点》（*How to*

Stop Worrying and Start Living）中也曾提到阿德勒，尽管他错误地引用和缩略了阿德勒的原话。

1934年7月1日起，阿德勒在长岛医学院神经学系担任主治心理学家，任期一年。在接下来的几年里，他的任期被持续延长。同时，查尔斯·戴维斯试图成为阿德勒的文稿经纪人，但没有成功，各大出版社拒绝了寄给他们的英语手稿和德语书籍。事实证明，阿德勒以前的出版社利特尔和布朗出版社特别有韧性。

1935年，《国际个体心理学杂志》在芝加哥出版，每年4期，阿德勒与其他两人一起担任主编，没有报酬。相比这份杂志在德国和奥地利的前身，它现在的基础非常薄弱。该杂志的工作人员相当少，客户也是如此。杂志发表了一些早期文章的英文版本，以及小说家赫伯特·乔治·威尔斯（Herbert George Wells）和美国前总统本杰明·富兰克林的文章。勉强撑过两年后，该杂志就停刊了。该杂志有一个设计缺陷：它不隶属于任何学术机构。

阿德勒一直没有稳定的秘书，因此，他自己负责大部分的行政信函和新杂志的编辑组织工作。有时，这会导致他在回信时过于急躁，或者信件被搁置太久不被回复。他对个体心理学治疗师群体的控制力还不够强，无法确保稳定的高质量。在这一时期，阿德勒还在说服家人搬到纽约，作为一个遥远的"家长"，他从20世纪20年代末开始就尝试与家人保持不间断的联系，至少是通过信件。但他的尝试并不总是成功。例如1928年春天，他在给他的主要信件联系人亚历山德拉写的信中抱怨道："我从你那里收到的报纸都比信多。我想，我写给你们的信至少是你们所有人给我的信加起来的4倍。"家庭内部争端不断，经常迅速升级为争吵："我再强调一遍：不要让你们的妈妈一直处于孤独的状态。让她加入你们的活动，对她好一点。她对你们没有犯下什么过错。再和奈莉谈一次，让她不要再伤害她妈妈。"这位在巡回演讲中筋疲力尽的心理学家，在1930年初曾变成家庭内部的心理学家。鉴于最初描述的情况，治疗似乎是可取的："现在我想利用写信的机会，提起一个严肃的评论。你们在维也纳一起坐下来思考一下，在我离开的这5个月里，你们做过什么让我快乐的事？还有，你们有没有对我表现出任何值得一提的兴趣？当然，此处我必须把你们的妈妈排除在外，她把让我知晓日常发生的事务当作她的责任。我不认为新年电报能代替这一切，就算你们在我生日时发来电报——你们应该像忽略礼物一样忽略它——这也不能补偿我。我越来越清楚地看到，我们对彼此的兴趣非常少。谈论这个问题对我来说是痛苦的，我已经忍了很久，一直在等待，也许我是错的，但最近我认为有必要谈谈这个问题。我并不指望我写出这些能带来什么样的改变，但也许你们能因此意识到这个错误，也不对我生气。也许你们能因此避免对他人犯下这样的错误，在他人那里，你们会受到比在家庭内部更严重的打击。其他人通常无法像我一样理解这么多，但他们能感受到。"

他还说道："在这种情况下，我不能不谈自己。我已经为你们做出了所有牺牲，比必要的还要多。我也会继续这么做，不是因为责任，而是因为我对你们幸福的关心超过对我自己的。我取得的巨大成就和我对未来的展望，并不能让我感到温暖。我工作是因为这是我一生的志向，但我一直觉得我应该为你们提升家庭的荣誉，并给你们留下对我美好的回忆。认为我很有野心是非常可笑的……但是你们想一想：库尔特和奈莉正在挥霍我为你们创造的资本。如果你们对自己和我有更多的兴趣，就会看到它。我为什么会看到它？当然，我要再次将你们的妈妈排除在外。老实说，她值得得到她需要的东西，她的付出得不到足够的回报。而你会在你所选择的道路上得到相应的回报；奈莉如果更加小心，也许能少受一些指责；库尔特好像迷失了方向，我担心，他会在很大程度上毁掉我建立的一切。但是，严厉的话语不会让你们度过这一关，只有当你们增加对彼此的兴趣并友好地讨论这些重要问题，只有当你们把我看作你们的盟友而不是不能一起生活的麻烦制造者时，才会如此。除非你们为此找我，我不会再主动提起这些问题。但你们很清楚，我对你们的过度关注总是让我寻找在我看来对你们最好的方法，这些方法将始终伴随着我对你们的关心。这样做的前提是，我通过各种手段保留了关心的力量。我认为，即使对你们来说似乎很难，但生活中最重要的事情是，不找借口、充满信心地全身心投入这样一个任务中：多为对方着想，给对方带来快乐。团结起来。"

在另一封书信中，他对这位未婚的女儿比以往任何时候都要充满信任："我对你说实话，你妈妈似乎感到被抛弃了。30年来，我一直知道这将会发生，但在这段关系中，她始终是盲目的。现在她似乎意识到了这一点。和奈莉谈一谈。库尔特、勒妮和你都表现得很好。……明天我要去伍斯特，那是弗洛伊德第一次在美国演讲（1909年）的地方。"

在1930年这一年，阿德勒庆祝了他60岁生日。国际个体心理学协会向他表示了极大的敬意，并从1月中旬至4月底在位于施瓦茨帕尼尔街的维也纳大学的报告厅举办了讲座。他还被授予了维也纳荣誉市民称号，但直到1932年初，阿德勒才在维也纳市政厅的市参议院大厅亲自接受了颁奖——经过他的缺席、议会选举和针对维也纳市领导人卡尔·塞茨（Karl Seitz）的暗杀等一系列事件后，直到那个时候，他和市长的行程才终于达成一致。在仪式上，当塞茨称赞他是"弗洛伊德当之无愧的学生"时，阿德勒不得不勉强掩饰自己的屈辱感。这一方面表明，维也纳社会民主党的职能阶层离"红色维也纳"的心理学有多远；另一方面也可以看出，即使是这样短短一句怀着恶意的话，也触动了阿德勒内心深处的伤痛。

1932年夏天，阿德勒在维也纳以南一小时火车车程的塞默林河畔巨大的南部铁路酒店里，举办了第一届个体心理学暑期班。来自13个国家的53人登记参与了这个暑假班。主办方提供了7种课程，其中一些课程用英语授课。参与者一起徒步，气氛十分随和。那年夏天，阿德勒取消了自己在维也纳当局的登记，选择了纽约，这无疑是移民的信号。一年后，奥地利税务部门通知他，他已经全额支付了应缴税款，现在已没有任何障碍阻挡他离开维也纳了。1933年10月17日，他在纽约申请加入美国国籍。4个月后即1934年2月底，他给奈莉和她的丈夫海因茨写了一封信。此前两个星期，维也纳的战事已结束,他为女儿和女婿提供了一个机会:"我希望你们来美国和我一起生活。除了你们自己的收入,我也会照顾你们的生计,为你们购买需要的一切。我希望你们借此机会申请移民签证,如果必要,我一定会帮助你们。"他收到的答复是会考虑。在奈莉夫妻看来,移民的理由似乎不那么充分,而留下来的理由有很多:海因茨·施特恩贝格已经加入了他父亲的律师事务所;库尔特正在继续攻读博士学位;亚历山德拉找到了很好的工作;拉伊莎·阿德勒则出于她的基本政治信念,认为没有理由支持资本主义美国。但阿德勒并没有放弃。同年10月中旬,他告诉奈莉:"我期待着你妈妈和库尔特,也许还有阿历,在这里一起度过冬天。自从妈妈放弃了她对政治和平无害的兴趣——这是她喜怒无常的副产品——我们也感觉快乐多了。"次月,他请海因茨·施特恩贝格安排出售萨尔曼斯多夫的别墅。1935年2月初,他告诉亚历山德拉,他正在"不断努力为你寻找一份出色的工作"。第二天,他就给她发了一份邀请函,邀请她去波士顿市立医院的神经科面试。

尾声

> 我认为生活中只有一种危险，一种真正的危险，
> 即人有采取太多预防措施的倾向。
> ——阿尔弗雷德·阿德勒

"'我真的没有必要在维也纳保留一个公寓。'阿德勒教授解释说，'因为现在不仅是我，我的所有家人都住在美国。'"这段话引自1935年7月8日的一份维也纳的日报，该报纸对阿德勒放弃维也纳公寓一事进行了长篇报道。

但是阿德勒的说法并不完全正确。此时，拉伊莎和库尔特正在为4周后的搬迁收拾行李；瓦伦丁娜和丈夫已在莫斯科居住一年半；奈莉和海因茨·施特恩贝格在秋天后还继续生活在维也纳，他们直到1938年才离开，各奔东西。阿德勒想通过出售他在萨尔曼斯多夫的房子来减轻他在经济上的双重负担。生活不易，他在1936年11月承认道："我在这儿已经10年了，但依然不知道明年要做什么（这样说可能只是在安慰经济拮据的阿尔伯特·爱因斯坦，因为阿

德勒在来年春天将进行一次时间更长的巡回演讲）。到目前为止，我大部分财富都花在曾邀请您参观的在维也纳的房子上。我每年要为此花大约3000先令，我到现在都无法承担这笔费用。"直到1937年初，这所房子才以8000先令的价格售出，阿德勒将其中的20%留给了他的兄弟马克斯。施特恩贝格负责监督阿德勒的收入、酬金和版税，以及法律上敏感的汇款问题。

1935年开年不顺。年初阿德勒本应和一群学生在欧洲旅行，但他生病了。65岁的阿德勒病得很重，面色苍白，他的脖子上长了一颗痈肿，必须通过手术切除。他在哥伦比亚大学医院接受了将近4个星期的住院治疗。在此期间，因为麻醉及其副作用，他有时陷入生命危险。直到4月，他的健康状况才稳定下来，能够开始旅行。在住院期间，阿德勒行动不便，因此更频繁地与家人通信，但又导致他越来越烦躁。最后，他几乎以命令的语气要求家人搬家。他遭到了消极的反抗，得到了拉伊莎简单的安慰——她并不重视与戴维斯或法林这样的富翁见面。她明确表态，她愿意和亚历山德拉一起来美国几个月，但最晚在夏初要和她一起返回维也纳。但最后，阿德勒还是胜利了。8月，拉伊莎、亚历山德拉和库尔特·阿德勒永远地离开了奥地利和维也纳。那时，这座城市已经发生了变化。"1935年，这座迷人的、光芒四射的城市似乎只剩下一个空壳。"当时菲莉丝·博顿和埃尔南·福布斯-丹尼斯（Ernan Forbes-Dennis）恰好也来了维也纳，认识了整个阿德勒家族，他们与阿德勒本人认识已经有10年了。在维也纳的夏天，阿德勒理所当然地找到西勒咖啡馆开设了两门课程，用英语给美国和英国学生做了几次讲座。他告别了他在萨尔曼斯多夫的房子，也告别了他的狗——他的狗被交给与他们交好的一家人照顾。过去3年里，他在警方那里登记的住宿地址一开始是多米尼加棱堡街，后来改成了沃特夫教堂旁的雷吉纳酒店。

在纽约，与阿德勒写给女儿奈莉的乐观书信不同，家庭内部的和谐并不持久，特别是拉伊莎，她不得不适应全新的生活。她几乎不会说英语，而且总是独自一人。她的丈夫阿德勒像往常一样忙碌，总是不在家；女儿亚历山德拉在波士顿有一份繁重的工作；儿子现在已经是物理学博士，正在疯狂地寻找工作和研究机会。

1935年10月下旬，拉伊莎给她的小女儿写信称："希望尽快收到你们（奈莉和海因茨·施特恩贝格）的来信。我没有耐心等待你们的信，就先给你们写了。我们整体上过得不错，但我可能要否认你们的爸爸在信中写的关于我的一切。我对纽约没有多大热情，也没有朋友。……但我在语言上取得了很好的进步，这让我很高兴，我现在通电话也不那么吃力了。库尔特的英语说得很好，尤其是发音。我相信，成为一个真正的美国人并不难，但你们的爸爸没能成功，这可能是因为他经常去欧洲。这周六我会和阿历见面，明天我将和你们的爸爸一起去康涅狄格州。我们晚上就会回来，然后他要去加拿大待一个星期。你们过得怎么样？我们这儿，大家都不相信欧洲即将发生战争，我也不认为近期会发生战争。"

一段时间以来，阿德勒一直在和女儿亚历山德拉计划她在北美的未来发展规划。他们在邮件往来中讨论未来规划以及采取行动的最佳时机。亚历山德拉原本在维也纳一个精神神经科工作,尽管上司对她很好,但两人都清楚她很难有职业发展机会。通过阿德勒的关系网,她在哈佛大学医学院找到了一份工作。

拉伊莎、库尔特和阿尔弗雷德·阿德勒三人都住在格拉梅西公园酒店的套房里。阿德勒每周五晚上在那里举行研讨会。他的时间被长岛医学院的工作、讲座、旅行、病人、杂志,以及与流亡在纽约、芝加哥和新奥尔良的个体心理学家保持通信联系等超负荷工作占得所剩无几。他为杂志写了一些受欢迎的文章,主要提供生活援助、生活咨询和有关教育问题的建议。库尔特还在维也纳的时候就已经离婚了,他被迫意识到物理学博士很难在美国就业,于是决定学医。

1936年4月24日,阿德勒前往英国,在克鲁克香克自杀后为当地的个体心理学协会注入新的活力。这一次,拉伊莎陪着他。在泰晤士河畔的访问结束后,埃尔南·福布斯-丹尼斯精心安排了一次在该岛国的巡回演讲。

福布斯-丹尼斯出生于1884年,是苏格兰贵族的后代。19岁时,他离开牛津大学,接管了他父亲的酒厂。由于这项任务让他精神紧张,他咨询的医生让他去瑞士圣莫里茨疗养。1904年,他在那儿认识了菲莉丝·博顿,两人在第二年就订婚了。菲莉丝·博顿比他大两岁,出生在英国肯特郡的罗切斯特,是牧民家庭4个孩子中的老三。她在17岁时已经出版了第一部小说,后来她又出版了32部小说、12部短篇小说集、3本自传和几本传记。她的书很畅销,在20世纪30年代尤其受到好评。两人于1917年结婚。第一次世界大战即将结束时,福布斯-丹尼斯自愿参军,几天后就受了重伤。1919年,他在法国马赛的英国军事情报部门任职,成为护照办公室的一名雇员。一年后,福布斯-丹尼斯被调到维也纳,因为他能说一口流利的德语。1925年,他辞去了使馆随员的职务,因为菲莉丝患了肺结核,这对夫妇打算在奥地利的蒂罗尔州治病,并搬到因斯布鲁克附近的小镇莫森,然后又搬到了基茨比厄尔,计划为英国和美国的小男孩开办一所公立学校。在维也纳期间,他们听说了很多关于阿德勒和个体心理学教育咨询中心的事情,因此联系了阿德勒。他们于1927年认识了阿德勒本人,当时他正在从维也纳到瑞士洛迦诺的旅行途中,在基茨比厄尔停留。在他的推荐下,这对夫妻于1930—1931年冬加入了慕尼黑的莱昂哈德·赛夫的工作小组。他们在伊萨尔河畔待到1933年5月,然后搬到了伦敦。博顿于1963年去世;福布斯-丹尼斯于1972年去世,他在1945年后终于放弃了对音乐的追求,转而做起了心理治疗师。菲莉丝·博顿于1934年初出版了非常成功的小说《私有世界》(*Private Worlds*),这是一部向莱昂哈德·赛夫和慕尼黑个体心理学小组致敬的著作:一家精神病院的高级医生查尔斯·莫奈与一名医疗助理简·埃弗勒斯有染。这个故事随即被好莱坞拍成了电影。

阿德勒和福布斯-丹尼斯相处得很好。很快就有人建议,与上流社会关系良好的福布斯-丹尼斯应该成为英国个体心理学的代表。阿德勒希望1937年在英国重新开展工作，进行14场连续的系列讲座，以此为私人交流提供空间。于是阿德勒和丹尼斯开始积极规划这样一次巡回演讲。1936年在英国的最后一站是利物浦，随后他们去了荷兰阿姆斯特丹。此后，阿德勒在美国各地进行了巡回演讲，最后到达旧金山附近的大学城伯克利。在这里，就像曾经在奥地利的塞默林一样，他在威廉姆斯学院的春日大厦里举办了一期暑期学校。这是一座庄严、雪白、方正的新古典主义建筑，位于俯瞰金门大桥的旷阔土地上。在加利福尼亚，他遇到了来自维也纳和柏林的熟人，包括住在加利福尼亚州圣莫尼卡的莎尔卡·菲尔特尔（Salka Viertel）和贝托特·菲尔特尔（Berthold Viertel）。返回后，阿德勒自己租了一套公寓。10月，他的新地址是纽约西58街100号。这一年冬季，他安排了更多的巡回演讲。

阿尔弗雷德·阿德勒1937年的记事簿被保存了下来。他在其中记录了大学以外的工作，还仔细列出了获得的报酬。这两项记录提供了关于阿德勒的详细的、具有启发性的信息。根据记录，阿德勒在1937年1月2日就接待了5名患者（分别在11:15、15:00、15:30、17:15和18:00）。他为一些经济条件不好的患者或移民提供特价服务，只收5美元或10美元。但是这部分损失可以从其他患者那里得到补偿，他们会一次性为几个疗程支付200美元甚至更多（1930年，西格蒙德·弗洛伊德收取每人每疗程25美元的费用，相当于2018年的360美元或320欧元）。

1937年1月14日，阿德勒前往美国南部和中西部；1月15日，前往得克萨斯州达拉斯市；1月18日，得克萨斯州沃思堡市；1月19日，得克萨斯州圣安东尼奥市；1月23日，在俄克拉荷马州塔尔萨市为培训师开设讲座；1月24日，俄克拉荷马市；1月25日，在伊利诺伊州奥克帕克"19世纪妇女俱乐部"发表讲话；1月27日，密歇根州大急流市；然后是返程。1月31日（星期天）上午，阿德勒在纽约的河滨教堂发表讲话。他这个月有记录的累计收入是1992.44美元，相当于2018年的35077美元或30600欧元。其中，讲座收入超过1100美元，他的一般收费标准是一场200美元，即2018年的3075欧元（他必须自掏腰包支付差旅费和豪华住宿费），这表明讲学活动是他的重要经济来源。同时，他每年从长岛医学院领取7500美元，即每月625美元。而3场讲座阿德勒就能收入625美元，只需要准备好关键词。

2月里他几乎每天都有收入记录，基本上在10~80美元，其中一天是310美元，一天是453美元，但还有一天只有3美元。2月7日（星期天）14:00，曼哈顿歌剧院，没有详细信息，这里指的可能是观看科特·维尔（Kurt Weill）的清唱剧《永恒之路》（*The Eternal Road*）的演出，歌词由弗朗茨·韦尔弗翻译成英文，由马克斯·莱因哈特（Max Reinhardt）导演。2月中旬，阿德勒再次启程前往明尼苏达州的圣保罗市（晚上7:45演讲）、威斯康星州密尔沃基市（第二天上午9:30演讲）和詹姆斯维尔——在这里的妇女历史俱乐部演讲。2月的收入为1443.63美元。

记事簿中的记录停留在1937年2月。3月，阿尔弗雷德·阿德勒和拉伊莎·阿德勒就将启程前往欧洲，开始一次非常漫长的工作之旅，穿越几个国家。旅行结束回到美国后，他们会立即在伯克利安排另一个暑期学校课程。2月中旬时，福布斯-丹尼斯已传达了英国系列讲座的最终明细，这是此次旅行的关键。博顿和福布斯-丹尼斯夫妇花了很大力气，组织了一次完美的苏格兰和英格兰之旅。他们保证阿德勒将获得450英镑的酬金（相当于2018年的27726英镑或31765欧元）。亚历山德拉·阿德勒将参加其中一些研讨会，她的报酬和旅费也包括在其中。

阿德勒紧张的春夏行程让年轻人的身体也吃不消。4月抵达欧洲后，阿德勒在月底前在法国进行了56场讲座，然后前往比利时布鲁塞尔大学，接着去了荷兰。他在荷兰莱顿大学的讲座听众众多，有些人只能在讲堂的台阶上找到位置。有时，他一天内在两座城市演讲，这也意味着他必须乘火车来往于城市之间。在荷兰，他因为晕倒和心律不齐去看了医生，医生建议他休息，但阿德勒计划8月底再休息，那时威廉姆斯学院的暑期课程也将结束。这一年的5月16日和17日，也就是五旬节期间，他又来到了巴黎。

5月21日，他从巴黎出发前往伦敦，拉伊莎留在了巴黎。他建议她不要和他一同旅行，因为他需要长时间乘坐火车，行程几乎被工作、接待和治疗安排挤满了。除此之外，他也希望自己能尽可能地专注于工作。刚抵达这座泰晤士河畔的城市，他就在新的支持者和赞助人汉密尔顿公爵夫人的陪同下召开了一次新闻发布会，他计划在夏季晚些时候，到她所在的苏格兰南拉纳克郡的邓盖尔城堡庄园拜访她。一天后，他又乘火车长途跋涉前往苏格兰的阿伯丁市。

接下来的几个月里，他每天的行程都非常紧张。

5月24日至28日：阿伯丁。每天下午5:00，他在阿伯丁大学举办关于精神病理学的讲座。白天，他在当地医院查房和接待咨询。

5月29日：中午开车前往爱丁堡，下午4:10到达。晚上8:15，他将出席在爱丁堡达尔基斯路的圣特立尼安学校举行的阿德勒荣誉招待会。

6月1日：在约克郡的医院和教育机构进行公开演讲。

6月2日：在约克郡的医院和教育机构为英格兰教会的神职人员举办讲座，约克大主教出席。

6月3日：赫尔河畔金斯敦，在市政培训学院做报告。

6月4日至9日：曼彻斯特。为不同的听众举办各种讲座和研讨会，包括参加与教育工作者一起举办的活动，地点在霍兹沃思厅、技术学院的最大礼堂和大医院——曼彻斯特皇家医院。

6月10日至16日：伦敦。为各类社团、俱乐部和协会举办讲座，此外还将进行咨询、接待、采访的工作。

6月17日：伦敦。晚上8:15，在女王音乐厅举行公开讲座，主题是"社会利益：对人类的挑战"。女王音乐厅是一座位于朗豪坊的音乐厅，可容纳2500人，是英国广播电视公司交响乐团和伦敦爱乐乐团的主场。

6月19日至7月3日：爱丁堡。亚历山德拉·阿德勒将参加12场讲座，还有其他接待工作、会谈和会议，包括与汉密尔顿公爵夫人在邓盖尔城堡的会谈。

7月6日至17日：利物浦，在大学堂的夏季课程。阿德勒父女将各举办14次讲座，这意味着每天至少有一场讲座，此外还有研讨会课程。

7月17日至7月31日：埃克塞特，西南大学学院的暑期班。每日研讨会。

8月2日：伦敦，公开讲座。

8月4日：乘坐玛丽皇后号离开英国前往纽约，随后前往加利福尼亚。

8月15日：在伯克利的威廉姆斯学院开始为期两周的暑期课程。

阿德勒在阿伯丁举办了他的前三次讲座。他住在中央火车站以北几分钟路程的联合台地公园旁的喀里多尼亚酒店。讲座听众众多，兴致盎然，讲座后的提问环节也持续了很久。福布斯-丹尼斯是当地所有主办方和主办机构的联系人，在此期间他也陪同阿德勒。5月27日（星期四），阿德勒口述了两封信给拉伊莎。他们对在莫斯科的女儿瓦利的现状的了解越来越少，对她的担忧也越来越强烈。几乎整整4个月，他们没有书信往来，她仿佛从地球上消失了。他们所有试图了解她情况的尝试和问询都没有得到丝毫结果，这让家人焦虑不安。信函内容如下：

亲爱的R.：

随信附的是戴维斯的信件。我给他写信说，我将支付所有费用，包括去俄罗斯的旅费。驻华盛顿的公使馆可能也不知道什么消息。

爱丁堡距离伦敦有9个小时车程，这就是我建议不要一起出行的原因。

奈莉在维也纳打听了吗？她什么时候来？

（字迹无法识别的内容）刚好在坎伯兰酒店（位于伦敦，离大理石拱门和海德公园的演讲角不远处）。我觉得很不错。而对阿历来说，只有在她要求时才会这样做。

替我向伊夫琳（Evelyn）问好。我希望你们喜欢这场展览。

也许我们以后可以通过哈里曼[1]联系到瓦利并再次邀请他。

以下是同一天口述的另一封信：

亲爱的R.：

随信附上支票。

希望你们一切安好。

---

1 指W.埃夫里尔·哈里曼（W. Averell Harriman, 1891—1986），投资银行家、极其富有的企业家和外交家。——作者注

如果你急需用钱，就及时给库尔特发夜间电报，和他说明应该往哪里给你通过电报寄钱。

向你、伊夫琳和所有朋友致以问候。

阿尔弗雷德

5月27日晚，他与埃尔南·福布斯-丹尼斯一起参加了历史电影《巨大的障碍》（*The Great Barrier*）的放映会，地点可能是离酒店不远的贝尔蒙特影院。阿德勒喜欢莉莉·帕尔默（Lili Palmer）主演的这部电影，故事讲的是在加拿大修建太平洋铁路和穿越落基山脉的隧道。之后，他又在酒店房间里给福布斯-丹尼斯写了几个小时的信。白天他曾给拉伊莎写了几封短信，讲述他在伦敦订错酒店又换酒店的经历。

5月28日，阿德勒像往常一样早起，吃过早餐后，为最近一次关于性的讲座写下一些笔记，并给拉伊莎写了一封短信：

亲爱的R.：

我刚刚听说坎伯兰酒店没有房间给我了。不知道你们能不能订到房间。

因此我在位于伦敦SW1区骑士桥的汉斯新月酒店订了一个房间。如果你也喜欢我住的酒店的话，可以写信给坎伯兰酒店取消预订。

明天我会了解到更多。祝你顺利。

写完信，他像往常一样出门散步，这是他在忙碌的一天中保持运动量的方式。他一定是在上午9:15不久出发的，并拐进了由西向东的长而宽的联合街。一位年轻女性表示，鉴于阿德勒的年龄——他灰白色的发色十分显眼——当她看到阿德勒迈着运动员般的步伐时，感到十分惊讶。然后，她看到他似乎在人行道上失足滑倒了。一名前几天一直在听阿德勒讲座的学生碰巧走在街道的对面，认出了他，便冲到了街道对面试图进行急救。有人叫了救护车，阿德勒被送上救护车，但这时一切都已经晚了。救护车离开后不久，阿尔弗雷德·阿德勒离开了人世。死亡证明上记录的死亡时间是上午9:40，死亡地点是阿伯丁联合街。根据该市验尸官的说法，死因是"心脏脂肪变性"，用当时的医学术语说就是"心脏脂肪病"，这导致了大规模的心肌梗死。

深感震惊的福布斯-丹尼斯当场给巴黎那边发了电报。拉伊莎和奈莉·阿德勒当天就坐上飞往伦敦的飞机，坐夜班火车去了阿伯丁。第二天早上，也就是阿德勒死后12个小时多一些，他们就到了阿伯丁。海因茨·施特恩贝格在一天后从维也纳赶来。亚历山德拉和库尔特也立即得到了消息，他俩都预订了最快到达欧洲的船票，并于6月6日抵达英国南部的南安普敦，但错过了6月1日下午2:00在阿伯丁大学国王学院教堂举行的葬礼。棺材被摆放在祭坛前。从现存的照片来看，照片中阿德勒的不像是67岁，看起来要老10岁。

追悼会由迪恩（Deane）主教和芬德利（Findlay）院长主持，学院全体教职员工参加了葬礼。该市市长和阿德勒原计划于5月28

日上午访问的儿童医院也有代表到场。到场的还有来自比利时、荷兰和伦敦的个体心理学家、福布斯-丹尼斯家族的亲属，以及阿德勒的英文翻译。

阿德勒的遗嘱希望将尸体火化，因此6月2日，尸体被转移到爱丁堡，送到沃里斯顿路的火葬场。在朴素的小教堂里，虔诚的信徒彼得·龙格用德语悼念了阿德勒，他是荷兰乌得勒支个体心理学小组的负责人，曾在1934年出版了一本个体心理学导论。一位管风琴师演奏了舒伯特的作品7第3号（D531），歌曲《死神与少女》（*Der Tod und das Mädchen*），这也是阿尔弗雷德·阿德勒特别喜欢的作品，他本人曾在私人场合对其进行过富有表现力的解释。这首他最喜欢的作曲家舒伯特的歌曲，是根据马蒂亚斯·克劳迪乌斯（Matthias Claudius）的一首对话诗谱写而成的：

少女：
离我而去！哦，离我而去！
走开，狂暴的骷髅男人！
我正值青春！你最好离去
别来碰我的身。

死神：
将你的手给我，你美丽而稚嫩的躯体！
我是一个友人，并非因惩罚而临现。

愉快点吧！我并非暴力，
愿你在我的双臂中静静安眠。

美国和欧洲的许多报纸都发表了讣告纪念阿德勒，只有那些对自己受到的污辱有大象般记忆力的人，才有不同的反应。西格蒙德·弗洛伊德在写给他的笔友、小说家阿诺德·茨威格的信中——茨威格自1934年生活在巴勒斯坦地区的海法，阿德勒的死讯让他痛苦不堪——表现出对阿德勒的怨恨："我不理解，你为什么对阿德勒感到惋惜！对于一个来自维也纳郊区的犹太男孩来说，在苏格兰阿伯丁的死亡是一个非同寻常的成就，这也证明了他已经走了多远。不可否认，他因为推翻了精神分析学而得到了同代人的慷慨奖励。"

阿德勒的骨灰盒在爱丁堡保存了74年。直到2011年，它才被带到维也纳。在此4年前，奥地利驻苏格兰总领事通过调查找到了骨灰盒，并惊讶地发现，它一直就离他在爱丁堡的办公室几百米处。亚历山德拉·阿德勒挑选的这个骨灰盒，仍然放在位于沃里斯顿路的火葬场安静的、木结构的长廊里（阿德勒的骨灰存放在此处一事，自1992年以来是一个公开的秘密，因为这一年阿德勒的画像传记出版，其中就包括一张骨灰盒的照片）。为什么阿德勒的家人把骨灰盒留在了苏格兰？为什么在战争爆发前的几年里，它没有被带回美国？1945年后，阿德勒的家人家族内部为什么流传着这样一个信念，即骨灰盒已丢失并找不回了呢？也许是因为他们的感情、希望和思想都集中在别的地方,集中在作为女儿和姐姐的瓦伦丁娜的命运上。

瓦伦丁娜·阿德勒和苏联

昨晚,新的斯大林主义宪法被通过。从早上开始就有游行活动,人们都很高兴。帐篷里摆放着各种好吃的东西,甚至还有铺着白色桌布的桌子和各种低价的茶点。

——加利纳·施坦格(Galina Stange),1936年

圣诞问候来自一个无神论国家——瓦伦丁娜·阿德勒不会允许自己失去这个机会。

1936年圣诞节前夕,她在莫斯科给父亲写信道:"我们过得不错,住房问题也可能在不久的将来得到解决。我们可以在这个公寓住很长时间,室友是个很友好的牙医,他有一个文静的妻子。尽管如此,如果能有自己的公寓就更好了。除此之外,一切都好。昨天我们公司组织了一场舞会,作为开场,许多同事进行了艺术表演,有人唱歌,有人跳舞,还有人拉小提琴。我为一位歌手和一位萨克斯手弹奏钢琴伴奏……我没办法去英国,你能来看我吗?有直达列宁格勒的船只,从列宁格勒到莫斯科只需一个晚上……久洛很健康,工作很繁

忙，不久的将来我们会去莫斯科附近的某个地方度假。他在夏天出发前生病，我们不得不退了车票。夏天他本想去更远的地方。"

4年前，她是唯一一个离开维也纳的家庭成员。根据她自己写的简历，她曾是苏联驻柏林贸易代表团的经济师。"1930年，我的丈夫受命于共产国际，我也随他去了莫斯科，在对外贸易研究所担任二级研究助理。后来，我申请转入了全联盟共产党（布尔什维克）。1931年，我的丈夫被调到德国，我也搬到了柏林。我在柏林就职于'DEROP'，担任经济师。我所在的部门解散后，我加入了苏联驻柏林贸易代表团并接管公司卡片档案库的管理。""DEROP"是俄罗斯石油产品德国分销公司（Deutsche Vertriebs-Gesellschaft für Russische Oel-Produkte）的缩写，当时该机构向2000家连锁加油站提供产自苏联的矿物油产品。"回到德国后，我作为德国共产党党员，在柏林区工作。起初，我是街道党组织小组的成员，后来自愿加入了企业党组织小组（银行）并负责宣传工作。我的主要任务是编辑党组织报。希特勒上台后，我的丈夫在针对'DEROP'的警方行动中被捕，我也被通缉。我的丈夫被驱逐后，我也离开了德国（1933年5月），暂时去了维也纳。我在维也纳生病并接受了长达6个月的治疗。这段时间里，我向奥地利共产党缴纳党费。1934年1月，我搬到了莫斯科，在'外国工人出版社'担任编辑。这些年我发表了各类文章，包括在《国际报》（Internationale）上发表的一篇关于德国殖民活动的文章，在《红旗报》上发表的关于石油政策的文章，在《苏联报》

（*Sowjetskaja Torgowlja*）上发表了关于铜矿卡特尔[1]的瓦解的文章，等等。"1935年秋天起，她在1934年"二月起义"后被流放的奥地利"保卫共和同盟"成员管理处担任宣传员。几个星期前，也就是1935年夏天，她在瑞典的斯德哥尔摩待了4个星期。根据苏联的一份监视记录，她在那里见到了父母，当时他们都没有想到，这将是他们最后一次见面。

18个月后她在圣诞节的信中提到的公寓，是莫斯科的一个小集体公寓，位于维塔托利奇尼路16号24室。而根据维也纳党支部登记表，截至1936年12月31日，多米尼加棱堡街10号2层31529的成员仍登记在册，登记信息为"尤利乌斯·萨斯（沙什）""1893年12月18日出生于匈牙利亚斯贝雷尼/苏联驻柏林大使馆雇员"（活动和地点信息早已过时）。

4个星期前的1936年11月29日，《托洛茨基—季诺维也夫[2]团伙：法西斯主义的直接代表机构》（*Die Trotzki-Sinowjew-Bande. Eine direkte Agentur des Faschismus*）的德语版在莫斯科付印。共产国际政治顾问鲍里斯·波诺马廖夫（Boris Ponomarjow）的这本小册子由苏联外国工人出版社出版。

瓦伦丁娜·阿德勒于1937年1月下旬被捕，两周后公布的一份

1　卡特尔，又称垄断利益集团、垄断联盟、企业联合、同业联盟。——译者注

2　指格里哥里·叶夫谢也维奇·季诺维也夫（1883—1936），俄罗斯工人运动和布尔什维克党早期的活动家和领导人，担任过彼得格勒苏维埃主席、党中央政治局委员、共产国际执行委员会主席等职。——译者注

备忘录内容如下：

迪娜·阿德勒

于1937年1月底被苏联当局逮捕。

她的丈夫阿奎拉（意大利人），最后任职于全联盟共产党（布尔什维克）中央委员会，也已被捕。

她的丈夫曾与卡尔·拉狄克（Karl Radek）共事。

她的母亲曾因是托洛茨基分子被奥地利共产党驱逐，目前没有有关的最新消息。

1935年夏天，迪娜·阿德勒在斯德哥尔摩逗留了一个月，显然是为了和她即将去美国的父母一起度假，但没有关于这段时间的详细报告。

无法确定与她有密切联系的人员。出版社的员工与她都没有密切往来。

在她被捕的前几天，她还给纽约的父亲发了一封生日贺信。阿德勒于2月2日回信并向她保证："我今天从这里的俄罗斯商店给你寄了一些你会喜欢的东西，附上了一份可以寄出的物品清单。希望你一切都好，吻你无数遍。大家都很好。告诉我你想要的一切。"

"告诉我你想要的一切。"阿德勒信中的最后一句话，没有得到任何回复。阿德勒一家人一开始是担心，然后是紧张，接着是焦急，他们变得越来越焦急。担心逐渐变成了痛苦，最后变成了恐惧。自我暗示的阶段变得越来越短。拉伊莎·阿德勒在1937年3月给奈莉和海因茨的信中说："今天我只想写信告诉你，我想到，V.（瓦伦丁娜）和G.（久洛）可能已经去了S.（苏联）或者有其他任务，因此不得不切断所有联系（略）。想到这一点，我放心了不少。"拉伊莎不断向亲戚打探消息，得到了一些零碎的消息："我从我姐姐那儿得知，V.现在不在莫斯科。在现在这种环境下，这是好消息。问题是：她到底在哪里？她是不是在荒山野岭（我不这么认为）？我想试着在巴黎打探消息。也许我可以设法过去。"这段时间，阿德勒由于不停地讲课和旅行而健康状况不佳，但他继续向莫斯科寄信。因此，阿德勒于5月11日写给瓦伦丁娜的一封书信像是一个不切实际的愿望："我感到非常疲惫。我越来越感到，我需要阿历和你的帮助。如果能和你们一起工作并共同度过这个夏天，我会非常高兴。"他动用了他所有的社会关系以寻找瓦利。他曾对埃尔南·福布斯-丹尼斯说过："从出生起，她就是我最亲密的孩子。"他还给英国大使馆和波兰红十字会写了信。4月24日，阿尔弗雷德·阿德勒说道："没有任何关于瓦利的消息，这是否就是好消息？"1937年5月6日，他请埃尔南·福布斯-丹尼斯发一份电报："爸爸需要你，你能来吗？"阿尔弗雷德·阿德勒在1937年的整个春天都忙于寻找他的女儿，拉伊莎也是如此。5月27日，他给拉伊莎写信道："亲爱的R.，随信附的是戴维斯的信件。我给他写信说，我将支付所有费用，包括去俄罗斯的旅费。驻华盛顿的公使馆可能也不知道什么消息。"

1938年2月，家人收到苏联的通知，瓦伦丁娜·阿德勒已被判刑并被驱逐出境，他们要寄200先令到莫斯科。但这是个假消息。瓦伦丁娜没有出现。

　　阿德勒家族的熟人试图引起著名知识分子对她命运的关注。例如，阿尔贝特·埃伦施泰因在1938年4月向赫尔曼·黑塞（Hermann Hesse）求助。根据埃伦施泰因的说法，在1937年9月去世前不久，至1935年曾担任捷克斯洛伐克总统的托马斯·G.马萨里克（Tomas G. Mašaryk）也向莫斯科发出了一封请愿信。瓦利的命运持续困扰着身处纽约的这一家人，其他人也在努力寻找她的下落。1938年春，也曾给莫斯科写信的阿尔伯特·爱因斯坦给阿历·阿德勒写信道："亲爱的阿德勒小姐，我刚刚从一位同事的信中得知，您姐姐在我的干预下已被赦免。您听到相关消息了吗？"一天后，阿历给身在普林斯顿的爱因斯坦回信道：

　　　　目前为止，我们只能希望我姐姐被赦免的消息是真的。非常感谢您4月12日的来信以及您对我姐姐命运的同情。我不知道您的信息来源是否和我的一致：我在维也纳的妹妹大约两个月前——在您往苏联寄关于我姐姐的信几个星期后——被奥地利外交部告知，他们收到俄罗斯当局的以下通知："瓦伦丁娜·阿德勒将被驱逐出俄罗斯。"我们得到的消息只有这些，甚至不知道这会在多年后发生，还是很快就将发生。至少，这是我们第一次收到关于姐姐还活着的消息。从那时起，我们一直在等待，等待这个消息得到确认，但至今未能如愿。我确信，如果我姐姐没被逮捕，她会让我们知道她的情况，尽管在苏联与外国通信是不被允许的。此后，奥地利当局也没有得到任何消息。我们询问外交部的建议，得到的答案是："继续进行私人努力。"

4个星期后，爱因斯坦告知了阿德勒一家人，他是从伊娃·斯特里克（Eva Stricker）那里得到的消息。斯特里克是经济史学家和社会人类学家卡尔·波兰尼（Karl Polanyi）的侄女，他从维也纳逃到了英国。消息内容是："我们关于瓦利·阿德勒的信息来自帕赫（Pacher）先生和施特恩贝格（Sternberg）博士。帕赫先生是奥地利驻莫斯科前特使。他于（1938年）3月12日在维也纳告诉我们，瓦利·阿德勒被判处10年徒刑，但在判决的同时，她被宣布将被驱逐出境。我们了解到，这一消息已经被正式传达给公使馆。帕赫先生告诉我们，在爱因斯坦教授和罗曼·罗兰的干预下，瓦利·阿德勒将被驱逐出境。我们也从瓦利·阿德勒和施特恩贝格博士在维也纳当律师的亲戚那里得到了一样的消息，即瓦利·阿德勒将被驱逐。"亚历山德拉·阿德勒立即回信坦言，他们一家人直到那时才知道瓦利被判刑并被驱逐出境的消息，而且才得知诺贝尔文学奖得主、著名的和平主义者罗曼·罗兰也提供了帮助。

据推测，1937年9月，瓦伦丁娜·阿德勒确实已被苏联最高法院军事法庭定罪，对她的判决是10年监禁。她被送到莫斯科的布蒂尔卡监狱,据说直到1939年,她还在那里服刑。尽管第二次世界大战爆发,但阿德勒一家人依然没有停止寻找瓦伦丁娜的努力。1941年9月,阿历·阿德勒宣布打算向美国驻莫斯科大使为瓦伦丁娜交存一份支持信,并为久洛·萨斯交存另一份支持信。但莫斯科方面没有反应,没有回音。1941年9月,阿历·阿德勒宣布打算向美国驻莫斯科大使为瓦伦丁娜提交经济担保证明,同时也为久洛·萨斯提交一份。仍然没有任何音讯。1945年10月,拉伊莎·阿德勒写信给美国前总统罗斯福的遗孀埃莉诺·罗斯福(Eleanor Roosevelt),因为她了解到埃莉诺·罗斯福将在当年冬季后前往苏联,于是想请求她帮助。11月2日,她收到了埃莉诺·罗斯福的回信,内容虽然友好,但未做出任何承诺。最后,在1947年3月,拉伊莎收到了来自瑞典的一个消息,消息源是德国共产党人玛格丽特·布伯-诺依曼(Margarete Buber-Neumann)。

瓦伦丁娜·阿德勒于1942年死亡。鉴于古拉格[1]糟糕的供应状况,她可能是饿死的。直到10年后,阿德勒一家人才得知这个消息。她的死亡日期为6月6日,没有提到死亡地点。久洛·萨斯的党名是"尤里乌斯·阿奎拉",他在1920年左右曾在意大利为共产党工作,后来专门研究意大利和意大利法西斯主义。他于1943年死亡。

---

[1] 古拉格是苏联政府的一个机构,负责管理全国的劳改营。——译者注

1937年后的阿德勒一家人

>……我希望,你们也在某种程度上感到,
>
>情况不可能比1937年更糟糕,
>
>如果真是这样,以后只会越来越好……
>
>——阿历·阿德勒致奈莉和海因茨·斯特恩伯格的信,1938年1月1日

亚历山德拉·阿德勒在伦敦一直待到1937年8月4日。她不得不处理一些未来的问题,包括她自己的问题,她亲属的物质遗产,最重要的是要处理非物质方面的遗产。在之前的几周里,她一直没有时间处理这些问题。

这栋双层的小屋看起来相当普通,突出的门廊是在一楼的位置被抬高的,因此整个建筑看起来奇怪地向前倾。1937年夏天,从这栋房子眺望出去,目光会落在一棵树上。这一年的6月28日,菲莉丝·博顿在这座位于伦敦肯辛顿莱克萨姆花园46号的洛纳奇别墅的书桌前坐下来,开始给美国马萨诸塞州科德角巴斯河的国家公路协会的受托人和主席查尔斯·戴维斯写信。在这封信中,这位哀悼

阿德勒的友人向另一位同样在哀悼阿德勒的友人写道：

> 我们想给你们写信谈一谈我们亲爱的阿历，也想告诉你们，她在悲伤中推进她的工作的方式是多么的伟大！
>
> 她的讲座真的很精彩。她的英语讲得非常清晰，她的简朴和幽默能让听众打开心扉……她的讲座给爱丁堡习钻的听众也留下了深刻的印象，他们也许是世界上受教育程度最高的听众。尽管夏天的夜晚很美，但礼堂每晚都有三四百人，票完全售罄。
>
> 我认为，在爱丁堡、利物浦和奇切斯特举办的这三轮讲座，无疑将对个体心理学在英国的传播起到很大的作用。我们终究不敢在伦敦的女王大厅进行献给她父亲的演讲——她将在8月2日举办伦敦市暑期课程讲座，我们也未能与约克大主教及1000名牧师举行大型会面。但能做的一切——当然是为了阿历——我们都做了，而且我们也和你们一样感到，她是她伟大父亲的最名副其实的继承人。我们把希望寄托在她身上，希望她能传播他的教诲，把人类从错误的倾向中解放出来！

到达伦敦几天后，阿历·阿德勒与流亡英国的柏林个体心理学家赫塔·奥格勒一起在英格兰西南部举办了暑期学校（鲁道夫·德瑞克斯受邀参加在加州伯克利大学的暑期学校，多年后，德瑞克斯将成为在世界各地发起和领导暑期学校的个体心理学家），然后回到了美国。"当我在父亲去世的几个月后回到波士顿时，我意识到，我将不得不处理越来越多的个体心理学各个组织的发展和组织问题，这些也是我父亲迄今为止一直忙于处理的。表面上，我的工作并没有什么变化，然而我意识到，出于实际，我不可能长期留在波士顿和哈佛大学医学院，而应该接管我父亲在纽约留下的一些未完成的工作。"

阿历的父亲在1920年就已宣布她为继承人。她现在的任务是尽可能地保护父亲一生的工作成果，在必要时使其复苏，并秉持他的精神工作。1937年夏末，她回到了哈佛大学。1942年底，她花了很长时间照顾波士顿椰林夜总会火灾的受害者，她特别关注创伤后神经官能症特有的噩梦。但她意识到，她的科学事业并没有取得任何进展。于是在1944年，她转到北卡罗来纳州达勒姆的杜克大学担任副教授，但两年后她清楚地认识到，这里存在无形的障碍。作为女性，她虽然在某种程度上处于从属地位，但依然能得到认可；但作为（受洗过的）犹太人，她无法突破这层无形的障碍。因此，她在1946年回到纽约。这一年，她得到并接受了纽约妇女拘留所精神科医生的职位。此外，她还在几家医院工作，在大学举办研讨会，并经营自己的私人诊所。

与此同时，菲莉丝·博顿和赫塔·奥格勒在竞相撰写第一部重要的传记。1939年，博顿的《阿尔弗雷德·阿德勒：自由的使徒》（*Alfred Adler. Apostle of Freedom*）由费伯出版社出版，该出版社是英语世界最重要的文学出版社之一。同时，该书也由伦敦的G.P.普特南子孙出版公司出版。赫塔·奥格勒撰写的《阿尔弗雷德·阿德勒：他和他的作品——战胜自卑情结》(*Alfred Adler. The Man and His Work. Triumph over the Inferiority Complex*)则由主张社会主义、和平主义、素食主义的C.W.丹尼尔出版社出版。

根据阿尔伯特·埃伦施泰因1937年11月2日写给斯蒂芬·茨威格的一封信，埃伦施泰因也曾经想过为阿德勒写传记。但他不知道，博顿比他早了很久——她在1937年冬天前往维也纳，专门采访阿德勒的熟人，同时筛选文件，并在1938年3月12日纳粹入侵维也纳前几天返回了伦敦。埃伦施泰因说，"低级的劳作"从来不会有所作为，他与"泌尿生殖哲学家"——他轻蔑地这样称呼弗洛伊德——的距离太远，而且他与阿德勒的其他家庭成员也不熟悉。1936年秋天，阿德勒把他介绍给了圣塔莫尼卡的贝托特·菲尔特尔（Berthold Viertel）——菲尔特尔在美国有出版方面的联系——并在萨尔曼斯多夫的房子里为他提供了临时住所，尽管那里的暖气和水都停了。阿德勒还向他提供了关于如何在美国取得成功的建议，但这一切都徒劳无功。1941年，埃伦施泰因从法国逃到美国，靠微薄的报纸稿费和画家乔治·格罗斯（George Grosz）等其他移民不定期的捐款和食物来维持生活。1950年4月，不到64岁的埃伦施泰因在纽约福利岛（现在的罗斯福岛）的穷人安养院中去世。

当时，阿德勒一家人丢失在纽约的还有两样东西——爱情和一个行李箱。奈莉和海因茨·施特恩贝格的婚姻早在移民前就已破碎，到美国不久后，他们就离婚了。后来，奈莉·阿德勒嫁给了纽约无线电城音乐大厅的一名高薪编辑,据她姐姐亚历山德拉居高临下的描述,她在1983年去世前"只是"一名家庭主妇。奈莉是阿德勒家族在维也纳的最后一个成员。她在1938年首次来到伦敦以便转去美国,在那里,她住在福布斯-丹尼斯的家里。她的行李中有一个箱子,里面装着她父亲曾经认为在美国不一定需要的文件。她在伦敦生了病,因此过了一段时间恢复了一些体力后,才登上一艘海外汽船,但那个行李箱不见了。不久后,博顿和福布斯-丹尼斯也踏上了前往纽约的旅程,并带来了这个行李箱。当时他们住在公园大道上的范德比尔特酒店,由于阿德勒家的每个成员都住在狭小的房子里,福布斯-丹尼斯就把大箱子存放在酒店的行李房,并把取货单交给了库尔特·阿德勒。1946年,福布斯-丹尼斯夫妇在"二战"后第一次再次前往纽约,却发现库尔特没有去取箱子——他不记得那份取货单了。根据酒店的政策,存放在行李房内的物品只保留两年时间,因此,正如埃尔南·福布斯-丹尼斯在30年后写给亚历山德拉·阿德勒的信中所说的那样,箱子和里面的所有东西一定是在1941年被销毁了。

在家庭内部,冲突一如既往地发生。最重要的是,尽管拉伊莎和亚历山德拉在此期间努力协调分散的个体心理学各个分支组织,但她们几乎没有合作。因此在1940年底,阿历在一封信中责备她的母亲:"你不是一家之主,库尔特才是。你应该纠正这一点。即使作为一家之主,你也只有在问过其他人之后才有权这样写。不幸的是,我没有办法对你的傲慢行为视而不见……我丝毫不同意你声明的方式。你和我都不知道爸爸去世后在维也纳发生了什么……不幸的是，你这种我行我素的作风，对我们来说完全不新鲜。我们唯一能做的似乎就是定期提醒你，在以你喜欢的方式签名和声明之前你得咨询我们，并由我们劝阻其他人请你签名。"这时库尔特即将结束他在长岛医学院的医学培训，作为家里的和事佬，他不得不再次出面调和。阿历在芝加哥写信给德瑞克斯表示："在这方面，我完全认同你的观点。我认为，只有王朝才有什么继承人。在我们这里，每个人都是继任者。"

拉伊莎·阿德勒在1951年1月得知卡尔·弗尔特米勒因心脏病猝死的消息后，曾在一段时间内担任纽约个体心理学协会执行委员会主席；1954年，她被选为董事会名誉主席。

同一年夏天，时隔良久，菲莉丝·博顿再次与亚历山德拉·阿德勒见面："阿历拜访了我们一个星期，我们自1948年就没有见过她。她看起来很好，很难对她进行描述，尽管偶尔会闪现出伟大的人性之光，但她还是显得自我中心、态度强硬。但我不相信她真的冷酷无情，她只是对别人有所保留，再加上容易不耐烦，这使她无情地抛弃了人际关系。……她令人惊艳的才智使她在她的专业领域内脱颖而出，她在美国显然是领先的精神病学家之一。作为苏黎世会议（1954年在苏黎世举行的第一届国际个体心理学大会[1]）主席，她的致辞相当高超，不加修饰，但也有一两句笑话。

1　这是"二战"后重新召开的国际个体心理学大会。——译者注

她对群体感只字未提！……来自全家人的消息都是好的，除了瓦利在苏联死亡或者被谋杀的消息。拉伊莎唯一的孙女让拉伊莎很高兴；库尔特在美国康涅狄格州的豪华度假胜地玛撒葡园岛有一个经营良好的诊所，他的个人生活似乎很稳定，他在这一点上和阿德勒很像，但其他方面没有继承他父亲的能力……奈莉住在纽约的公寓里，生活得非常舒适，她的丈夫在电影业很成功，收入很高。"

拉伊莎·阿德勒一生都没有放弃她的政治信念，她1957年寄往维也纳的信可以证明这一点。她在信中感谢维也纳《工人报》的前编辑雨果·塔勒尔（Hugo Thaller）。塔勒尔在阿尔弗雷德·阿德勒逝世20周年之际发表了一篇文章，文章中的一个细节让拉伊莎非常感激，即他把阿德勒作为一个"社会主义者"来颂扬——她着重强调"社会主义者"——"而其他人都没有这样做过：他们做的恰恰相反。我读过许多报道，其中提到了阿德勒的特殊优势，比如，他没有加入任何政党"。她在信的末尾写道："致以社会主义的问候。"

拉伊莎的遗嘱落款日期是1959年3月27日，并于1959年4月1日签署："爸爸留下的几封信留给3人阅读，由阿历保存。我亲爱的孩子们，保持团结。我爱你们。团结一致。"1930年，阿尔弗雷德·阿德勒在他寄给阿历但却写给所有家庭成员的那封信中写了这样一段话："我认为，即使对你们来说似乎很难，但生活中最重要的事情是，不找借口、充满信心地全身心投入这样一个任务中：多为对方着想，给对方带来快乐。团结起来。"

1962年4月21日13:45，拉伊莎·阿德勒在纽约上东区的一家医院去世。根据死亡证明上的记录，她的身高是142厘米，体重49千克，死因是肺炎引起的肺气肿和肺动脉血栓。她根据自己的意愿被火化。

一天后，也就是在复活节那天，亚历山德拉·阿德勒写信将这个消息通知菲莉丝·博顿和埃尔南·福布斯-丹尼斯——这对夫妻在过去20年里一直积极并心怀同情地与这个家庭以及其他许多流亡的个体心理学家保持联系。她的信是这样开头的："亲爱的菲莉丝和埃尔南，母亲昨日已过世。她在莱诺克斯山医院吃午饭时突然就去世了。她突然开始吞咽，然后清楚地说'我感觉不舒服'，喘了一大口气，然后就死了。在医生赶到病房之前，我给她吸氧，但没有任何效果。自从3月6日摔断臀部骨头后，她的状态就很糟糕。手术进行得非常顺利，但她还是没撑过来。3月8日的手术后，骨头断裂处已完全愈合，但从一开始她就备受疼痛折磨，有尿潴留，还感染了阴道炎，后来又得了肺炎，无法治愈。有两周时间，她的呼吸非常困难，不得不靠吸氧维持。糟糕的是，手术后她有时非常糊涂，有时又异常敏捷。她反复跟我们道别，因为她觉得自己很快就要死了。然后她跟她在苏联已经死去的亲戚说话，她可能出现了幻觉，认为他们就在身边；同时，她告诉我他们已经死了，然后又直接和他们说话。有时候她觉得，自己'昨天'就被埋葬了。这都是肺炎引起的中毒性谵妄。今天是验尸的日子，如果验尸有什么意外发现，我会写信告诉你们。母亲的死亡留下了一片空虚……她留下了一些我父亲写给她的信，日期是1879年（正确的年份是1897年）——他在信中向她求爱。这些作品中洋溢着对她的爱。由于它们是在4个月内写成的，所以内容很相似。遗憾的是，母亲显然销毁了所有后来的信件——你也知道，她一向很谨慎。"

拉伊莎去世时，奈莉正在乡下的周末度假别墅里；库尔特在母亲死亡后5分钟到达医院。当时他们都住在曼哈顿，阿历·阿德勒住在公园大道30号，库尔特·阿德勒住在中央公园西区262号，奈莉和丈夫米歇尔住在西67街17号。

1941年12月，由于夏威夷珍珠港海军基地遭到轰炸，美国加入了第二次世界大战，库尔特·阿德勒作为一名医生被征召服役，在美国偏远地区的医院提供医疗服务。他于1942年11月底驻扎在得克萨斯州阿比林以南15英里（约24.14千米）的伯克利军营，1943年5月驻扎在俄克拉何马州的西尔堡，1944年1月驻扎在同样位于俄克拉何马州奥克穆吉的格伦南总医院。战争的最后一年，他在阿肯色州的小石城工作，在那里，他遇到了他的第二任妻子弗赖达·帕斯特纳克（Freyda Pasternak）。他们结婚后，女儿玛格特·苏珊娜（Margot Susanna）生于1946年4月16日，她是拉伊莎的最爱。和对其他家庭成员一样，拉伊莎用德语和她交谈——拉伊莎一生都未熟练掌握英语。库尔特·阿德勒直到晚年都在经营自己的诊所，他也坚定地追随他的父亲：举办讲座，永远都当友好的对话者、益友和解答者。他于1997年5月30日在纽约去世，享年92岁，比他父亲晚60年2天。亚历山德拉·阿德勒承担了国际个体心理学协会的组织和协调工作。1954年起，她担任阿尔弗雷德·阿德勒精神卫生诊所的医务主任，该诊所是从1948年成立的阿德勒咨询中心逐步发展起来的。1973年，她自豪地宣称："它是最大的阿德勒心理学诊所，每周营业6天，收费低廉，收治各年龄段的病人。这家诊所在我到达纽约之前，是由我父亲的学生多伊奇女士发起的，她至今仍是诊所管理部门的负责人。……这种以低廉的价格提供精神病援助的诊所需求量很大，它对公共福利做出了贡献。"纽约的阿尔弗雷德·阿德勒学院位于现在的百老汇大街594号。1959年，亚历山德拉与1896年出生在挪威的罗曼语教授、马萨诸塞州威廉斯敦的威廉姆斯学院前院长哈夫丹·格雷格森（Halfdan Gregersen）结婚，哈夫丹·格雷格森于1980年3月去世。亚历山德拉在1978年被授予维也纳市金十字荣誉勋章。随着年龄的增长，她的相貌越来越像她的母亲。她比丈夫多活了近21年，于2001年1月4日去世，享年99岁。1997年9月25日的奥地利—美国日，时任美国总统比尔·克林顿在7027号公告中特别提到了亚历山德拉·阿德勒的名字。同时被提到的还有费利克斯·弗兰克福特（Felix Frankfurter）——美国最高联邦法院最重要的联邦法官之一，弗雷德里克·洛伊（Frederick Loewe）——出生于柏林的音乐剧作曲家，作品有《窈窕淑女》等，乔·艾·斯宾岗（Joel Elias Spingarn）——北美最古老的民权组织之一"全国有色人种促进会"的创始人之一，以及建筑师理查德·诺伊特拉（Richard Neutra）。与其他人不同的是，亚历山德拉是唯一一个仍在世的，也是唯一一名女性。

阿尔弗雷德·阿德勒唯一的孙女玛格特在加州大学伯克利分校学习，后来在纽约成为一名电台记者。她于2014年7月28日去世。

1945年后的个体心理学

> 如果冲动非常令人不安,这表明狗醒着
> ——我们无法叫醒装睡的狗。
>
> ——西格蒙德·弗洛伊德,1937年

首先演奏的是单簧管协奏曲《致老斯泰德勒先生》(*für Herrn Stadler den Älteren*),它包含了慢板、快板和回旋曲。尽管这首协奏曲被莫扎特归类为单簧管作品,但直到第57小节单簧管才登场。在这之前,协奏曲呈示部演奏的是3个主旋律。因此,这首"A大调协奏曲KV622"整体上是一部共同体之曲。这位萨尔茨堡出身的作曲家的最新作品之一,于1791年10月16日在布拉格首次演出。在《魔笛》首演2周后,他去世不到6周前,这首协奏曲再次在维也纳市中心罗恩斯登巷演出。最后的回旋曲像舞曲一样欢快,令人感动。

然后是理查德·斯托克(Richard Stoker)的作品"第三号四重奏,作品36号"。这首曲子于1970年2月10日在美国首演。

这位英国作曲家将他一年前写的这部作品命名为《阿德勒》（*Adlerian*）。

最后是约翰内斯·勃拉姆斯的"b小调单簧管三重奏，作品115号"。这是勃拉姆斯在1891年重获灵感时创作的作品，此前他曾宣布不再作曲。这部作品的开场方式在声学上令人困惑：以大三度开场，大提琴的演奏紧随其后，营造一种忧郁的、存在主义的、具有死亡意识的氛围；然后是充满勇气和爱的慢板部分；最后，通过一个匈牙利风格的回旋曲，所有音符汇入破碎的终曲———象征死亡的最后和弦。单簧管以半音阶为单位降调，经过大调和小调，乐手吸入并吹出最后一口气，迎来最后的静默。

这是一场为纪念阿尔弗雷德·阿德勒和他的百岁诞辰而精心设计的音乐会，在纽约上西区洛克菲勒大学约克大道和第66街的卡斯帕里厅（现卡斯帕里礼堂）举行。来自普林斯顿的著名心理学家和人类学家阿什利·蒙塔古（Ashley Montagu）的作品在当时广受欢迎，他的著作《人与侵略》（*Man and Aggression*）在1968年出版。这位心理学家在音乐会上发表了主题演讲"阿尔弗雷德·阿德勒：社会利益的挑战"（Alfred Adler: The Challenge of Social Interest）。

10个月后，双月刊《美国精神病学杂志》（*The American Journal of Psychiatry*）第127期刊登了4篇关于阿德勒的文章，亚历山德拉和库尔特·阿德勒各有一篇。亚历山德拉的文章题目是《回忆我的父亲》（*Recollections of My Father*），而库尔特则解释了阿德勒心理学与当前心理学理论建设的相关性。另外两篇文章刊载于以上两篇文章的两侧：海因茨·L.安斯巴彻（Heinz L. Ansbacher）从历史的角度谈论阿德勒，海伦·帕帕内克（Helen Papanek）探讨了个体心理学和团体心理治疗。

又4个月后，纽约用德语出版的犹太流亡报纸《建设》（*Aufbau*）刊载了一篇更长的文章。希尔德·马克斯（Hilde Marx）在文中总结了过去。她以阿尔弗雷德·阿德勒精神卫生诊所这一机构为例，呼吁复兴，同时阐述了战后重建工作所需的："还有诊所的执行主任达妮卡·多伊奇，她的80岁生日是在国际个体心理学大会上庆祝的。52年来，多伊奇女士一直与阿德勒家族和阿德勒学派保持密切关系。早在1932年，她就在维也纳发表了《个体心理学研究报告》（*Mitteilungsblatt für Individualpsychologische Veranstaltungen*），这是第一份此类报告。她还在1948年在美国创办了为低收入居民提供咨询的心理咨询机构，这也是后来的阿尔弗雷德·阿德勒精神卫生诊所的前身。当时，咨询中心的"办公地点"在一家幼儿园的角落，只有一张桌子、一台打字机、一个文件柜和达妮卡·多伊奇。仅仅两年后，这个工作繁忙的咨询中心就不得不搬到后来的办公场所（中央公园西区333号），这里也只有必需品，非常简朴，而且也快不够用了。诊所和研究所将很快搬进自购的位于第88街的公寓里。"

第二次世界大战中，人们对心理学的需求超过了第一次世界大战。外号"狂野的比尔"的威廉·多诺文（William Donovan）上校自1942年以来一直领导着一个新的组织战略事务办公室，即中央情报局的前身。他在1943年左右请哈佛大学的精神分析学家沃尔特·C.兰格（Walter C. Langer）对希特勒进行了基于精神分析的性格研究，该研究被保密30年，最后以著作《阿道夫·希特勒的思想》（*The Mind of Adolf Hitler*）的形式公之于众。出生于1899年的兰格绝不是唯一一个认为弗洛伊德的定理对心理战有用的精神分析学家，因为它们有助于阐明专制政治人物的魅力和行为，这种基于心理学的性格分析可以帮助当局预测政治人物未来的行动。据说，英国的精神分析学家也热衷于向军队提供服务，到1944年，武装部队的精神病学部门完全以弗洛伊德流派为根据。

心理学家活跃于各个领域，在人事管理和人员分配、加强战斗士气、宣传以及护理方面都发挥了举足轻重的作用，在临床心理学领域更是几乎供不应求。对此产生决定性影响的是时年40岁的心理学教授卡尔·罗杰斯的一篇论文。1942年，在一家教育咨询中心工作了12年的罗杰斯在《咨询和心理治疗：实践中的新概念》（*In Counseling and Psychotherapy: Newer Concepts in Practice*）一文中，以咨询方法论对抗古典精神分析，主张"映射"（Spiegeln）和非评判性的识别，拒绝阐释，并主张称呼来访者为"客户"而不是"病人"以消除负面的污名。心理学家被允许对士兵进行心理治疗，主要是因为受到弗洛伊德的反对者、人本主义心理学家奥托·兰克的影响。战争结束后，弗洛伊德的学说在美国被大力推行:"精神分析在战后能够扩大其影响,几乎完全归功于精神病治疗的流行。"在战后几年里,临床心理学职位的数量成倍增长。例如在1940年,美国心理学会有2739名会员,30年后这一数字达到了50839名,是原来的18倍!

1940年,美国有2295名精神科医生,其中60%在医院工作,而到了1948年,这个数字增加了1倍多,达到约4700人。从1946年往后的14年里,美国正式成立了13个精神分析协会、8个研究所和4个培训中心。到20世纪60年代末,美国心理学会已登记了20个地方分会和22个被认证的培训机构。1976年,美国有27000名精神科医生;1970—1995年,心理健康工作者的数量增加了400%。

1945年,退伍军人管理局的医院和疗养院里有2/3的病人是精神病患者,残疾抚恤金的50%支付给了有精神障碍的战争受害者。第二次世界大战结束10年后,在加利福尼亚和罗德岛,医院病床的一半仍被精神病患者占据。美国政府第二届人权理事会行政部门组织委员会,即以其主席、前总统赫伯特·胡佛命名的第二届胡佛委员会,在1955年称这一现象为"国家最大的健康问题"。

在政治领域,高度政治化的个体心理学也得到了认可、积极反响和好评。阿德勒曾研究过具有破坏性的社会基础,并认为种族是其中一个类别。因此,出生于1914年的肯尼斯·克拉克(Kenneth Clark)——纽约哥伦比亚大学第一位非裔美籍心理学博士生和纽约城市学院第一位黑人心理学教授——在1967年的一篇重要论文中提到了阿尔弗雷德·阿德勒,强调了个体心理学对20世纪

60年代民权运动的启示，这一点并不奇怪。来自马提尼克岛的精神病学家弗朗茨·法农（Frantz Fanon）是最有影响力的反殖民主义知识分子之一，他早在1952年就在《黑皮肤，白面具》（*Schwarze Haut, weiße Masken*）的其中一章中提到过阿尔弗雷德·阿德勒的理论。[1]

芝加哥大学社会学教授菲利普·里夫（Philip Rief）在1966年出版了《治疗的胜利》（*The Triumph of the Therapeutic*）一书。虽然该书在书名中宣布"治疗的胜利"，但实际上批判性地探讨了新兴的"宗教心理疗法"。他表示，美国文化在美国已经成为极其新鲜的事物，成为"动机结构的代名词，它将自我引向外部世界，只有通过它才能实现和满足社会目的"。以治疗为基础的文化赋予个人目的和意义，将他们与他人联系起来，让他们在人类宇宙中找到一个位置。换句话说，心理疗法是宗教的替代品，但这两者之间有一个差异。里夫尖锐地指出，心理治疗并不是填补精神空虚的过程，而是恰恰相反。那么心理治疗为我们提供的是什么？模糊的"身份"、所谓的"真实性"、所谓的"承诺"，还有"可控制的幸福感"。

自20世纪60年代以来，关于治疗的话语并不局限于专业文章和杂志，而是变得流行并得到了普及。例如，相关话题出现在《今日心理学》（*Psychology Today*）杂志中——该杂志创办于1967

---

[1] 法农的第二部重要作品《地球的诅咒》（*Die Verdammten dieser Erde*）由让-保罗·萨特（Jean-Paul Sartre）作序。——作者注

年，受众为普通读者；在电影中，如纽约人伍迪·艾伦（Woody Allen）的电影[德国发行商给《安妮·霍尔》（*Annie Hall*）取名为《城市神经症患者》（*Der Stadtneurotiker*）]；还出现在谈话节目、自助书籍和电视剧如《黑道家族》（*The Sopranos*）中。一位姓"阿德勒"的《新闻周刊》（*Newsweek*）记者在2006年谈论弗洛伊德的遗产和影响时尖锐地指出：没有弗洛伊德，伍迪·艾伦就只是一个白痴，托尼·瑟普拉诺（Tony Soprano，《黑道家族》中的角色）就只是一个胖乎乎的歹徒。

事实上，弗洛伊德的科学理论已渗透到流行语言、流行文化、日常词汇中。提高和谐度和生产系数的语言和技术，被运用于生产力的提高以及人力资源的差异化发展方面。"这种情感类型的文化新意可能在最不被期待的地方表现得最为突出，即美国的企业界。"

在20世纪40年代，人们围绕艾里希·弗洛姆和卡伦·霍妮（Karen Horney）对精神分析的"叛离"，展开了一场类似四五十年前关于阿德勒、荣格与弗洛伊德之间分歧的漫长辩论。自1932年以来一直居住在美国的霍妮，在1937年以《我们时代的神经症人格》（*The Neurotic Personality of Our Time*）引起了轩然大波，并激怒了弗洛伊德派学者。在书中，霍妮与弗洛伊德的力比多（libido）概念保持距离，发展了她自己的神经官能症理论。据她说，走向康复和健康的发展是由注意力和同情心维持的；抑制会导致异化和心理分裂。梅兰妮·克莱因在20世纪40~50年代与弗洛伊德的女儿安娜在儿童心理学方面发生过争执。克莱因在作为驱动心理学的精神分析中补充了客体理论,其中不乏阿德勒关于二元论权力意志与群体感方面的因素。"在克莱因看来,人类经验的核心冲突是爱与恨之间的冲突,是对他人的关心与对他人的恶意破坏之间的冲突。"

1930年成为芝加哥大学第一位精神分析学教授的弗朗茨·亚历山大(Franz Alexander)也于1946年在《精神分析疗法》(Psychoanalytic Therapy)一书中提出了一种治疗理念,这种理念偏离了7年前在伦敦去世的弗洛伊德的思想,建议采用基于治疗关系中纠正性情绪体验的简短疗法。令传统权威的捍卫者们恐惧的是,它取代了之前广为传播的心理治疗理念。

这些概念的改革和不断修订,使精神分析更加引人注目,并让它的一些概念成功融入了社会和日常生活。与此同时,精神分析也由于僵化地坚持新正统主义而失去了活力。"在其巅峰时期,精神分析学至少凝聚了3个不同的方面:准治疗性的医疗实践、文化解释学理论,以及对使命充满奉献精神的自我意识伦理学。但这些方面最终分崩离析,弗洛伊德的时代已结束。然而就像所有伟大的觉醒一样,精神分析学依旧影响着我们的日常生活,影响着我们所有人对直觉、梦境以及朦胧的记忆的看法。"一代人之后,慕尼黑个体心理学家卡尔·海因茨·威特(Karl Heinz Witte)在他编辑的《阿尔弗雷德·阿德勒著作批评研究版合集》第一卷序言第一页显眼的位置写道:"同时,个体心理学导向的心理治疗师的兴趣发生了变化。现在，他们以具有特定的、受人文主义影响的理论概念和信念的精神分析学家自居。这之所以成为可能，主要是因为新的精神分析通过客体关系理论、自我心理学、主体间性、关系方法，以及受精神分析启发的发展心理学的成果，已经变得符合阿尔弗雷德·阿德勒和阿德勒主义者的许多立场。在阿德勒看来，最新的、以分析为导向的心理治疗的研究成果和方法上的差异，反而也是以个体心理为动机的精神分析的必要组成部分。"例如，主体间性（Intersubjektivität）这个主要由美国分析家发展起来的概念，目的是建立一个共同基础——最重要的是治疗本身，而不是精神分析理论的基础。"'主体间性'意味着人类从一开始就存在于与他人的关系中，这反映在自我的结构之中。关系是首要的，个体在关系中形成。关系并非从个体的相遇中产生，个体是关系的结果……对于治疗来说，这意味着现在最重要的是治疗师和客户之间的'主体间场'（intersubjektive Feld），以及互动事件，语言和非语言交流——治疗谈话的细节……"。

在美国，阿德勒的术语和思想尤其引起人们的共鸣。个体心理学的新版本出现了，这一版本延续了偏离弗洛伊德时期的做法，背离了精神分析理论的核心定理。个体心理学经历了许多变化，例如鲁道夫·德瑞克斯推崇的个体心理学的一个变体，务实地适应了20世纪五六十年代的时代环境和生活条件，重点关注教育问题，因此他的著作广受欢迎。1956年，在美国佛蒙特大学任教的个体心理学家海因茨·L.安斯巴彻与他的妻子罗伊娜（Rowena）共同出版了《阿尔弗雷德·阿德勒的个体心理学》（*The Individual Psychology of Alfred Adler*）。1924年，安斯巴彻从美因河畔法兰克福移民到美国，重操旧业做经纪人。他从1930年开始在纽约参加阿德勒的晚间讲座并受到启发，据说，这激发了他的学习热情。他通过阿德勒认识了来自纽约的罗伊娜，并同她结了婚。罗伊娜在1928年的欧洲之行中与个体心理学相遇，并在维也纳师从夏洛特·比勒和卡尔·比勒。第二次世界大战后，安斯巴彻成为位于伯灵顿的佛蒙特大学的心理学教授，安斯巴彻夫妇用英语翻译和编辑了阿德勒的许多作品。1957年，安斯巴彻还接任了自1953年以来一直出版的《美国个体心理学杂志》编辑一职。他担任主编的第一件事，是将杂志名改为《个体心理学杂志》（*Journal of Individual Psychology*）。由纳胡姆·E.舒布斯（Nahum E. Shoobs）担任编辑的《个体心理学家》（*Individual Psychologist*）是第二本个体心理学杂志，于1963年至1972年发行。舒布斯曾在1939年被选为纽约个体心理学会的主席。

精神分析理论被实用的咨询取代，这类心理咨询越来越多地以行为疗法为导向，人们的生活方式成为治疗师关注的焦点。1987年，在提倡享乐的"后现代主义"的高峰期，罗伯特·L.鲍尔斯（Robert L. Powers）和简·格里思（Jane Griith）的著作《理解生活方式》（*Understanding Life-Style*）出版，这本书的副标题为"心理学—声明过程"（The Psycho-Clarity Process）。尽管库尔特·阿德勒为此书写了一篇前言，但作者的方法——他们在芝加哥的阿德勒心理学学校工作——几乎不符合阿德勒心理学的原始定义，也不符合同时代个体心理学在德国和奥地利的发展情况。8年后，伯纳德·舒尔曼（Bernard Shulman）和哈罗德·莫萨克（Harold Mosak）在他们的《生活方式评估手册》（*Manual for Life Style Assessment*）中提供了一份问卷作为分析性讲义，在适应和补充经验及数据方面，它吸收了其他心理治疗流派的成果。这种跨流派性使得个体心理学几乎没有表现出意识形态上的僵化，因此，北美的个体心理学更偏向行为心理学，而不是精神分析。

由此，以色列心理学家齐薇特·艾布拉姆森（Zivit Abramson）在2005年出版了一本广受欢迎的关于夫妻关系的书——10年后以"学习伴侣关系"（*Partnerschaft lernen*）为题出版德文版[1]——也就不足为奇了。这本书的内容不仅源于她在日报上的咨询专栏，也源于她参加的德瑞克斯在以色列创办的个体心理学夏季课程。该书的结论是纯粹的阿德勒式的：生活中的3项主要任务是什么？该书的答案是爱、工作和群体。难怪这本书的英译本由英国阿德勒学会和个体心理学研究所出版。

在维也纳，费迪南德·比恩鲍姆和卡尔·诺沃特尼早在1945年就成立了一个新的个体心理学协会，同年5月底，它就举行了第

---

1 中文版书名为《看不见的契约》。——编者注

一次公开讲座。同年，曾于1934年遭到毁坏的维也纳第二十区施陶丁格街6号的维也纳实验学校也恢复了工作，它后来于1957年夏天关闭。"二战"后不久，就有人采取行动，将分散的个体心理学家群体重新团结了起来。例如，约书亚·比雷尔（Joshua Bierer）于1927—1928年在维也纳跟随亚历山大·诺伊尔完成了分析训练，在战争中逃到了英国。他不仅在伦敦创立了英国本土第一家日间诊所，还声称是自己创立了社会精神病学。他在1948年与奥斯卡·施皮尔建立了联系。但是，国际联系并不是没有问题，逃离和移居国外的个体心理学家和留在欧洲的个体心理学家之间的接触，总是充满矛盾。1946年秋，琳达·施切尔指控奥斯卡·施皮尔与纳粹合作，后者愤怒地否认了这一点。不过他们之间的关系很快就好转了，施切尔给施皮尔一家人送去了关怀包裹，对此他高兴地表示了感谢。他在1948年7月写道："我中午喝了汤，吃了玉米面、米饭还有布丁——施切尔送来的；吃了蛋糕点心——施切尔送来的；我的妻子点燃了煤气——打火机是施切尔送来的；她洗碗——洗碗刷是施切尔送来的；她去看戏——衣服是施切尔送来的；我用打字机打字——纸和丝带是施切尔送来的；我擦鞋——刷子是施切尔送来的；还有很多。我很容易就能在我的公寓里拿到想要的东西，这些也都是施切尔送来的。"

1946年秋，比恩鲍姆与亚历山德拉·阿德勒、卡尔·诺沃特尼、奥斯卡·施皮尔在维也纳一起重新创办了《国际个体心理学杂志》。在杂志的第一期中，诺沃特尼谈到了在维也纳、巴黎和阿姆斯特丹的个体心理学派的活动。诺沃特尼在他的文章中指出，我们不能继续"在1938年被迫停止脚步的地方停滞不前，世界和人类在过去发生了太多巨大而深刻的变化，现在，我们必须有所结果"。不过，他们得到的结果与期待不同。1951年，该杂志停刊，移民、战争和浩劫使个体心理学的重心从欧洲转移到了美国，施皮尔向施切尔承认了自己的失望。

1947年，55岁时去世的比恩鲍姆和后来于1961年去世的斯皮尔的梦想终于实现了制度化，即个体心理学在维也纳的稳定复兴。第三代心理学家——其中包括精神病学家埃尔温·林格尔——实现了这一点。林格尔在奥地利建立了第一个精神疾病病房，并在1981年被任命为维也纳大学医学心理学教授，从而确立了这一年轻的学科。在维也纳的中央公墓里，林格尔的坟墓离阿德勒的坟墓不到10米远。同时，人们更加强调临床医学领域，忽略了其他半专业的职业类别。

20世纪90年代起，第四代个体心理学家专注于编辑和出版项目。这10年，奥地利是主角——1990年，奥地利通过了一部心理治疗法案，这对心理治疗的科学理论基础、专业化、诊断性治疗工具的效果，以及伴随而来的个体心理学的经验研究产生了影响。

而在德国，"战后，个体心理学的历史在德意志联邦共和国缓慢且迟疑地开始发展"。其发展不仅缓慢，还断断续续，呈现出一种不连贯的地区性发展的特点。"二战"期间，在慕尼黑，赛夫身边还有一小群个体心理学家。在"群体心理学"的名义的掩护下，个体心理学得以在"帝国研究委员会帝国研究所"慕尼黑分部中保持自己的地位。它又坚持了几年，直到20世纪50年代失去影响力——赛夫于1949年离世。在这段时间里，德国出版了几本关于个体心理学的书。例如，奥利弗·布拉克费尔德（Oliver Brachfeld）的《个人和社会中的自卑感》（*Minderwertigkeitsgefühle beim Einzelnen und in der Gemeinschaft*）和约翰内斯·诺伊曼（Johannes Neumann）的《神经质性格及其治疗方法》（*Der nervöse Charakter und seine Heilung*），但这些书都没有得到什么反响，时机似乎还不成熟。直到60年后，人们终于可以满怀自信地说，这个时代迫切需要个体心理学："阿德勒在几十年前就用他的个体心理学描述了民主模式的愿景，他希望将其理解为和谐共存的基础。他的想法本可以成为实施《德意志联邦共和国基本法》的指南！"

直到1962年，随着阿尔弗雷德·阿德勒协会在德国的成立，阿德勒的理论才在德国复兴。协会发起人是完形心理学家、德国明斯特大学的教授沃尔夫冈·梅茨格（Wolfgang Metzger）。1964年，该协会正式登记在协会目录中；1966年第十届国际个体心理学大会期间，它首次向公众露面；1970年改名为"德国个体心理学协会"，并将总部设在慕尼黑。在此期间，1965年，在沃尔夫冈·梅茨格的倡议下，慕尼黑大学出版社再版了阿德勒的《器官自卑研究》；一年后，布拉克费尔德编辑出版了平价版的《认识人性》，在接下来的7年里，该书销量超过了15万册。1967年开始，有人在德国亚琛举办了个体心理学进修课程；1971—1976年，个体心理学家又在4个城市成立了培训机构。除了在亚琛（更确切地说，在亚琛和科隆交界处），其他3家分别在杜塞尔多夫、德尔门霍斯特和慕尼黑；后来，在柏林和美因茨也成立了个体心理学培训机构，这些机构与阿德勒协会有联系，但独立运作，德国全国法定健康保险医师协会承认它们为心理分析和深度心理学机构。20世纪80年代，类似于变化中的北美个体心理学的多样性，个体心理学在其他地方也经历了一次精神分析的转向，且其形式因地点和个人取向的不同而各异。

1976年，国际个体心理学大会在慕尼黑召开，这是"二战"结束以来德国首次召开国际个体心理学大会。11年后，国际个体心理学大会又在德国的明斯特召开，2002年再次在慕尼黑召开。1976年，由奥地利和瑞士的个体心理学协会共同发行的新的《个体心理学杂志》(Zeitschrift für Individualpsychologie) 创刊，并存活至今。这本杂志是一个跨越国界的、重要的、核心的科学交流平台。它的侧重点在于进一步发展针对特定病象和症状的个体心理学模型，以及通过最新的心理学、生物学和神经学发现和创新，对理论进行改进和修正。

1989年11月柏林墙倒塌后，1990年的柏林东部地区也形成了一个心理治疗师小组。该小组主要在卡尔·马克思大街的"健康之家"展开工作，是民主德国为数不多的主要以小组形式进行心理治疗的地方之一。1990年春开始，柏林个体心理学协会开始讨论成立自己的阿尔弗雷德·阿德勒研究所,成立事项磋商会议于1990年10月底举行。两年后,克服行政部门的道道关卡,柏林的阿尔弗雷德·阿德勒协会在柏林协会登记目录上以缩写"AAI"登记。协会成立两周后的1992年7月23日,柏林医学协会批准其成为进修机构。来自柏林西部地区和昔日民主德国的治疗师,在理论、个人经验和监督方面的资格后审问题上出现了争议。

2007年,7卷本的《阿尔弗雷德·阿德勒研究》(*Alfred Adler Studienausgabe*)面世,附有注释和前言。

个体心理学4.0

> 思想就应该像毛刺一样让人讨厌,且一直如此。
>
> ——阿尔弗雷德·阿德勒

应该如何纪念一个人?是要通过具体的事物吗?思考是抽象的,博物馆、纪念馆里的陈列,难道不缺乏灵魂测量师的治疗艺术吗?在维也纳,对阿尔弗雷德·阿德勒的纪念,主要通过房屋上的纪念牌、中央公墓的墓碑,以及自2009年起中央火车站旁一条以他命名的街道等,但没有建立纪念馆。而纪念弗洛伊德的博物馆已有两家,这两家博物馆是某种镜像悖论,在伦敦弗洛伊德博物馆里,最重要的展品是弗洛伊德当初用过的沙发,而这件家具同时也是维也纳贝格巷的弗洛伊德博物馆里缺乏的重要物品。在伦敦,有关弗洛伊德思想和治疗的物质被都聚集在一起,包括沙发、桌子和其他古董;维也纳博物馆则重视与他理论发展有关的故事和记忆,它们是解释学和治疗实践的核心。伦敦弗洛伊德博物馆是一个"圣徒言行录"般的空间;维也纳的弗洛伊德博物馆是一个非空间(Nicht-

Raum），一个"概念性博物馆"（konzeptuelles Museum）。不知当英国诗人W.H.奥登（W. H. Auden）于1939年11月在《纪念西格蒙德·弗洛伊德》（*In Memoriam Sigmund Freud*）一诗中写"对我们而言，他已不再是一个人/而是整个信仰体系"时，是否怀疑过这一点。

一位现代诗人曾说过，人是住在一所霉绿色房子里的遗忘的艺术家。遗忘最有力的方式是死亡，时间更倾向遗忘而不是记忆，而它本身会成为遗忘主义马赛克——一个因为数量过于庞大而变得模糊的系统——的一片，让纪念的原动力本身不再产生。但丁在《神曲》中穿越了一个宇宙景观，随着诗意的故事进展，出现三个彼世帝国，使这位老者复活。"回忆"是一门古老的记忆艺术，记忆法（Mnemotechnik）和追忆技巧（Erinnerungstechnik）的特点是将记忆的内容想象成说话者在精神上沿着某种路线放置的"图像"，回忆便是在其序列中寻找"图像"的过程。记忆图像是灵活可变的，不变的是其排列顺序。这位意大利诗人创造了一个"记忆艺术作品"，他把他在历史久远的记忆层中看到的一切，有目的地、艺术地记录了下来。在他的纪念性景观中，他本身扮演了一种角色，即克服死亡的记忆记录者。"里忒（Lethe），遗忘之川里忒在哪里？"但丁问他的导游弗吉尔，后者为他列出了冥界的河流。"Letè vedrai——你会看到里忒"，罗马诗人用这句话把他打发了。直到《炼狱篇》的结尾，在尘世的天堂，但丁才站在带来遗忘的河岸上。到这里，读者甚至早于这位史诗人物意识到，记忆就是一切。里忒之水使个体成为一个纯粹的当下之人,它与狭窄的环形记忆之川——意为"美好的感觉"或"好的记忆"的欧诺埃(Eunoë)——共享一个源泉。通过欧诺埃的救赎,人们能够从尘世的天堂前往天上的天堂,淹没遗忘,强化对人间所有善行的记忆。在这个意义上,但丁·阿利吉耶里创造的"但丁"是一个"记忆之人",他的记忆是完美的、有形式的。

人是理解的艺术家。理解是人类对在世界中的经验及对世界的主观解释,是通过交流和互动对日常行为及其合理性解码的过程。人们会对行为产生不同的理解方式,并选择接近或拒绝对方,解释或不解释,与同伴接触或不接触。理解是通过体验差异来进行沟通的过程。日常生活中的交流是一种应对性的工作,人类世界的空间性特点是"开放、自由和明亮,通过其渗透性,当前的现实能够以它们的意义和指涉背景来处理人类的问题"。在1979年的一次关于"治疗过程中的人际关系"的演讲中,马内斯·施佩贝尔称个体心理学为互动心理学。

理解即治疗师的工作。此外,理解也是生活中的重要课题。要理解一种生活方式,需要进行集中的、不断修正的循环运动。

对于阿德勒的个体心理学来说,理解是介绍新认识,并从病人自己的经验和行动的充分性中证实和保障这些新认识的核心基础。埃尔温·韦克斯贝格认为,当内心的躁动和以自我为中心的取向与周围的现实发生碰撞时,这种碰撞会导致主体感到受挫,引起神经症。神经症患者的特点是一种简化的认知模式:这类患者把一切都转移到一个秩序系统中,这个系统是强制性的,以内部元素的争斗为特征,而患者以其神经症为盾牌。精神和社会的反应是相互的,个体心理学分析尤其注重"心理过程的补偿反应"。个体心理学及其育儿、养育和社会教育概念,与当代社会工作之间的直接联系点是社会、个体和心理三位一体,在生活应对理论领域更是如此。精神分析关注的是暴力和需求之间的关系,其关键是由认知差异引起的无法融入社会的现象,以及对优越感的追求,但其中缺乏对偏差、偏差行为和暴力行动的个体心理阐释。如果社会工作中采用阿德勒的诊断方法,就有可能看清已有的主张的机会和风险,以及被权力浸染的环境,并找到出路。在教育系统和民间社会中,围绕认同、尊严、凝聚力和尊重,围绕野蛮和暴力分割,围绕预防性管理和友好、团结的相处模式,以及围绕着以可持续供应经济学替代"帝国生活方式"进行的辩论认为,个体心理学的道路将是更可取的。

人还是社会性生物。我们依赖群体——澳大利亚昆士兰大学的研究人员2018年的一项研究表明,这一点比我们以前认为的还要重要。科学家们询问成年受访者,最有利于长寿的因素是什么,并让他们按重要性排列11项影响健康的因素。第一至第三位的主观评估——列出的是饮食和节制方面的措施——与作为对比的元研究有很大的不同。在结合148次个体研究的元研究中,特别有利于身心健康和提高预期寿命的实际因素如下:第一位,他人的支持;第二位,被群体容纳。而这两点在主观评估中分别位列第

11位和第9位。

社会医学的发展与人的健康状况密切相关。孤立是一种消极的压力源，它使个体处于一种警戒状态，导致身体消耗过多的糖原，血糖水平随之上升，于是可能造成高血压；人的免疫防御能力也会降低，身体容易感染传染性疾病；此外，胃溃疡或骨质疏松也可能是这种持续的紧张状态引起的。来自德国乌尔姆的精神病学教授曼弗雷德·施皮策尔（Manfred Spitzer）表示，对其最好的预防措施是积极参与群体活动，与其他人互动。根据最新研究，孤独感和与社会融合的感觉，会影响人们对疼痛的感知。仅仅想起让自己有归属感的人和群体，人就会对疼痛不那么敏感。具体的实验案例表明，与社会融合的感觉还会降低人对寒冷的不适感。在心理学上，群体感可以对抑郁症产生积极的预防作用，并在客观上减少这种疾病的发生。其中有三点很重要：首先，该群体必须对个体非常重要，并让其产生"我们"的感觉；其次，群体内的行为必须是有益于身体的；最后，对几个不同群体的归属感，必须呈现出共同一致的倾向。正如澳大利亚社会疗法研究小组的约兰达·耶滕（Jolanda Jetten）、凯瑟琳·哈斯拉姆（Catherine Haslam）及亚历山大·哈斯拉姆（Alexander Haslam）证明的那样，这样的社会认同会形成一种心理认同。与那些思想和行为与自己相似或相同、意气相投的人在一起，持有相同的信念并进行相同的活动，是有意义的。这样一来，个体的自我效能感就会提高。

心理学教授埃娃·耶吉（Eva Jaeggi）2014年的著作《在他人

处了解你自己》(*Wer bin ich? Frag doch die anderen!*)中提到了这种行动—反应情结:"我不断意识到,属于某个群体的归属感也会影响到一个人的自我意识。"个性是在互动中产生的,而不是通过独树一帜或排斥他人。约兰达·耶滕在《健康新心理学》(*The New Psychology of Health*)中说:"团体生活加强了我们的身份,并将我们与他人和整个世界联系在一起。"社会医学成了群体医学。换句话说,这就是群体感,是阿尔弗雷德·阿德勒的价值和生活哲学。

已有科学证据表明,亲近和爱护使儿童的心理更加健全,对压力的抵抗力也更强。2013年,一个研究小组成功破译了一种细胞机制,这种机制会导致儿童早期创伤后在遗传链中较少形成和激活调节压力的糖皮质激素受体基因,这在分子水平上显示了消极的教育措施如何影响基因和最小的信号元素的水平。专业文章详细说明了人际关系的密度如何提高信使物质的活跃度并抑制其他因素的活动,在理想情况下,这使得个体可以更好地应对压力。

人是一种在磁共振成像的断面图像中会变得透明的生物,神经科学家热衷于借此研究人类的大脑结构,那么这与心理治疗有什么关系?在过去10年左右的时间里,它们之间的关系十分密切。心理健康的方向已在心理测量方面转向生物和神经框架,运用高科技,神经科学可以通过经验性研究验证心理学观点。阿德勒的自卑和补偿概念与近来许多神经生物学家对幸福感的研究结果是一致的,这些研究表明,同理心和亲和力可以加强人际关系,提高身心健康。当代有关认知能力发展的模型，证实了个体心理学关于人的生命头5年在自我和世界关系方面的重要性的理论。由于人脑的社会学习取向，大脑的神经元会内化最近产生的外部影响，心理病态行为模式可以通过大脑扫描被检测出来，研究已经发现了个体具有不同的攻击潜力的视觉证据。个体由基因决定社会性和反社会性，也就是说，个体心理学的基本模式也因此得到了生理学上的支持。这种情况同样适用于依恋理论，它导向阿德勒的感知模式，以及情绪、身体反应和本能反应模式，它们的影响力都已经在神经科学上得到了证实。群体感及其主动和被动的动态，表现为神经可塑性，这被理解为神经元的重新配置和再配置。通过激活大脑前额叶的活动，个体可以实现完美的调节。更紧密的社会联系，即被支持的感觉，会促进释放更多化学物质，如所谓的"关系荷尔蒙"——催产素。这类物质通过调节负面刺激，促进新陈代谢。在目前的科学论述中，阿德勒所说的"生活方式"被视为"心理化"，内心或外界需要消化的事物，赞美或无力感，身体疼痛或欺凌，都会引发根深蒂固的记忆链，并形成阿德勒理论中的"生活方式"。

人际神经生物学的相关研究也支持阿德勒的整体性概念。例如，发育生物学家爱德华·M.德罗贝蒂斯（Edward M. DeRobertis）在2015年写道，从动态系统神经科学的角度来看，"不同环境中的相互作用会引发个体的神经元波动"。其中所说的环境，正是阿德勒理论中的一系列概念：心理和生理环境、家庭、社会背景和社会的影响。越来越多的生物法医学研究证明，早期负面的环境经历与认知训练缺陷之间有直接联系。

2006年，美籍奥地利神经科学家埃里克·坎德尔（Eric Kandel）提出，生物的进化从根本上来说是文化的进化。根据这位诺贝尔奖得主的说法，社会因素对基因表达的调节功能，使得所有的身体功能——包括大脑的功能——都容易受到社会的影响。阿德勒基于同理心的群体感，与神经生物学的镜像神经元系统存在重叠。意大利生理学家贾科莫·里佐拉蒂（Giacomo Rizzolatti）通过大脑扫描，对这一系统进行了定位，结果显示当猴子伸手寻找食物或观察同类进食时，其动作神经元会异常活跃。人类亦是如此：当人类发起动作、看到别人做同样的动作，或是听到与这种动作相关的声音时，同一个大脑区域会被激活。阿德勒所称的相互认同，在神经生物学上对应的是感觉信息在其自身共振系统中的独立运动编码。2019年，艾俐卡·里巴（Alica Ryba）和盖哈德·罗特（Gerhard Roth）将心理治疗研究者克劳斯·格拉维（Klaus Grawe）2005年建立的与个体心理学见解一致的良好心理治疗的影响因素——治疗联盟、资源激活、问题更新、动机澄清和问题解决——转变为一个以神经科学为基础的集成模式，这个模式包括实践中的训练和咨询、生活指导，以及在一个由"你"和"我"构成的有意义的世界中对自我和人的认识。

纽约的心理学家亚伯拉罕·马斯洛（Abraham Maslow）20多岁时与阿尔弗雷德·阿德勒相识，后来因以他的名字命名的需求层次理论——这是一个阶段性的动机模型——而闻名于世。1969年，在"阿尔弗雷德·阿德勒百年诞辰纪念"前夕,马斯洛被邀请作一个简短的致敬。他写道:"阿尔弗雷德·阿德勒的观点对我的说服力逐年变强。越来越多的事实证明,他对人类的认识是正确的。"

年　表

1835年1月25日：父亲利奥波德（莱布·纳坦）在基策市镇出生。基策市镇当时是匈牙利布尔根兰州的7个犹太社区之一。利奥波德的父亲西蒙是基策市镇的一名毛皮制作师傅和毛皮商人。

1845年1月9日：母亲保利娜出生于摩拉维亚的特雷比奇，原姓贝尔。她是来自彭青的赫尔曼·贝尔的女儿，赫尔曼是一位进行谷物和水果大宗贸易的成功商人。

1868年8月11日：保利娜和利奥波德·阿德勒的第一个孩子西格蒙德出生。

1870年2月7日：阿尔弗雷德·阿德勒出生在维也纳鲁道夫斯海姆主街32号（现塞赫肖瑟街68—70号）。后来几年里，他们搬了几次家，其中一次搬到美泉街（现玛利亚希尔夫街208号）。

1871年10月24日：妹妹赫米内出生（20世纪40年代死在"管理被占领波兰领土的总督府"的一个集中营里）。

1872年11月9日：拉伊莎·艾珀斯坦在莫斯科出生。

1873年5月12日：弟弟鲁道夫出生（1874年1月3日死于白

喉）。

1874年11月：妹妹伊尔玛出生（死亡时间不明）。

1876—1879年：自学完成小学一到三年级课程。

1877年3月：弟弟马克斯出生。

1879年：进入维也纳利奥波德城位于施博尔巷的奥贝格姆学院上学。

1879—1880年：进入维也纳利奥波德城的利奥波德实科文理中学学习。

1881-1888年：进入维也纳黑尔纳尔斯区的黑尔纳尔斯中学学习。

1881年2月5日：外祖父赫尔曼·贝尔在维也纳去世，享年67岁。

1882年1月5日：外祖母伊丽莎白·贝尔在维也纳去世，享年61岁。整个家庭和父辈的储藏室搬到黑尔纳尔斯区主街，不久又搬到韦灵主街57~59号。

1883年：成人礼。

1884年10月22日：弟弟理查德出生。

1888年6月：通过高中毕业考试。

1888—1895年：在维也纳大学医学系学习。由于投资失败，阿德勒一家人反复搬家。

1889—1890年：奥地利学生会成员。在其解散后成为学生会"维里塔斯"（意为真理）成员。

1891年：父母搬回利奥波德城。先是从韦灵主街搬到上多瑙街42号，然后搬到位于茨韦格巷5号的大型公寓伦勃朗托夫，并在那里一直住到1896年。4月6日，阿德勒收到通知从12月开始"服役"：他被分配到"提洛尔帝国猎人军团"（Tiroler Kaiser-Jäger-Regiment）当一名"自费的一年期志愿者"，该军团驻扎在普雷斯堡（现布拉迪斯拉发）。

1892年：3月24日参加第一次答辩。4月1日起在匈牙利军队服兵役（上半年）。

1893年："自由联盟"（Freie Vereinigung）学生会创始成员。

1894年：3月22日参加第二次答辩。5月17日毕业。在维也纳综合医院完成实习，其间专门从事眼科工作。

1895年：1月19日，未通过"眼科执业考试"，这是第三次答辩的第一关；5月18日，以"足够"的成绩通过考试（考试结果类别：优秀、足够、不足）。5月17日，拉伊莎·艾珀斯坦在苏黎世大学报名参加生物学课程。夏季学期，阿德勒报名参加了法医学和法医学练习课程，但没有通过考试。他在11月12日重新参加考试并以"足够"的成绩获得通过。11月22日，阿德勒被授予维也纳大学医学博士学位。

1896年：4月1日起，以"阿拉达尔·阿德勒"的名义完成了在普雷斯堡第19驻军医院担任助理医生副职的兵役第二阶段。

1897年：哥哥西格蒙德接管企业后，家庭状况趋于稳定。迁至维也纳韦灵主街61号/艾森巷（现威廉-埃克斯纳街）。阿德勒在维也纳《工人报》上以笔名"阿拉丁"首次发表文章《推荐的驱动程序》（Das empfohlene Treiberlei）。8—9月，参加在莫斯科举行的国际医生会议。12月23日，在斯摩棱斯克与拉伊莎·艾珀斯坦结婚。

1898年：任"自由联盟"学生会主席。8月5日，女儿瓦伦丁娜·迪娜出生。在艾森巷开设了一家医疗诊所，但很快又不得不关闭。《裁缝行业健康指南》出版。

1899年：迁往维也纳利奥波德城，在切尔宁巷7号开设一家全科医疗诊所，人们也可以从更优雅的普拉特街42号到达这里。

1901年：在被征入位于肖普朗的匈牙利皇家军团。9月24日，女儿亚历山德拉出生。

1902年：2月16日，以笔名"阿拉丁"在维也纳《工人报》上发表关于儿童保育的社会政治作用的文章《婴儿的生活和命运》（Leben und Schicksal der Säuglinge）。8月12日起在匈牙利完成为期5周的军事演习，并于9月15日恢复为非现役状态。西格蒙德·弗洛伊德邀请阿德勒参加"星期三协会"，从秋天开始，阿德勒定期参加在弗洛伊德的公寓举行的会议。7月15日，在维也纳《医学专业报》第一年卷第一期上发表文章《社会推动力对医学的渗透》（Das Eindringen sozialer Triebkräfte in die Medizin）。1902—1904年又在该期刊上发表3篇社论。

1903年3月27日：正式加入维也纳医生协会。从军队退役，保留义务兵役制。

1904年：发表《医生作为教育者》一文。8月3日，阿德勒离开犹太社区，皈依新教。在维也纳第一区多罗特街的新教教堂接受洗礼。

1905年2月25日：儿子库尔特出生。

1906年3月22日：母亲去世。阿德勒加入普雷斯堡的"先锋"共济会分会。

1907年：阿德勒为《奥地利工人日历》（Österreichischen Arbeiterkalender）撰写了《儿童的发育缺陷》（Entwicklungsfehler des Kindes）一文。《器官自卑研究》出版。

1908年4月26—27日：在萨尔茨堡举行第一届国际精神分析学大会。

1909年10月18日：女儿科内莉娅（奈莉）出生。

1910年3月30—31日：在纽伦堡举行第二届国际精神分析学大会。与威廉·斯泰克尔一起成为《精神分析汇编》的主编，该期刊的总编辑是西格蒙德·弗洛伊德。获得奥地利公民身份。从普雷斯堡的"先锋"共济会分会辞职。

1911年1月20日：被授予在维也纳的居住权。3月，被解除维也纳精神分析协会主席的职务，与弗洛伊德决裂。辞去精神分析协会的职务。4月，提交自由精神分析研究协会章程，8月该协会正式成立。搬到位于维也纳第一区的内城，开设了一个"内科和神经疾病诊疗所"。

1912年：参加在苏黎世举行的精神病理学会议。发表《神经症的特性》。推出"自由心理学协会学术论文"系列。7月17日，向维也纳大学申请精神病学讲师职位。同年8月到1913年3月底，露·安德烈亚斯-莎乐美在维也纳，并会见了阿德勒和弗洛伊德。9月起，自由精神分析研究协会的会议在每周四进行。10月17日，在延迟14个月之后，自由精神分析研究协会第一届理事会选出。

1913年：将"自由精神分析研究协会"改名为"个体心理学协会"。在维也纳举行精神病理学会议。

1914年4月：《个体心理学杂志》第一期发行，卡尔·弗尔特米勒担任编辑。阿德勒和卡尔·弗尔特米勒共同创作的《治愈与教育》出版。6月28日，奥地利王位继承人弗朗茨·费迪南大公和他的妻子在萨拉热窝被暗杀。7月28日，奥匈帝国对塞尔维亚宣战。7月30日至8月1日，俄国、奥匈帝国、比利时、法国和德国进行战争总动员。8月5日，黑山向奥匈帝国宣战。8月6日，奥匈帝国向俄国宣战。8月11日，法国向奥匈帝国宣战。拉伊莎和孩子们此时正在俄罗斯的斯摩棱斯克，他们经过几个星期的努力经斯堪的纳维亚半岛返回维也纳。阿德勒一家在雷卡温克尔附近西部铁路的艾希格拉本地区贝尔家族的一座乡村小别墅里度过了大部分的战争岁月。

1915年2月17日：维也纳大学医学院教授委员会根据朱利叶斯·瓦格纳-尧雷格教授对阿德勒提交的教职申请文件的否定意见，拒绝了他的申请。

1915—1916年：阿德勒在维也纳最大的大众教育机构奥塔克

林人民之家开设了一系列"实用教育问题"课程。

1916年：夏洛·施特拉塞尔在中立的苏黎世接管《个体心理学杂志》的编辑工作（至1918年）。

1917年：春，被调到克拉科夫的第九驻军医院；11月起在维也纳第十九区的格林钦战争医院工作。

1918年：1月起，维也纳、下奥地利和施蒂利亚地区发生暴乱和工人罢工。3月，阿德勒在苏黎世的霍廷根读书会上发表了关于陀思妥耶夫斯基和柴可夫斯基的演讲。开始在奥塔克林人民之家开设"认识人性"课程。10月底11月初，维也纳"红色卫士"爆发革命。卡尔一世于11月3日签署停战文件。11月12日，维也纳人民游行。阿德勒在《和平》上发表了《布尔什维克主义与心理学》一文，经过修改再次在《苏黎世国际评论报》发表。

1918—1919年：在维也纳第十五区的奥塔克林人民之家成立了维也纳第一个教育咨询中心，其他个体心理学咨询中心迅速跟进。到1926年，维也纳已有20多个这样的机构。

1919年2月16日，奥地利议会选举。出版《另一面：对民族罪恶的大众心理研究》。

1919—1920年：被区议会选为维也纳内城区民选代表，并进入工人委员会，在两个议会组织中行使职能。在维也纳地区工人委员会的卫生委员会和战俘委员会部门工作。

1920年：出版《个体心理学的实践与理论》。

1920—1923年：在美泉宫"儿童之友"的教育者学校任教。

1921年：马内斯·施佩贝尔结识阿德勒。几周后，施佩贝尔发表他的第一个个体心理学主题的演讲"论革命者的心理"。12月29日，维也纳成为联邦州。

1922年：拉伊莎·阿德勒于2月17日离开维也纳犹太教区。阿德勒参加社会主义青年教育国际会议，后来又参加了其他世界青年会议。夏，参与国际和平协会"光明"在维也纳分会的创建，并被选入其工作委员会。12月，在慕尼黑举行第一届国际个体心理学大会。

1923年10月：出席在英国牛津举行的第七届国际心理学大会。《国际个体心理学杂志》恢复出版。

1924年：阿德勒被任命为维也纳市教育学院讲师，负责培训教师。6月29日，来自维也纳、慕尼黑、德累斯顿和纽伦堡的国际个体心理学协会成员在萨尔茨堡举行会议，10月在纽伦堡举行第二次会议，随后于1925年秋在柏林举行会议，讨论扩大该协会的相关议题。

1925年1月：在荷兰成立个体心理学协会分会，阿德勒在日内瓦、巴黎、阿姆斯特丹、鹿特丹和海牙举办讲座。9月5—7日，在柏林举行第二届国际个体心理学大会。与鲁道夫·阿勒斯、大卫·奥本海姆和奥斯瓦尔德·施瓦茨决裂，支持施佩贝尔。9月14—15日，第二届马克思主义个体心理学会议在维也纳举行。

1926年1月：《群体：国际个体心理学协会各分会通讯》（*Gemeinschaft. Mitteilungsblatt der Sektionen des Internationalen*

Vereines für Individualpsychologie》第一期发行,其编辑部位于柏林纽克伦斯图加特街52号,阿德勒成为美国—奥地利协会成员,直到1935年。4月,在位于维也纳第十区昆德拉特街弗朗兹约瑟夫医院的儿童病房,成立了一个针对难以教育和语言障碍儿童的个体心理学门诊。马内斯·施佩贝尔出版专著《阿尔弗雷德·阿德勒和他的学说》。阿德勒在德累斯顿、开姆尼茨和慕尼黑演讲,稍后在美因河畔法兰克福和伦敦演讲;参加在柏林举行的性心理学大会。9月26—29日,在杜塞尔多夫举行第三届国际个体心理学大会。11月,第一次前往美国。

1927年1月1日:《日常生活中的人:个体心理学传播与应用杂志》(*Der Mensch im Alltag. Zeitschrift zur Verbreitung und Anwendung der Individualpsychologie*)第一期发行,编辑部设在维也纳第二区切尔宁巷。1月6日至4月,美国之旅。4月27日,阿德勒退出新教教会,并结束他在维也纳的活动。7月15日,维也纳司法宫火灾。9月17—19日,在维也纳举行第四届国际个体心理学大会。库尔特·阿德勒与勒妮·莉莉·埃尔特伯根结婚(1934年9月离异)。"个体心理学医生工作小组"成立。阿德勒出版《认识人性》。11月,马内斯·施佩贝尔代表阿德勒前往柏林,接管柏林的个体心理学协会领导工作。爱丽丝·吕勒-格斯特尔出版《通向我们的道路》。

1927—1929年:为维也纳的美国医学协会举办讲座;在纽约哥伦比亚大学举办讲座。

1928年：每年有6个月的时间在美国。春，在纽约的社会研究新学院任教。在德国慕尼黑、弗罗伊登施塔特和柏林讲座。出版《个体心理学技术I：阅读生活和健康史的艺术》(Die Technik der Individualpsychologie 1: Die Kunst, eine Lebens-und Krankengeschichte zu lesen)。为《暴力和非暴力：积极和平主义手册》一书撰写《心理学与权力》一文，这本书由弗朗茨·科布勒(Franz Kobler)编辑。

1929年：在柏林莱辛学院讲课。在维也纳萨尔曼斯多夫的德赖马克施泰因大街12号购置了一栋带大花园的房子。春，柏林个体心理学协会分裂为以马内斯·施佩贝尔为中心的"柏林个体心理学协会"和以弗里茨·肯克尔为中心的"新柏林个体心理学协会"。出版《学校中的个体心理学》(Individualpsychologie in der Schule)。1930年10月至次年4月，第三次前往美国，进行了40次讲座和40次临床示范。秋，在纽约哥伦比亚大学医学院的内外科学院担任访问教授；在哥伦比亚大学期间，周日之外每天都开门诊，每天下午在报告厅为医生讲两个小时的临床工作，并为研究生进行30场心理学讲座。在伦敦出版《神经症的问题》；在纽约出版《理解生命》。

1930年：阿德勒在其60岁生日之际被授予维也纳荣誉市民称号。纪念文集《性格自我教育：阿尔弗雷德·阿德勒——致60岁生日》(Selbsterziehung des Charakters. Alfred Adler. Zum 60. Geburtstag)出版。1月，前往美国密歇根州，每天有4~5个讲座，在诊所进行演示,并与私人病人交流。1—4月,每周一在维也纳大学的大型组织学报告厅(维也纳第九区施瓦茨潘尼尔街17号)举办一系列讲座。在布拉格、布拉迪斯拉发、布尔诺举办讲座。第五届国际个体心理学大会在柏林举行。成为美国纽约哥伦比亚大学客座讲师。《个体心理学技术2:难以教育的儿童的内心》(*Die Technik der Individualpsychologie 2: Die Seele des schwer erziehbaren Kindes*)、《性格的塑造:美国儿童个案史》在纽约出版。

1931年:在伦敦、柏林、马格德堡、哥本哈根和纽伦堡发表演讲后返回纽约。6月26日,获得驾驶执照。10—12月,在柏林的裴斯泰洛齐-弗洛贝尔酒店为医生、教师、教育工作者和幼儿园教师授课,并演示教育咨询技术。《自卑与超越》在伦敦出版。

1932年:1月14日,维也纳市长卡尔·塞茨向阿德勒颁发他60岁生日时获得的"维也纳荣誉市民"奖。在布雷斯劳、萨格勒布、马里博尔、柏林、布尔诺、别利茨、卡托维兹和慕尼黑举办讲座。6月20日起在塞默林和维也纳举办第一届个体心理学暑期班。女儿科内莉娅与律师海因茨·施特恩贝格成婚(1938年离异)。7月初,取消在维也纳的登记,正式迁往纽约。参加在奥地利格伦德尔湖举办的国际妇女和平与自由联盟暑期学校。在商人朋友查尔斯·亨利·戴维斯的帮助下,获得纽约市长岛医学院的医学心理学教师席位。"辩证唯物主义心理学专业小组"在柏林出版《危机的心理学和心理学的危机:辩证唯物主义心理学分会作品集》(*Psychologie der Krise –Krise der Psychologie. Beiträge der*

Fachgruppe für Dialektisch-Materialistische Psychologie），其中包含爱丽丝·吕勒-格斯特尔和马内斯·施佩贝尔的作品。

1933年：阿道夫·希特勒于1月30日当选为德国总理，德国由纳粹党掌权。个体心理学家马蒂亚斯·H.戈林作为帝国专员，按照"第三帝国"的指导方针重新组织心理治疗。阿德勒的书在德国被禁止。3月，奥地利联邦总理恩格尔伯特·陶尔斐斯取消议会，开始独裁统治。3月30日，阿德勒被纽约布鲁克林亨利街350号的长岛医学院任命为医学心理学教授，从1933年9月1日起任期4年。4月，回到维也纳。4月30日，拉伊莎·阿德勒在维也纳被"保护性监禁"一个晚上。在荷兰、芬兰和爱沙尼亚举办讲座。出版《生命的意义》。10月17日，在美国提出正式的移民申请。出版《宗教与个体心理学》（与恩斯特·雅恩合著）。

1934年：1月21日，社会主义报刊维也纳《工人报》被禁止销售。2月12—15日，维也纳、林茨和其他奥地利城市发生内战，几百人死亡，奥地利共产党和社会民主党"保卫共和联盟"被禁止。5月起，在英国（伦敦和剑桥）、荷兰（阿姆斯特丹、阿默斯福特、海牙、布苏姆和多德雷赫特）、瑞典（斯德哥尔摩、乌普萨拉，以及在泰尔贝格举办个体心理学暑期班）、匈牙利（布达佩斯）、捷克（布拉格、布尔诺）、瑞士（苏黎世）和法国（巴黎）举办讲座。7月1日，长岛医学院任命阿德勒为该院神经学系主治心理学家。奥地利个体心理学家内部发生第一次从维也纳移民的浪潮。7月25日，纳粹分子在维也纳发动政变未遂，陶尔斐斯在刺杀中丧生。

1935年：在美国创办《国际个体心理学杂志》。通过手术切除脖子上的一个瘤肿，在此期间病情严重，在哥伦比亚大学医院住院4个星期。拉伊莎、亚历山德拉和库尔特搬到纽约。4月起在伦敦、哥本哈根、荷兰一些城市、斯德哥尔摩、泰尔贝格和维也纳举办讲座。夏，在维也纳给一群学生上课，并退掉了多米尼加棱堡街10号的公寓。12月18日，在维也纳举行的个体心理学协会分会会议上，弗朗茨·普莱瓦当选为协会主席，海因茨·施特恩贝格博士和弗里茨·菲施尔（Fritz Fischl）为评审员；阿德勒成为名誉主席。

1936年：成为伦敦犯罪科学治疗研究所副主席。39位副主席中包括西格蒙德·弗洛伊德、赫伯特·乔治·威尔斯和约克大主教。在美国举办讲座。5月起在英国（伦敦、普利茅斯、卡迪夫、埃克塞特、剑桥、牛津和利物浦）和荷兰阿姆斯特丹讲学。7月1日，长岛医学院再次任命阿德勒为神经学系主治心理学家，为期一年。在洛杉矶举办暑期学校。

1937年：1月上旬至中旬，在女婿海因茨·施特恩贝格博士的努力下，萨尔曼斯多夫的乡村别墅以8000先令的价格售出。1月底，瓦伦丁娜·阿德勒在莫斯科被捕。纽约个体心理学会在纽约成立，后来改名为纽约个体心理学协会。春，在美国中西部、比利时、荷兰、法国和英国进行巡回演讲。女儿科内莉娅跟随家人来到纽约（不久后与海因茨·施特恩贝格离异）。5月28日，在苏格兰的阿伯丁早餐后的一次散步中，因心脏病发作而死亡，死亡时间约为上午9:30。6月1日，人们在阿伯丁举行追悼会，并在爱丁堡沃里斯顿路的火葬场火化阿德勒的遗体，骨灰盒被保存在当地骨灰堂里。6月10日，"个体心理学之友俱乐部"在维也纳第一区策德利茨街8号为其举行追悼会。《国际个体心理学杂志》停刊。

1938年：奥地利与纳粹德国"接轨"。个体心理学教育咨询中心被"同化"或解散，个体心理学教师被解雇，住在维也纳的个体心理学家纷纷移民。

1939年1月26日：维也纳第二十区博克林街70号的个体心理学协会被维也纳警察局解散。由于相关官方文件没有交付给协会负责人或其他负责人，因此1945年后，这一官方行为的有效性受到质疑。

1940年：鲁道夫·德瑞克斯在芝加哥创办杂志《个体心理学新闻》（*Individual Psychology News*），1942年改名为《个体心理学公报》（*Individual Psychology Bulletin*）。

1941年7月3日：拉伊莎·阿德勒获得美国公民身份。

1942年：瓦伦丁娜·阿德勒在苏联被关押5年后去世。

1950年：在纽约成立阿尔弗雷德·阿德勒个体心理学研究所，旨在培训个体心理学家。

1952年：在芝加哥成立阿德勒心理学研究所，后来改名为芝加哥阿尔弗雷德·阿德勒研究所。美国阿德勒心理学会成立（现北美阿德勒心理学会）。

1953年：《个体心理学公报》更名为《美国个体心理学杂

志》。1957年，海因茨·安斯巴彻教授（佛蒙特大学）接任编辑一职，杂志名称改为《个体心理学杂志》。

1954年1月：弟弟理查德去世。纽约的阿尔弗雷德·阿德勒咨询中心被改建为阿德勒精神卫生诊所，由亚历山德拉·阿德勒担任医务主任。有8位精神病学家在这里工作过一段时间，其中包括库尔特·阿德勒。亚历山德拉·阿德勒被选为国际个体心理学协会主席。

1957年2月25日：哥哥西格蒙德去世。

1962年：4月29日，拉伊莎·阿德勒在纽约去世。7月28日，建立德国阿尔弗雷德·阿德勒协会。

1968年11月5日：弟弟马克斯去世。

1970年2月7日：在纽约洛克菲勒大学卡斯帕里厅纪念阿尔弗雷德·阿德勒100周年诞辰。德国阿尔弗雷德·阿德勒协会更名为德国个体心理学协会。

1971—1976年：在慕尼黑、杜塞尔多夫、亚琛和德尔门霍斯特建立个体心理学培训机构。

1976年：国际个体心理学大会在德国慕尼黑召开。新的《个体心理学杂志》创刊。

1983年：科内莉娅·阿德勒在纽约去世。

1992年：成立柏林阿尔弗雷德·阿德勒协会（AAI）。

1997年：5月30日，库尔特·阿德勒在纽约去世。9月25日，美国时任总统比尔·克林顿在"第7027号公告——奥地利—美国

日"，中组部到山海枝，阿源柳的名字，因时相暗到还有裏深民医
紫京事利名称，事二名理持和建筑师覃春秀，读串持校。

2001年1月4日：北历山遗枝，阿源柳在枝的名世。

2009年6月2日：维中领市沃各文化和科学委员会忘以同尔
亦里座，阿源柳的名字命名诸市中央桥棚先的一条街道。

2011年，4月20日，阿源柳的普衣兴同作了转移到民动，7
月12日，群众藻宝在祛市活动中央之藻的来果露六中。